ANSIE EN LA RELACIONES

Terapia científica para superar la inseguridad, depresión, ansiedad por separación y cómo cambiar la comunicación de pareja para ser felices en el amor

Scarlett Williams

Texto de derechos de autor ©

Nota legal

Al utilizar el contenido y la información contenida en este libro, usted acepta eximir de responsabilidad al Autor de y contra cualquier daño, costo y gasto, incluidos los honorarios legales que puedan resultar de la aplicación de la información proporcionada por este libro. Este descargo de responsabilidad se aplica a cualquier pérdida, daño o lesión causada por el uso y la aplicación, ya sea directa o indirectamente, de cualquier consejo o información presentada, ya sea por incumplimiento de contrato, agravio, negligencia, lesión personal, intención delictiva o por cualquier otra causa de acción.

Usted está de acuerdo en aceptar todos los riesgos de utilizar la información presentada en este libro.

Usted acepta que, al continuar leyendo este libro, cuando sea apropiado y/o necesario, deberá consultar a un profesional (incluido, entre otros, su médico, abogado o asesor financiero o el que sea necesario) antes de usar cualquiera de los remedios, técnicas sugeridas, o información en este libro.

Tabla de contenido

Capítulo 33: Construya una relación sana, duradera y amorosa

PARTE 1

ANSIEDAD
EN EL AMOR

Introducción Parte 1

¿Está constantemente ansioso en sus relaciones, preocupándose de que su pareja no le quiera lo suficiente y le deje? ¿Le han dicho que es demasiado sensible, pegajoso o exigente? ¿Se siente bloqueado, sufre de insomnio, náuseas o experimenta latidos cardíacos irregulares?

Estos son signos clásicos de ansiedad y estrés, y muchas personas quedan atrapadas en relaciones que les impiden alcanzar la vida y el amor que se merecen, dando vueltas en círculos y nunca resolviendo ninguno de sus problemas. ¿Comienza a sentirse condenado a la soledad y a una vida sin amor?, pero la buena noticia es que puede reconfigurar su cerebro para sentir felicidad en una relación y dejar de sentir que está caminando sobre cáscaras de huevo todo el tiempo. Puede dejar de tener miedo; puede disfrutar de su relación.

El autor de este libro ha ayudado a miles de personas y parejas a comprender sus estrategias de relación, basadas en la neurociencia.

También, ofreciendo consejos simples pero efectivos basados en neuroplasticidad y ejercicios conductuales para promover la curación de relaciones pasadas y construir relaciones saludables, emocionantes y satisfactorias.

Podrá verse a sí mismo objetivamente, comprender cómo su infancia, sus relaciones pasadas y su cerebro influyen en sus elecciones y comportamientos. Aprenderá a dominar sus procesos de pensamiento para volverse más claro, más objetivo y capaz de mantener relaciones maravillosamente satisfactorias con las personas y capaz de construir un vínculo fuerte y duradero con una pareja romántica.

Este libro le abrirá la comprensión de qué son los celos y por qué puede estar experimentando este sentimiento. Comprenderá por qué los celos no se consideran anormales y por qué los factores subyacentes pueden materializarse en sentimientos de celos. Aprenderá ejemplos prácticos de la vida real para obtener el control de manera efectiva y eventualmente superar sus celos mientras mantiene su relación intacta. También aprenderá a luchar contra las inseguridades y la baja confianza para que pueda volver a sentirse bien y seguro consigo mismo y con su relación. Entonces, ¿por qué esperar?

Personalmente, he luchado contra los celos en silencio durante muchos años. Seguí pensando que tenía el control hasta que mis celos comenzaron a apoderarse de mí y decidí buscar ayuda. Me di cuenta de que me habían confundido durante mucho tiempo pensando que mi pareja era la causa de mis sentimientos de celos. No sabía que yo era el que tenía el problema. Ha sido un largo viaje hacia la recuperación, pero finalmente puedo decir que eché de mi vida al monstruo de ojos verdes.

De esta experiencia emergerá una persona más fuerte y segura, una que puede reconocer instantáneamente una buena relación de una mala y que es capaz de cultivar el amor duradero que tanto anhela.

¡Sumérjase ahora mismo para comenzar su viaje hacia el amor duradero y las relaciones saludables, y deje atrás la miseria, el estrés y la ansiedad para siempre!

Capítulo 1: Comprender su ansiedad en el amor

La ansiedad puede tener un impacto negativo en sus relaciones, especialmente si pasa mucho tiempo preocupándose y pensando en todo lo que podría salir mal o que ya ha salido mal en la relación. Aquí hay algunas preguntas que pueden pasar por su mente cuando está demasiado ansioso en las relaciones:

¿Qué pasa si no me aman tanto como yo a ellos?

¿Y si me están mintiendo?

¿Y si me están engañando?

¿Qué pasa si no soy lo suficientemente bueno en el futuro para ellos?

¿Qué pasa si encuentran a alguien más atractivo?

¿Y si su familia no me ama?

¿Y si mueren?

¿Y si mi ansiedad arruina nuestra relación? (Ansiedad por la ansiedad).

¿Y si rompemos?

¿Y si me abandonan?

Es normal tener algunos de estos pensamientos, especialmente en una nueva relación. Sin embargo, cuando pensamientos como estos vienen a su mente con frecuencia, podría ser un signo de problemas de ansiedad o un trastorno de ansiedad. La intensidad con la que reflexiona constantemente sobre las preguntas enumeradas anteriormente y otras preguntas similares determina qué tan avanzado se encuentra en un problema de ansiedad. También determinará qué tan inseguro se siente en su relación.

Estos pensamientos ansiosos se manifiestan de diversas formas físicas y se presentan como síntomas como dificultad para respirar, insomnio y ansiedad o ataques de pánico. Puede descubrir que cada vez que piensa de esta manera, desencadena un ataque de pánico en el que su corazón puede comenzar a latir rápidamente, se forma un bulto duro en su pecho y su cuerpo comienza a temblar por todo. Estos son los signos fisiológicos de que padece un trastorno de ansiedad.

Algunos síntomas del trastorno de ansiedad intensa pueden incluir:

· Una sensación de inquietud.

· Músculos tensos.

· Dificultad para concentrarse o recordar.

· Procrastinar o tener problemas para tomar decisiones.

· Preocupación que lleva a pedir repetidamente consuelo.

· Incapacidad para dormir y descansar lo suficiente.

En la medida en que las relaciones son muy hermosas y placenteras, también pueden generar pensamientos y sentimientos de ansiedad. Estos pensamientos pueden surgir en cualquier etapa de la relación. Si aún no está en una relación, la idea de conocer a la persona adecuada y tener una relación ya puede generarle ansiedad, con la que debe lidiar.

La inseguridad es un sentimiento interno de no ser suficiente o sentirse amenazado de alguna manera. Todos lo hemos sentido en un momento u otro. Es bastante normal tener sentimientos de duda de uno mismo de vez en cuando, pero la inseguridad crónica puede arruinar su éxito en la vida y destruir sus relaciones románticas.

La inseguridad severa le roba la paz y le impide poder relacionarse con su pareja de una manera relajada y auténtica. Las acciones resultantes que surgen de la inseguridad pueden incluir celos, acusaciones falsas, espionaje, falta de confianza y búsqueda de consuelo y validación. Estos atributos no conducen a una relación saludable y pueden alejar a su pareja.

La mayoría de la gente cree que la inseguridad proviene de las acciones o la inacción de sus parejas. La realidad es que la mayor parte de la inseguridad proviene de su interior. Genera inseguridad cuando se compara negativamente con otras personas y se juzga con dureza con su voz crítica interior. Muchas de las inseguridades en su relación se basan en pensamientos irracionales y temores de que no es lo suficientemente bueno y de que no es capaz de hacer feliz a otra persona. ¡Pero estos no son ciertos!

Cuando empiece a notar esa sensación incómoda de estar inseguro, una cosa que puede hacer es comenzar a evaluar su valor. La inseguridad le hace concentrarse en algo que siente que falta dentro de sí. En las relaciones más equilibradas, cada miembro aporta diferentes fortalezas y cualidades que se complementan entre sí. Para vencer su inseguridad, haga un balance del valor que le ofrece a su pareja. La personalidad y un gran carácter son cualidades importantes para la salud general de una relación.

Desarrollar su autoestima también es crucial para superar cualquier inseguridad que enfrente en su relación. Es importante que se sienta bien en su interior para no buscar constantemente la validación de otra persona. Está completo dentro de sí mismo y debe dejar que su independencia y autoestima brillen intensamente a través de sus hechos y acciones. Cuando su bienestar depende de otra persona, le da la clave de su alegría y la empodera. Esto puede ser muy poco saludable para su pareja y ciertamente no funciona bien para una relación. Una forma de desarrollar la confianza en uno mismo es silenciar a su crítico interno y enfocar su mente y atención en las cualidades positivas.

También debería poder mantener su sentido de identidad propia y ser capaz de atender su bienestar personal. Si antes de la relación estaba haciendo un gran trabajo atendiendo sus necesidades físicas, mentales y emocionales, esto no debería detenerse ahora solo porque está en una relación. Debe mantener su independencia y no permitir convertirse en alguien necesitado o apegado. Ser una persona independiente que tiene una vida e identidad fuera de la relación también le convierte en una pareja más interesante y atractiva. Su vida debe seguir avanzando y progresar considerablemente cuando está en una relación. Estar en una relación no es la fase final de su vida, y debe seguir impulsado y lograr más objetivos, lo que puede hacer que su pareja le quiera más.

Algunas formas de mantener su independencia incluyen cultivar grandes amistades, dedicar tiempo a sus propios amigos, intereses y pasatiempos, mantener la independencia financiera, mejorar constantemente y establecer altos estándares para sus sueños.

Comprender por qué se siente ansioso, inseguro y apegado en las relaciones

La preocupación, el estrés y la ansiedad acerca de sus relaciones pueden hacer que se sienta solo y abatido. Sin saberlo, puede crear una distancia entre usted y su ser querido. Otra consecuencia grave de la ansiedad es su capacidad para hacernos renunciar por completo al amor. Eso es bastante devastador, porque el amor es algo muy hermoso. Es importante comprender realmente qué le pone tan ansioso en una relación y por qué se siente tan inseguro y apegado. Le explicaré algunas de las razones en los párrafos siguientes.

Enamorarse le exige de innumerables formas, más de las que puedas imaginar. Cuanto más ama a una persona, más puede perder. ¿Qué tan irónico es eso? Este intenso sentimiento de amor y las poderosas emociones que lo acompañan, consciente e inconscientemente, crean el miedo a ser herido y el miedo a lo desconocido en usted.

Curiosamente, este miedo surge como resultado de que le traten exactamente cómo quiere ser tratado en su relación. Cuando comienza a experimentar el amor como debería ser, o cuando le tratan con ternura y afecto, y algo no le resulta familiar, puede aparecer la ansiedad.

La mayoría de las veces, no son solo los eventos que ocurren entre usted y su pareja son los que conducen a la ansiedad. Son las cosas que se dice a sí mismo y con las que alimenta su mente con respecto a esos eventos las que finalmente conducen a la ansiedad. Su mayor crítico, que también es el "entrenador malo" que tiene en la cabeza, puede criticarle y darle malos consejos que, en última instancia, alimentarán su miedo a la intimidad. Es este crítico cruel el que le sugiere que:

"No eres inteligente, pronto se aburrirá de ti".

"Nunca conocerás a nadie que te quiera, así que ¿por qué intentarlo"?

"No confíes en él, probablemente esté buscando una mejor persona".

"Ella realmente no te ama. Sal antes de que te lastimes".

Este entrenador mezquino en su cabeza le manipula y le vuelve contra sí mismo y las personas que ama. Fomenta la hostilidad y pronto descubre que está paranoico. Empieza a sospechar de cada movimiento que hace su pareja, y esto reduce su autoestima y genera niveles poco saludables de desconfianza, actitud defensiva, celos, ansiedad y estrés.

Pronto descubrirá que está reaccionando a problemas innecesarios y haciendo comentarios desagradables y destructivos. También puede volverse infantil o paternal con su pareja.

Por ejemplo, su pareja llega a casa del trabajo y no tiene buen apetito, por lo que amablemente rechaza la cena. Sentado solo después de un tiempo, su crítico interior se enfurece y pregunta: "¿Cómo puede rechazar mi comida? ¿Qué ha comido en todo el día? ¿Quién le ha estado trayendo comida al trabajo? ¿Puedo realmente creerle?" Puede comenzar a actuar con frialdad o enojo, y esto puede desanimar a su pareja, frustrarla y ponerla a la defensiva. No sabrán lo que ha estado pasando por su cabeza, por lo que parecerá que su comportamiento sale de la nada.

En tan solo unas horas, ha cambiado con éxito la dinámica de su relación. En lugar de saborear el tiempo que pasan juntos, es posible que pierdan un día entero sintiéndose preocupados y separados el uno del otro. Lo que acaba de hacer es iniciar y entronizar la distancia que tanto temía. El factor responsable de este giro de los acontecimientos no es la situación en sí, es esa voz interior crítica que nubló sus pensamientos, distorsionó sus percepciones, le sugirió malas opiniones y, como resultado, lo llevó a un camino desastroso.

Cuando se trata de los problemas que tanto le preocupan en su relación, lo que no sabe, y lo que su crítico interno no le dice, es que usted es más fuerte y más resistente de lo que cree. La realidad es que puede manejar las heridas, los rechazos y las decepciones que tanto teme. Estamos hechos de tal manera que es posible absorber situaciones negativas, curarlas y lidiar con ellas. Es capaz de experimentar dolor y finalmente sanar y salir más fuerte. Sin embargo, el entrenador mezquino en su cabeza, esa voz crítica interna, la mayoría de las veces le pone bajo presión y hace que la realidad parezca una tragedia. Crea escenarios en su cabeza que son inexistentes y saca a relucir amenazas que no son tangibles. Incluso cuando, en realidad, hay problemas reales y situaciones poco saludables, esa voz interior en su cabeza magnificará tales situaciones y le destrozará de formas que no merece. Tergiversará por completo la realidad de la situación y debilitará su propia resistencia y determinación. Siempre le dará opiniones y consejos desagradables.

Sin embargo, estas voces críticas que escucha en su cabeza se forman como resultado de sus propias experiencias únicas y a lo que se ha adaptado a lo largo del tiempo. Cuando nos sentimos ansiosos o inseguros, existe una tendencia a apegarnos demasiado y desesperarnos en nuestras acciones. La posesividad y el control hacia su pareja se establecieron. Por otro lado, es posible que sienta una intrusión en su relación. Puede comenzar a alejarse de su pareja y desapegarse de sus deseos emocionales.

Hay algunas voces internas críticas que hablan sobre sí, su pareja y sus relaciones. Estas voces internas se forman a partir de actitudes tempranas a las que estuvo expuesto en su familia, entre sus amigos o en la sociedad en general. El crítico interno de cada persona es diferente; sin embargo, hay algunas voces internas críticas comunes.

Cuando escucha su voz interior, el efecto resultante es una relación llena de ansiedad, que puede estropear su vida amorosa de muchas maneras. Cuando ceda a esta ansiedad, puede dejar de sentirse como la persona fuerte e independiente que era cuando comenzó la relación. Esto puede hacer que se debilite y se desmorone, lo que provoca más celos e inseguridad. El apego y la necesidad se establecieron, y estos pusieron tensión en la relación.

Capítulo 2: Comportamiento inconsciente causado por la ansiedad

1. Volverse pegajoso

En determinadas circunstancias, los sentimientos de ansiedad pueden hacernos actuar de forma desesperada y molestar a nuestra pareja. La ansiedad puede hacer que una persona deje de sentirse tan independiente y fuerte como lo hacía antes de entablar la relación. En consecuencia, es posible que se desmorone fácilmente, actúe de forma insegura, se ponga celoso o evite las actividades que requieren independencia.

2. Control

Nuestra naturaleza humana exige que cuando nos sentimos amenazados, intentemos controlar o dominar la situación. Si nos sentimos amenazados en una relación, lo más probable es que intentemos recuperar el control de la situación. Lo que no nos damos cuenta es que los sentimientos de amenaza no son reales; más bien, son el resultado de la voz crítica interna que distorsiona la realidad.

Al tomar el control, podemos comenzar a establecer reglas sobre lo que una pareja debe y no debe hacer, a quién visitar, hablar, interactuar, etcétera. Este es un intento desesperado por aliviar nuestros sentimientos de ansiedad e inseguridad. Este comportamiento controlador puede generar resentimiento y alienar a nuestras parejas.

3. Rechazar

Si una relación nos hace sentir preocupados, un mecanismo de defensa común e injusto es el rechazo. Empezamos a actuar distantes, es decir, alejados. De alguna manera nos volvemos fríos. Esto asegura que, si la pareja se marcha de repente, no sentiremos dolor. En otras palabras, nos estamos protegiendo golpeando a nuestros compañeros. Estas acciones de rechazo pueden ser sutiles o manifiestas. De cualquier manera, son una forma segura de crear distancia entre dos personas al generar inseguridad.

4. Retener

En algunos casos, en lugar de rechazar explícitamente a nuestra pareja debido a la ansiedad, algunas personas tienden a reprimirse. Por ejemplo, cuando las cosas se ponen muy feas y una persona se siente muy agitada, se retira. Las personas que utilizan técnicas de retención para lidiar con la ansiedad en una relación retienen una parte de su afecto o un segmento completo de la relación. La retención puede parecer inofensiva ya que la pareja no se enfrenta al rechazo de la adherencia y el control, pero tenga en cuenta; es uno de los asesinos de la atracción y la pasión más suaves y silenciosos en una relación.

5. Retirada

La ansiedad conduce al miedo y tener miedo de una relación en la que se encuentra puede ser muy estresante. Para evitar tal estrés, una gran cantidad de personas optan por retirarse, es decir, renunciar a los verdaderos actos de amor y reemplazarlos por un vínculo de fantasía. Por definición, un vínculo de fantasía es una falsa ilusión que reemplaza los sentimientos y actos de amor reales. En este estado de fantasía, una persona se enfoca en la forma en lugar de la sustancia. Él/ella renuncia a la parte real y vital de la relación y aún permanece en ella para sentirse seguro. En un vínculo de fantasía, las personas se involucran en muchos comportamientos destructivos, como retener o participar en actividades no vitales. La distancia resultante lleva al final de una relación. Por mucho que el retiro te proteja de los sentimientos de miedo, le dará una falsa sensación de seguridad y perderá mucho tiempo precioso viviendo en una fantasía. Lo que la mayoría de la gente no se da cuenta es que al final del día, tendrán que enfrentar la realidad.

El amor es algo hermoso, pero, a decir verdad, tiene sus propias demandas y consecuencias. Sinceramente, el amor es algo muy complicado.

6. Sobreanalizar

Este es el impulso de pensar demasiado las cosas e incluso, literalmente, buscar debilidades o aspectos negativos. Hay una sensación que desaparece, el análisis excesivo causa parálisis. Aquí está la cosa; no hay nada de malo en usar la lógica. De hecho, está bien ser crítico o escéptico al menos hasta que averigüe las cosas. La capacidad de pensar en las cosas detenidamente antes de aceptarlas puede ayudarle a contar la ficción y la realidad; lo que es una mera ilusión o realidad.

Sin embargo, hay un problema o una desventaja de analizar en exceso una relación. Nunca estará satisfecho con la respuesta. Todo lo que se dice sobre hecho está sujeto a escrutinio y más contrainterrogatorio. Un buen ejemplo de sobreanálisis y sus consecuencias es cuando una persona comienza a pensar demasiado en las cosas y, en consecuencia, crea escenarios en su mente, basando sus acciones en eventos imaginarios que aún no han sucedido.

Imagínese esto; está en una primera o segunda cita. Su ropa, zapatos y lenguaje dan una buena primera impresión. Todo lo relacionado con la posible relación se ve brillante. Sin embargo, una vez que llega la pareja, comienza a bombardearlos con un millón de preguntas sobre sus relaciones pasadas. "¿Has estado en otra relación? ¿Cuántas exparejas tienes? ¿Por qué los dejaste? ¿Hubo trampa involucrada? ¿Quién inició la ruptura? ¿Tus padres todavía están juntos? ¿Tienen una buena relación?"

En el lado positivo, está totalmente bien que una persona exprese sus preocupaciones sobre el amor y el dolor. Sin embargo, es absolutamente incorrecto hacerle a una persona ciertas preguntas que son demasiado personales para protegerse. Está mal en todos los niveles obligar a alguien a recordar algunas cosas que pueden ser dolorosas para ellos. No haga preguntas a las personas que hagan que estas se sientan interrogadas. Y si descubre que no puede evitar hacer estas preguntas, eso podría indicar que está sufriendo de ansiedad en las relaciones. No puede controlar sus miedos sobre las relaciones y los compromisos, por lo tanto, busca formas de validar sus razones.

7. Miedo a estar en una relación seria

¿Cuánto tiempo pueden tomar dos personas antes de decidir tener una relación seria? No hay un plazo específico. Todo depende de las personas involucradas y de lo bien que se conozcan. Algunos toman tres citas, otros un mes, mientras que otros pueden tardar años en estar listos.

Si una persona tiene ansiedad en las relaciones, su respuesta a cada solicitud de compromiso será "nunca", o "no estoy listo". Independientemente de si la persona está enamorada o no, no se comprometerá con la relación. La verdadera razón de esta falta de compromiso es el miedo profundamente arraigado en el fondo de la mente del individuo. Esta persona tiene miedo de volver a terminar sola. Por lo tanto, evita aquellas situaciones que puedan llevarlo a la traición.

Enamorarse implica afrontar riesgos reales. Se trata de permitir sentirse vulnerable. La parte difícil del amor es depositar una gran cantidad de confianza en alguien más y permitirle moldear nuestro corazón. No puede estar 100% seguro de que la persona realmente lo cuidará. Aún no está seguro de si la persona es la adecuada para usted. Entonces, la ansiedad le hará pensar: "Si no estoy 100% seguro de esta persona, ¿es necesario ser serio?" Luego, racionalizando un poco más, obtendrá una respuesta como "Si no te comprometes, no te lastimarán". Ahora, esa es una ilusión que le trae la ansiedad.

En la vida real, esto es lo que está sucediendo; usted siente miedo y, por lo tanto, es reacio a comprometerse con alguien En consecuencia, nunca aprenderá a través de la experiencia. Si siempre está rechazando las oportunidades de amar, ¿cómo sabrá el trato real que podría ayudarlo a lidiar con la ansiedad de la relación?

8. Tiene mal genio

Lo más terrible de la ansiedad en las relaciones es que afecta a las dos personas en una relación. De hecho, le lastima a usted y a su pareja, injustamente. No importa cuánto la persona sobria exprese su amor a la pareja que sufre de ansiedad relacional, este sentimiento le hará buscar formas de hacer que el otro se sienta terrible. Por ejemplo, una persona puede decirle que le ama y la ansiedad en las relaciones le hará decir algo como "no te preocupes, te detendrás", u otra cosa amarga.

Entonces, ¿qué le enoja tanto cuando una persona le dice que está enamorada de usted? Es el hecho de que su cerebro nunca le permite tomarse un descanso de sus pensamientos oscuros. Sabe muy bien que estos pensamientos son irracionales, pero no puede simplemente superarlos. Le aterrorizan todos los días, no importa lo que haga. El miedo a perder constantemente arruina su buen humor. Simplemente, está agotado mentalmente y no puede pensar racionalmente. Cualquier inconveniente menor le podría volver loco.

Si su pareja no hace las cosas de acuerdo con el plan o dice algo que no augura nada bueno con lo que ha determinado que es apropiado, comienza a sentir que la relación se tensa. Es más como si alguien estuviera presionando al otro para que las cosas funcionen. Y una vez que se siente mal por la relación, empieza a decir cosas dolorosas o incluso a pelear físicamente. Un compañero comprensivo le perdonará y seguirá adelante. Pero recuerde esto; llegará un día en que esa pareja se canse de lidiar con su energía negativa y su temperamento furioso. Y cuando él/ella decida irse, desarrollará más complicaciones de ansiedad en las relaciones.

9. Demasiado apego

El apego puede ser positivo, pero aquí está la cuestión, la ansiedad puede hacerle sentir necesitado. No solo será maleducado sino también pegajoso. ¿Por qué?, podría preguntar. Porque está paranoico con la relación. Tiene miedo de que el más mínimo silencio se convierta en una ruptura dolorosa en toda regla. Es muy poco probable que eso suceda, pero, en este estado mental irracional, parece muy posible.

¿Cómo puede saber si su apego se basa en la ansiedad de la relación y no en el amor real? Primero, si está apegado simplemente porque está monitoreando a su pareja, entonces eso es ansiedad. Si es hipersensible a las señales que podrían indicar las más mínimas posibilidades de ser abandonado, es posible que tenga ansiedad en las relaciones.

Tenga en cuenta que es muy bueno recordarle a su pareja que la ama para comenzar a cuestionar sus verdaderas intenciones. De hecho, es muy dulce pedir abrazos y besos al azar. Pero exagerar esto puede ser muy molesto.

10. Ser complaciente en extremo

Hacer siempre un esfuerzo adicional para impresionar a una pareja puede ser un indicador de ansiedad en las relaciones. Tenemos que admitir que se siente bien tener un compañero que organiza sorpresas para nosotros. También se siente agradable ver la mirada de felicidad y sorpresa cuando hacemos algo inesperado para nuestras parejas. Darse sorpresas y hacer un esfuerzo adicional el uno por el otro es muy romántico. Sin embargo, tales esfuerzos y sacrificios pueden ser muy peligrosos si sufre de ansiedad en las relaciones. Puede terminar haciendo un sinfín de cosas solo para mantener la imagen perfecta para su pareja. Es posible que tenga tanto miedo de que su pareja pierda interés en sí que se obsesiones con impresionarla.

11. Se golpea demasiado

La ansiedad provoca dudas. Puede que sea el mejor socio en la mejor relación, pero aun así se sentirá inválido. Puede que esté haciendo todo en la relación, pero aun así piensa que nunca será suficiente. En lugar de ver las cosas buenas frente a usted, opta por concentrarse en aquellas cosas que le hacen sentir mal. No tiene tiempo para disfrutar de lo que ya tiene.

En el sentido real, podría ser más fácil para usted ser más feliz, pero su cerebro le dice que la vida no funciona así. Cree que la felicidad es una experiencia falsa y efímera. El problema es que la inseguridad empezará a alejar a su pareja. Entonces, sus miedos se harán realidad porque él/ella se alejará gradualmente.

12. Falta de confianza

A veces, una persona puede experimentar ansiedad en las relaciones debido a la falta de confianza. Antes de entablar una relación, es importante comprobar el nivel de autoestima. Tener baja autoestima no significa que no deba entablar una relación, pero es muy importante conocer el estado de su corazón. Conozca el estado de su mente, corazón y alma antes de entablar una relación.

Capítulo 3: Diferentes tipos de ansiedad en el amor y cómo superarlos

La tensión prevalece en las asociaciones

Todas las parejas experimentan ansiedad. Ocasionalmente, el estrés y la ansiedad se originan en problemas en la oficina o con el hogar o con amigos que trasladamos a nuestras asociaciones. El estrés y la ansiedad también pueden surgir de los problemas de la pareja, como una discusión, distinciones en deseos o necesidades, o sensación ignorada.

La ansiedad puede influir negativamente en las relaciones

Aunque prevalece la tensión, puede ser perjudicial para las relaciones. Por lo general, las personas reprimen o guardan su ansiedad para sí mismos, lo que dificulta que sus compañeros comprendan lo que están pasando y les brinden asistencia.

No manejar el estrés puede desarrollar un ciclo negativo en el que la pareja "agarra" el peso del otro. Esto sucede debido al hecho de que la tensión es transmisible: cuando nuestros compañeros están estresados, nos preocupamos. Piense en un debate que se intensificó rápidamente. Podrían haber "captado" el estrés y la ansiedad del otro durante la discusión, lo que los hizo sentir aún más agotados y les hizo decir cosas que no habrían dicho. Los pares se incorporan a este ciclo desfavorable y pueden estar demasiado estresados para ocuparse de los problemas subyacentes.

La clave de la tensión es cómo la manejan las parejas

Las parejas deben determinar y hablar sobre qué les genera ansiedad y qué necesitan cuando se sienten estresados. Aunque puede ser difícil hablar sobre lo que está produciendo tensión, especialmente si es provocado por algo dentro de la asociación, es útil que los compañeros hablen sobre sus necesidades y también que brinden asistencia. Las parejas que son más eficaces para lidiar con el estrés lo abordan juntas. Producen la sensación de que permanecen juntos y son un equipo.

¿Qué puede hacer?

Verifiquen entre sí y también presten atención antes de ofrecer opciones. Pregúntele a su pareja qué puede hacer para ayudar y para que su día sea más agradable. Abrace con más frecuencia. Parece extraño, pero abrazar al menos 30 segundos después del trabajo todos los días puede ayudar a sus cuerpos a alinearse y calmarse entre sí. Manténganse unidos durante toda la tensión. Hablar de su estrés y también tener un compañero de apoyo que lo ayude a superarlo hace que usted y su asociación sean más fuertes. La mayoría de nosotros tenemos experiencias exigentes de vez en cuando porque la tensión puede provenir de numerosas fuentes: fondos, estrés doméstico, trabajo y relaciones. Esto puede tener un efecto realmente distorsionador en nuestras prácticas. Puede hacernos sentir realmente reducidos y también no querer hablar con la gente, con una propensión a encerrarnos y también a mantener nuestros sentimientos en el interior.

Así como puede ser difícil ser consciente de sí mismo cuando se trata de su retroalimentación a la tensión, muy comúnmente, puede parecer que estos medios de expresión están un poco fuera de su control. Muchas personas se dan cuenta de que evitan hablar con los demás y se vuelven locas sin saber de alguna manera que lo están haciendo o se sorprenden al volverse repentinamente irritables e irracionales.

Para ofrecer un pequeño punto de vista sobre esto, nuestros mecanismos de afrontamiento en este tipo de circunstancias se ven frecuentemente afectados por lo que experimentamos al madurar. Si nuestros padres no revelaron el tratamiento rápidamente, podríamos haber adquirido bastante experiencia en cuidarnos a nosotros mismos, de hecho, podríamos haber necesitado hacerlo, por lo que esta reacción puede reaparecer instantáneamente como adultos. Del mismo modo, comúnmente duplicamos las prácticas de nuestros padres y también sus respuestas a la tensión cuando somos más jóvenes.

Cómo la tensión puede afectar las conexiones

No es difícil ver por qué cualquiera de estos comportamientos afectaría negativamente su relación. Si termina siendo retraído, es más probable que su pareja se sienta presionada. Y también, si se pone elegante, es posible que se sienta heridos o se ponga a la defensiva; lo que puede ser realmente molesto. Sin embargo, es que pueden tener la intención de ayudar, así como pensar que sus esfuerzos están siendo rechazados. Esto puede parecer un rechazo real, y también puede resultar en que ellos mismos se vuelvan retraídos o enérgicos. Por lo tanto, los problemas de estrés pueden crecer como una bola de nieve cuando un compañero comienza a actuar de un método adverso o no constructivo, y el otro también puede hacerlo.

Además, en esto se incluye la verdad de que es posible que no se den cuenta de por qué está funcionando como lo hace. Puede que no sea rápidamente evidente que es una tensión lo que hace que diga puntos desagradables o que no responda cuando se le habla. Puede sentir que es algo que ha hecho. Sin duda, esto puede ser loco y también molesto, tanto por el dolor creado como por la complicación de por qué está sucediendo.

Sin algún tipo de intervención, el vacío provocado por este tipo de circunstancias puede hacerse más grande y también más significativo. Y cuanto más le parezca a su pareja, que, una vez más, puede que solo desee ayudar, genera tensión en ellos mismos, y es mucho menos probable que quiera intentar cerrar ese espacio.

Por lo general, el método más eficaz para proceder en situaciones como esta es utilizar una estrategia que permita a la persona que experimenta el estrés mantenerse al tanto de cuánto reclama. Con mucha frecuencia, el mejor primer paso, es decir: "¿Exactamente cómo puedo ayudar?" Estos lugares se mantienen firmes al experimentar problemas individuales y es mucho menos probable que les afecte.

Si su compañero está dispuesto a hablar, entonces el mismo énfasis, en él y su firmeza, debería seguir utilizándose. Una vez más, puede haber un atractivo para comenzar de inmediato a proporcionar remedios o hacer que "intenten ver el lado positivo"; sin embargo, en un sentimiento, estos pueden ser comentarios exigentes en sí mismos. Pueden parecer como razonamientos, o como si estuviera ignorando su experiencia como algo que se puede arreglar rápidamente. A veces, esta es precisamente la retroalimentación que la persona cautelosa tenía miedo: una que exige que accedan a ella, en contraposición a una que absorbe correctamente, precisamente, cómo se siente y en qué cree.

En cambio, puede ser mucho más práctico simpatizar y también hacer preguntas simplemente. Con mucha frecuencia, cuando descubrimos algo desafiante, lo que queremos no es una solución, sino solo una persona que esté ahí con nosotros y brinde apoyo emocional. Proporcionar esto, incluso si implica sentarse juntos en silencio o simplemente abrazarse, podría ser todo lo que necesitan para comenzar a parecer que el escenario está en control.

La tensión puede resultar útil

Experimentar tensión no siempre indica que su relación vaya a sufrir. En cambio, es necesario asumir el estrés y la ansiedad, como verlo como un desafío que puede superar. Al ver la presión como una oportunidad para compartir y abrirse entre sí, las relaciones terminan siendo más potentes, ya que las parejas descubren cómo explorar la tensión y construir recursos para lidiar mejor con el estrés y la ansiedad futuros. Los compañeros descubren lo que necesitan unos de otros y se revelan mutuamente que se cuidan, valoran y comprenden. Tener un compañero que esté ahí para usted y que reaccione a sus necesidades ayuda a su cuerpo a manejar mejor el estrés y la ansiedad y también hace que la ansiedad se sienta mucho menos extrema.

Estrés

¿Esa palabra define su vida hoy? Si es así, no es usted el único. La mayoría de nosotros experimentamos estrés y ansiedad. Podría ser algo significativo: una nueva reubicación, una preocupación por la salud y el bienestar, una asociación dañina. Sin embargo, con frecuencia es algo pequeño: una semana agitada en el trabajo, una casa nueva, un día cargado de reuniones, la emoción post-trabajo/escolar, la acción de poner la cena en el momento, la demanda de último momento de un empleador. Estos pequeños inconvenientes cotidianos pueden acumularse y también tener enormes repercusiones con el tiempo para nuestras asociaciones. ¿Por qué? La tensión en otras áreas de nuestra vida se derrama directamente en nuestras conexiones. El problema de la vida laboral es una de las principales fuentes de estrés en la actualidad. Además, la investigación ha revelado una y otra vez que nos llevamos a casa la ansiedad e incluso la presión del trabajo y otras áreas de nuestra vida, lo que daña nuestras asociaciones.

Cuando las personas están estresadas, terminan siendo más extraídas y también desviadas, e incluso menos preocupadas. Asimismo, tienen mucho menos tiempo para la recreación, lo que conduce a la alienación entre compañeros. El estrés y la ansiedad también extraen los peores atributos de las personas, lo que puede influir en que sus parejas también se desquiten, porque ¿quién desea estar cerca de alguien cuando está actuando mal? Gradualmente, la relación se vuelve más superficial (menos participación en la vida del otro), y también las parejas resultan ser mucho más retraídas, experimentando más problemas, angustia y alienación en la pareja.

El estrés y la ansiedad también influyen en nuestra salud física y psicológica, así como en áreas de tensión adicional en la relación. El estrés puede ser específicamente malo para las parejas que permanecen en relaciones difíciles, ya que estas parejas tienden a verse mucho más afectadas por las ocasiones diarias (buenas y malas) que las parejas en relaciones más estables. Sin embargo, también para relaciones saludables, equilibradas y estables, la tensión puede hacer que las personas vean problemas en sus relaciones que no existen.

Una pareja que generalmente se conecta bien puede ver que su comunicación se rompe durante una semana especialmente desafiante y también, como resultado de la tensión y de las fuentes debilitadas, sienten que hay problemas reales de interacción en sus relaciones. Del mismo modo, una pareja que suele ser cariñosa puede tener poco amor cuando está estresada y, por lo tanto, también debe creer que tiene un problema con el respeto y el tiempo juntos, en lugar de identificar que es solo la ansiedad. Estas percepciones erróneas pueden crear descontento con conexiones que de otra manera serían saludables y llevar a las personas a tratar de resolver el problema incorrecto (interacción, afecto) en lugar de identificar y resolver la fuente real de la preocupación (estrés).

Cómo reducir los conflictos de pareja elevados

El problema pertenece a todas las conexiones. En una asociación íntima, donde los riesgos son máximos y las sensaciones son profundas, el problema es inevitable. Sin embargo, el problema puede desgastar la estructura de una conexión si es regular o si desplaza el amor y también el apoyo.

El mejor estudio sobre la disputa en parejas fue realizado por John Gottman, el estudio de las parejas maestras. En un estudio de investigación, Gottman tomó un ejemplo de pares de alto conflicto y los separó en dos grupos de terapia. Un equipo descubrió habilidades para la resolución de problemas y el otro grupo se centró en mejorar lo que él llama la "amistad marital". Las parejas de este segundo grupo trabajaron en estructurar la confianza, la buena voluntad y también la compasión en sus relaciones. Gottman descubrió que las parejas que reforzaron su relación redujeron el problema en un grado mucho mejor que las que descubrieron las habilidades de resolución de disputas.

Entonces, ¿cuál es el mensaje de estos dos conjuntos de investigaciones? Si desea reducir las disputas en una relación, concéntrese en aumentar lo favorable en lugar de reducir lo negativo. Busque oportunidades para mejorar su relación con su pareja. Busque métodos para mostrar afecto y apoyo. Busque oportunidades para generar buena voluntad y también dependa de ella. Sea amable y empático.

Como puede comprender cualquiera que haya tenido una conexión romántica, las diferencias, así como las batallas, son inevitables. Cuando dos personas pasan mucho tiempo juntas, con sus vidas entrelazadas, es probable que estén en desacuerdo de vez en cuando. Estos desacuerdos pueden ser grandes o pequeños, desde qué consumir para cenar o dejar de trabajar para terminar un trabajo hasta debates sobre si la pareja necesita mudarse por la profesión de un compañero o elegir la formación espiritual de los jóvenes.

Capítulo 4: Reconociendo sus desencadenantes de ansiedad

Miedo al colapso

Esta es una caída repentina. Puede ocurrir debido a la presión de los amigos cercanos que son obvios en la vida de uno, y en su mayoría siempre vienen con palabras impactantes que pueden hacer que uno colapse y, a veces, finalmente renuncie. También puede deberse a la falta de apoyo de la pareja; un buen apoyo anima y fortalece el amor porque también es un vínculo que realiza el amor verdadero. Parte del apoyo incluye finanzas, comida e incluso cercanía con su pareja. Para obtener los mejores resultados, se debe evitar la presión y las personas negativas.

Al igual que cualquier otro miedo a la fotofobia, el miedo al colapso congela el corazón. Su corazón se enfría, está pensando constantemente que esta relación va a golpear la roca en cualquier momento, y si no hace algo al respecto, terminará destruyendo su relación. Para reconocer este miedo, verá lo siguiente.

Sospechando un motivo

Cuando su pareja trata de mostrarle amabilidad, por ejemplo, invitarle a tomar una copa o comprarle un vestido bonito, todo lo que usted piensa es que debe haber algo que él quiere, por eso se está comportando como tal.

- Problemas de confianza: No puede confiar en nada de lo que dice su pareja, debe seguir adelante a sus espaldas para averiguar si estaba diciendo la verdad o hablando exactamente.

- Apegarse a las viejas costumbres: Solo desea hacer las cosas de acuerdo con los momentos en que sintió que estaba funcionando. No quiere cambiar y experimentar algo nuevo.

- Duda: Siempre tiene dudas, se preguntas de vez en cuando si va a funcionar y aún se está convenciendo de que podría no funcionar.

- Pegajoso: Cuando ve a su pareja distanciarse o alejarse, comienza a ser tan pegajoso incluso después de que le dice que necesita algo de espacio. Es bueno darle espacio a alguien, esto no significa que se vaya. Ser pegajoso solo demuestra que tiene miedo al colapso

Miedo a ser vulnerable

La vulnerabilidad no siempre es una muestra de debilidad. Si es vulnerable, solo significa que confía fácilmente, la gente puede llegar a usted más rápido; ellos pueden entenderle mejor, entender sus gustos, disgustos y límites y ser capaces de vigilar sus pasos cuando están con usted. Esto le da una ventaja, a diferencia de lo que piensa que le derriba. Para afrontar su miedo a ser vulnerable tendrá que apuntar las siguientes señales para saber si efectivamente es esto lo que le ocurre:

- No abrirse: No querrá abrirse con su pareja porque cree que le verá débil. Prefiere sufrir en silencio. Por ejemplo, tiene un problema con la casa de sus padres que necesitan ayuda financiera, pero no puede decírselo a su pareja porque usted cree que él le verá como débil. Siente que él pensará que usted también está trabajando y que debe estar débil para recibir ayuda de él.

- Evitar el conflicto: Cada vez que hay un problema en la relación, como una situación que es más probable que conduzca a una discusión acalorada u otros conflictos, en lugar de manejarlo, lo deja pasar por alto, cubriéndolo con cenas elegantes, cócteles o incluso películas para que ya no sea un tema de discusión.

- Sobreprotector: No quiere que su pareja comprenda claramente lo que está sucediendo en su vida. Ha levantado un escudo por el que debería aventurarse. Hay una zona prohibida en la mayoría de las cosas que usted hace, incluso en las cosas menos importantes, porque teme que, si él se entera, usted será visto como un débil.

- Pensando demasiado: Constantemente usted se hace mil y una preguntas cada vez que piensa que su pareja sabe algo sobre sí. Está pensando tanto en lo que dirá, en cómo reaccionará, en cómo le verá y en tantos otros.

- Atacando a su pareja: Este es un mecanismo defensivo. No le pide a su pareja que siga adelante y comprenda una cierta cosa sobre usted, por lo que la única forma de hacer que se detenga y nunca más se interese es azotarlo. Esto lo mantendrá a raya de cualquier cosa que le preocupe.

Para evitar todo esto en una relación, los compañeros deben ser fieles, honestos, cariñosos, cordiales y dejar de exponerse a esa posibilidad. Los amantes también deben respetar las prendas/dispositivos de sus parejas, como los teléfonos, para que adquieran tranquilidad.

Miedo a no sentirse importante

Esta es una situación en la que alguien no se siente útil para su pareja. El miedo surge cuando su amante no le involucra en sus actividades; cuando hay silencio de la pareja en la casa, comunicación infrecuente, franqueza, o no tener sexo con su pareja; por lo que el sexo es una eficaz acción que puede unir la relación. Cuando, por ejemplo, hay infidelidad realmente duele debido a cambios inesperados en la relación. Algunos problemas pueden persistir; uno tiene que adaptar la situación mientras tiene un tiempo para ver al otro. En la perspectiva de ver a su pareja también debe ser paciente para dejar espacio para cualquier cambio.

- Demasiado sensible: Se está tomando las cosas demasiado personalmente. Su pareja hace un comentario y cree que está destinado a menospreciarle. Por ejemplo, su pareja le dice: "cariño, creo que ese vestido se verá mejor si se plancha un poco". Toma usted esta declaración como algo súper personal y comienza a enfurruñarte porque piensas que él quiso decir que es inútil con un vestido sin planchar. Empieza usted a pensar en este problema.

- Haciendo una catástrofe donde no es necesaria: Empieza a hacer una montaña con un hormiguero. Su pareja le llama para decirle que llegará tarde a la cena y usted luego no quiere hablarle durante una semana. ¿No cree que está exagerando las cosas aquí? Llamó para informarle temprano, ¿por qué está de mal humor y no habla? Porque está sufriendo del miedo a no ser importante.

- Perfección: Todo lo que toca o hace; quiere que sea tan perfecto que él le vea como la persona más importante. No quiere darle ninguna razón para comentar o pensar lo contrario. Tiene miedo de cometer un error porque cree que él le verá como inútil.

- Ataques de pánico: Cada vez que mira su teléfono para ver si le ha enviado un mensaje de texto. Si descubre que no ha enviado un mensaje de texto, comienza a entrar en pánico. Empieza a sentirse menos importante. Empieza a sentir que no está entre las cosas que él valora en su vida.

- Dudar de cada paso: Siempre duda de lo que está haciendo. No está seguro de si será bueno para él que le vea como una persona importante. No está seguro de que le gustará la idea porque quiere ser lo más importante que le haya pasado.

Miedo al fracaso

El miedo al fracaso viene en una persona cuando uno no tiene éxito en sus planes y los juramentos de su vínculo. Esto hace que uno esté totalmente desanimado de amar a otra pareja. Esto puede ser causado por cosas como enfermedad prolongada, hambre, malas compañías, ocio, o falta de oportunidades laborales. Esto lleva a la pareja a sentirse aburrida, y el verdadero amor desaparece, la pareja parecía estar perdiendo al ser querido. Para evitar ese miedo y estrés, no debe hacerlo personal, podría buscar un consejo, compartir su problema y dejarlo ir.

- Esperando que él arregle todo: Espera que sea un héroe, un Sr. *Spiderman*. Quiere que él salve todas las situaciones. Quiere que él camine en su mente y haga todo lo que usted está pensando, pero si esto no está sucediendo, entonces cree que esta relación está destinada a fallar.

- Respuesta agresiva a preguntas pasivas: El miedo a fallar le está diciendo que esto debe ser escuchado alto y claro y nunca más se repita, y responde agresivamente a una simple pregunta pasiva que él hizo. La respuesta agresiva solo infunde miedo en su pareja, enojo o ideas encontradas, y esto podría arruinar su relación.

- Sentir que la pareja no es confiable: Sentir que está invirtiendo mucho en esta relación y creer que él no es confiable; no le está apoyando en nada. Siente y piensa que él es inestable y que va a llevar esta relación por el camino equivocado. Cree que poco a poco está cavando el drenaje para canalizar la relación cada vez que le dice que no está en condiciones de asistir a algún encuentro. Este es el miedo que le está conduciendo y es importante manejarlo.

- Tener pensamientos que su pareja le dejará: Con regularidad usted se imaginas que él se va. Tiene miedo de que salga por la puerta en cualquier momento. Todo esto lo hace el miedo a los fracasos, tal vez no tiene planes de irse, y es el miedo lo que le impulsa a usted a creer en ello.

Miedo a entrar en la intimidad

Si le preguntan por qué sigue esquivando la idea de la intimidad y no tiene respuesta, esto solo comunica una cosa. Usted tiene miedo de meterse en eso. Para que entienda que tiene este miedo, acá encontrará alguna de las causas más concurrentes:

- Horario incompatible: Cada vez que se menciona un tema de la intimidad y se planifica cuándo sucederá, usted dice que su horario no es compatible con el de él.

- Excusas tontas: Siempre está dando excusas que no tienen sentido. Como, "simplemente no tengo ganas", "no creo que sea el momento adecuado", y cuando se le pregunta cuándo es el momento adecuado o por qué no le apetece, no tiene ninguna respuesta.

  - No soy lo suficientemente digno: Un sentimiento de indignidad le ha envuelto. Usted cree que su pareja se merece algo mejor y esa es una razón más de por qué no entrar en la intimidad. Todo esto está mal, solo está en su mente y necesita ser corregido.

  - Sentirse avergonzado: ¿Por qué se sentiría avergonzado de una pareja con la que ha estado durante mucho tiempo? No es vergonzoso; es el miedo a la intimidad.

Las experiencias pasadas terminaron mal

Las experiencias pasadas dejan heridas, lo que provoca miedo en función de sus experiencias. Si quiere darse cuenta de que está sufriendo este miedo, las siguientes son las manifestaciones:

- Ponerse muy enojado: Una pequeña cosa que no necesita toda su ira le pone tan nervioso porque le recuerda lo mismo que antes.

- Siempre en guardia por las señales de traición: Siempre está esperando ese momento para que le traicionen. Está en los teléfonos o portátil diario de su pareja solo buscando encontrar alguna señal. Esa señal sólo existe en su mente.

- Pensar constantemente que las personas le lastimarán y que debe protegerse: Está pensando en poner un letrero de fuera de límites en su cara para que la gente se mantenga alejada.

- Pensar que cada vez que se acerca a la gente termina lastimado: Recuerda la última vez que le lastimaron porque amaba y era tan cercano. Esta vez está pensando que su cercanía con otro le hará daño nuevamente.

- Pensar que nadie acudirá a su ayuda cuando la necesite: Nadie estuvo ahí para usted o se quedó solo en el dolor mientras le desgarraban el corazón. Así que probablemente está pensando, ya que nadie acudió en su ayuda, nadie vendrá a ayudarle cuando finalmente le rompan el corazón. Pero recuerde, esto no es así.

Capítulo 5: Ámese a sí mismo para amar a su pareja

¿Conoce usted su verdadero valor?

Muchos de nosotros nos miramos con desprecio y no nos damos el crédito que merecemos. De hecho, podríamos haber pasado por experiencias que ahora pueden afectar la forma en que nos vemos a nosotros mismos. Podríamos haber pasado por mucho dolor y abuso e incluso una infancia muy desafiante. Pero estas circunstancias no tienen por qué seguir definiendo su esencie y ocultando las cualidades únicas que conforman su verdadero yo.

Razones por las que usted es único

En caso de que no esté convencido de lo único que es, aquí hay algunas razones importantes probadas por la ciencia por las que debería comenzar a verse a sí mismo de manera diferente.

- **Su composición genética única es la única que existe y existirá**: La investigación ha demostrado que los seres humanos son entre un 90 y un 99% diferentes genéticamente. Una diferencia tan grande, ¿no? Esto quiere decir que nadie es exactamente como usted genéticamente (incluso si tiene un gemelo idéntico) y nadie puede ser como usted por completo, sin importar cuánto lo intenten. ¿Por qué intentar compararse o incluso convertirse en otra persona cuando solo existe uno de ustedes? Simplemente no puede ser ellos, y ellos no pueden ser usted.

- **Su personalidad es única**: La personalidad única de una persona se compone de su temperamento, pensamientos, actitud, comportamiento, carácter y creencias. No hay dos personas que tengan la misma combinación de estas cualidades en todo momento. Su personalidad es cómo le ven las personas y cómo a menudo tratan de describirle: meticuloso, callado, extrovertido, desinteresado, divertido, orgulloso, humilde, ruidoso, todos estos son componentes de la personalidad de una persona, y la suya es única.

- **Sus experiencias son únicas**: Toda la experiencia de su vida, así como sus experiencias del día a día, son las que le hacen una persona única. No hay dos personas que hayan tenido la misma experiencia durante toda su vida. Incluso si viven juntos, trabajan en el mismo lugar, mantienen el mismo horario, encontrará que su punto de vista de estas experiencias es diferente. Entonces, sus experiencias de vida son únicas para usted.

- **Su propósito es único**: Debe creer que tiene un propósito único en este mundo. No tiene que vivir la vida que ha vivido otra persona. No tiene que ser su padre o madre, debe ser usted mismo. Incluso si sigue sus mismos pasos, encontrará que no puede producir los mismos logros, algo diferirá del otro, y esta diferencia habla de la singularidad de su vida y de quién es. Tiene un propósito tan único en la vida; por lo tanto, debe perseguirlo y abrazarlo y no vivir la vida de otra persona.

Construyendo una inigualable confianza en uno mismo que siempre derrotará a los celos

La cuestión de la confianza en uno mismo es muy importante cuando se habla de celos porque una menor confianza en uno mismo puede provocar sentimientos de celos. Si sufre de poca confianza, es probable que se ponga celoso en algún momento.

- **La confianza en uno mismo se puede aprender**: Algunas personas se han descrito a sí mismas como personas que no tienen confianza en sí mismas de forma natural, y se han apegado a esa creencia desde la infancia, donde ahora les causa problemas con los celos y los gustos en su relación y vida en general. La verdad es que incluso si tiene una inclinación genética a ser retraído y tímido, eso no significa que deba tener poca confianza en sí mismo. Puede aprender a tener confianza en sí mismo gradualmente y, con el tiempo, verá los cambios que la confianza puede hacer en toda su vida. Hay muchas personas hoy en día que inicialmente no tenían confianza en sí mismas, pero han crecido desde esa etapa hasta vivir sus sueños y alcanzar sus metas con mucha confianza. Entonces, si sus celos se deben a una lesión a su confianza y está afectando su relación, hay que tener en cuenta que este es el primordial paso para aprender a confiar en sí mismo.

- **No hay perdedores, solo ganadores**: Nunca se vea a sí mismo como un fracasado o un perdedor en cualquier cosa que haga, incluso si no funciona cien veces. La vida no es una competencia y no hay perdedores. Usted es un ganador si elige verte a sí mismo de esa manera y comportarse así también.

- **La vida es un proceso y usted también puede lograrlo**: Entonces, no está donde siente que se supone que debe estar, ¿y qué? Y lo ha intentado y fallado tantas veces. Todos hemos fallado en algo también, así que no está solo. Algunas personas no pueden lidiar con el fracaso y otras no pueden soportar el hecho de que aquellos a quienes consideran sus parejas se están adelantando en la vida, por lo que convierten estos sentimientos en celos e ira. Debe comprender que la vida implica procesos, y el hecho de que haya fallado diez veces no significa que no pueda tener éxito en el undécimo intento. Además, el hecho de que sienta que está atrasado en la vida no significa que no pueda llegar a donde quiere estar eventualmente. Hay mil un ejemplo de personas que han triunfado en la vida pero que han fracasado inicialmente.

- **Hay espacio para que todos brillen**: Al igual que la luna y el sol, iluminan su luz de manera diferente y no compiten entre sí porque conocen su singularidad. Así es como deberías ver el mundo. Nadie está aprovechando su oportunidad ni su trabajo. Si no consiguió el trabajo de sus sueños y otra persona lo consiguió, debe creer que tal vez el trabajo no era para usted y puede tener otra oportunidad. No imagine la competencia ni se ponga celoso cuando alguien le haga una pasada a su pareja. Hay espacio para que todos hagan brillar sus luces con tanta intensidad como deseen.

- **Empiece a amarse a sí mismo**: Es sorprendente cómo algunas personas pueden amar tanto a una pareja y no mostrar amor en absoluto. Usted debería empezar a amar a la persona que es y tratarse mejor. Haga cosas por sí mismo, ser egoísta a veces, le hará sentir genial. Disfrute de algo especial en ocasiones. Algo que sea solo para usted: un buen spa, una comida cara, un vestido nuevo, ¡cualquier cosa que grite "regalo!" Empiece a hacer cosas no por los demás, sino también por usted mismo, y notará lo bien que le hace sentir. Mírese en el espejo cuando esté bien vestida para ir y diga lo hermosa/sexy/adorable que se ve. No tiene que esperar a que alguien le diga esas palabras para sentirse bien consigo misma. Aprenda a comenzar a amar su yo único y vea el impulso en la confianza que le brindará.

- **Deje de dudar de sus habilidades**: Lo peor que puede hacerle a su confianza es cuestionarse a sí mismo. La gente dudará de sí al menos hasta que pueda demostrarles que están equivocados, pero cuando empiece a dudar de sus habilidades, es posible que no tenga la oportunidad de demostrar que nadie tiene razón o está equivocado. Incluso si nadie cree en usted, debe creer en sí mismo, así es como muchas personas han seguido adelante hasta que lo lograron, creyendo en sí mismas. Sea lo que sea en lo que quiera embarcarse, debe decirse a sí mismo que puede. Cuanto más alimente su mente con un pensamiento positivo, más mejorará su confianza y mejorará en todo lo que intente. No puede depender de lo que la gente diga para darle la confianza que necesita, necesita ser el primer y único entrenador de su vida.

- **Comience a hacer las cosas que solía amar**: ¿Hay actividades que le encantaba hacer, pero en las que ha perdido interés debido a cómo ha cambiado su vida? Una excelente manera de revivir esa confianza es volver a algunas de las cosas que amaba hacer, como practicar un deporte o un instrumento musical, pescar, patinar, cantar, bailar, viajar. Sea lo que sea, empieza de nuevo si le hace feliz, incluso si no era tan bueno en eso, esta podría ser una oportunidad para mejorar y hacer lo que ama.

- **Prueba nuevos intereses**: Quizás haya estado pasando por una escuela de danza y se pregunte cómo sería si se matriculara en una clase. O recientemente ha estado interesado en tocar un instrumento musical y se ha reprimido por lo que podría decir su pareja o amigos. Debería dar ese paso positivo ahora y probar uno o dos intereses que ha cuidado durante mucho tiempo. Nunca es demasiado tarde para probar algo nuevo, a menos que tenga limitaciones físicas. Entonces, ¿qué tal si prueba algo y si le gusta, continúe haciéndolo? Verá que su confianza continúa creciendo a medida que da pasos tan audaces.

- **Trabaje en sí continuamente**: Trabajar en sí mismo es muy importante para desarrollar una alta confianza. Estas son áreas en las que puede empezar a mejorar. Por ejemplo, si no se ha sentido confiado en su cuerpo y siempre le ha amenazado cuando alguien con un gran cuerpo hace una pasada con su pareja, ¿por qué no decide lograr ese gran cuerpo que usted también desea? Recuerde que lo hará por usted mismo y no por nadie más, es para que se sienta genial y confiado nuevamente. Así que vaya al gimnasio y comience a trabajar duro para lograr ese gran cuerpo que desea. Quizás sea algo sobre su apariencia o su lenguaje lo que mata su confianza. Puede aprender a mejorar estas cosas siempre que le haga sentir más seguro. ¡Vaya a buscarlo!

- **Reevalúe su empresa**: Una causa de baja confianza sin siquiera saberlo es el tipo de compañía que mantiene. ¿Sus amigos le miran con desprecio o le dicen que no es lo suficientemente bueno para un papel o algo que quiere probar? ¿Tiene amigos que se ríen o se burlan de usted cuando falla en algo? Estos son asesinos de la confianza y debe evitarlos lo antes posible. Los grandes amigos deberían poder animarle a alcanzar sus sueños y no matar su confianza. Entonces, ¿qué tipo de cosas escucha de sus amigos? ¿Le ayuda a aumentar su confianza? Si no es así, estará mejor sin ellos. Debe quedarse con amigos que tengan confianza y no le vean como una amenaza para su progreso. Los amigos que están seguros de sí mismos y pueden inspirar eso en usted también son amigos de verdad.

- **Cuídese**: Al igual que dije sobre amarse a sí mismo, no puede amar algo que no le importa, así que comience a cuidarse. Los científicos han demostrado que cuidarse bien puede reflejarse en su comportamiento y confianza en general. Preste atención a su higiene. Dúchese con regularidad, use ropa limpia y adecuada, aplique aromas agradables y preste atención al cuidado del cabello. Cuide también su espacio vital y manténgalo limpio y ordenado. Solo digo: luzca genial y siéntase genial también. Cuando empiece a sentirse tan bien con su cuerpo y su entorno, con el tiempo comenzará a reflejarse en su confianza, así que intente cambiar algunas cosas y vea la diferencia que le traerá.

- **Esfuércese por ser una mejor versión de usted mismo**: Adquiera el hábito de evaluarse a sí mismo con regularidad. ¿Dónde está ahora y donde quiere estar dentro de uno o cinco años? Siempre esfuércese por mejorar y seguir convirtiéndose en una mejor versión de sí mismo. Recuerde que no se trata de convertirse en otra persona o competir, sino que se trata de usted mismo y de construir una persona segura y confiada.

Capítulo 6: Formas de recuperar la comunicación con su pareja

Preguntar para aclarar

La percepción es diferente a la comunicación. Se puede transmitir un mensaje, pero lo que importa es cómo se recibe. Por lo tanto, la aclaración es fundamental para que la información pueda recibirse de la forma prevista. Una forma de pedir una aclaración es reafirmar lo que se ha dicho. En caso de que se haya percibido mal el mensaje, el hablante lo corregirá. También asegura que uno preste atención y alienta al hablante a abrirse más.

Mantener la neutralidad

La inteligencia emocional es fundamental a la hora de comunicarse; hay que estar informado de sus prejuicios y opiniones para que se pueda desarrollar el arte de la escucha activa. Al comunicarse, es esencial permanecer conectado a tierra. Ponerse a la defensiva impedirá el proceso de comunicación. Por mucho que la gente odie a los críticos, uno debe estar abierto a ello y comprender que seguramente serán criticados de vez en cuando.

Escuchar

Deje que alguien termine su línea de pensamiento antes de intervenir y dar su opinión. Además, uno debe escuchar completamente y tomarse el tiempo para digerir la información antes de evaluar la información proporcionada. Es común que las personas se distraigan y empiecen a pensar en qué responder antes de que el hablante termine lo que está diciendo. Es primordial que uno tenga que evitar este tipo de distracción porque le impide escuchar genuinamente a la otra persona.

Silencio

Los períodos de silencio al comunicarse le dan tiempo a uno para digerir la información dada, también proporciona espacio para la evaluación del conocimiento y tiempo para que una persona identifique sus prejuicios y cómo podrían estar afectando el proceso de escucha. Por tanto, el silencio debe utilizarse como herramienta para agudizar el proceso de escucha y promover la comunicación.

Durante una interacción volátil, el silencio puede ser un instrumento que se utiliza para reducir las tensiones. También se puede utilizar para difundir una conversación que no sea productiva. Permite a las partes involucradas evaluar el chat y evaluar si todavía se encuentra dentro de los objetivos establecidos.

Utilice animadores

Utilice indicaciones para animar a la otra persona a que se abra más. Las indicaciones deben ser mínimas para que el proceso de escucha no se vea obstaculizado. Los ejemplos incluyen 'oh', 'wao', 'uh-uh' y 'entonces?' Las indicaciones le indican al hablante que el oyente está siguiendo lo que está diciendo y está genuinamente interesado en lo que tiene que decir. Por lo tanto, los anima a abrirse más. El oyente también presta atención a lo que se dice porque toma un papel activo en la conversación animando a la otra persona a abrirse más.

Reflejar

La reflexión permite al oyente asimilar las palabras del hablante. También ayuda a conectar el lenguaje corporal y otras señales no verbales con la comunicación verbal. Por lo tanto, en lugar de simplemente repetir la información, uno debe tomarse un tiempo para reflejar el mensaje y tener en cuenta las emociones, sus antecedentes y por qué tienen la opinión que tienen.

La reflexión también le permite a uno establecer vínculos con la información proporcionada. A veces, se puede hacer un comentario, que se puede conectar a otra información. La reflexión es la forma correcta para que uno identifique su prejuicio y cómo afecta el proceso de comunicación, y decida cómo eliminarlo.

Usar mensajes del 'yo'

Durante la escucha activa, expresar los sentimientos en palabras ayuda al hablante a ser objetivo. Al comunicarse, es posible que uno no sea consciente del lenguaje corporal que está proyectando. Esto es especialmente cierto si están hablando de algo sensible para ellos. Así, poner sentimientos desde nuestra perspectiva personal aporta integridad a la conversación.

Validar

No juzgue la forma en que el hablante se siente y valide sus emociones. Escuche con empatía y comprenda por qué piensan de la forma en que piensan. A veces, las personas sienten emociones extremas por cosas triviales, y está bien, ya que las personas tienen derecho a sentir, sin embargo, piensan en los problemas que les afectan.

La validación no significa que uno tenga que abrirse sobre sus experiencias. El objetivo es escuchar y responder que sus sentimientos se ven, y está bien tener esos sentimientos. En el proceso de comunicación, esto ayuda a una persona a abrirse más.

Redirigir

Los temas delicados pueden provocar agresión, voces elevadas o enojo. Estas son emociones como cualquier otra, y una persona tiene derecho a ellas. Por lo tanto, en lugar de hacer que alguien se sienta mal por sus sentimientos, es mejor reorientar y hablar sobre algo que no es tan sensible.

Puede ser una breve discusión de un tema neutral, de modo que las tensiones disminuyan, y luego volver a la pregunta en discusión después de eso. Si el hablante no se calma, se puede redirigir y hablar de algo completamente diferente.

Evitar demandar a los bloqueadores de la comunicación

Los bloqueadores de la comunicación hacen que el hablante no pueda transmitir sus puntos de manera efectiva. Por lo tanto, deben evitarse a toda costa. Las preguntas de 'por qué' ponen a la gente a la defensiva porque sienten que se cuestiona su validez. Por lo tanto, deben evitarse.

No se aconseja dar garantías rápidas, antes de que una persona termine de expresar su punto, porque no transmitirá la información de manera efectiva y sería otro bloqueador de comunicación está avisando al hablante. El objetivo es escuchar y no aconsejar a nadie a menos que el hablante lo pida. Por lo tanto, absténgase de dar consejos y escuche activamente.

Buscar información es otro bloqueador de comunicaciones. Las personas son inteligentes y pueden saber cuándo una persona realmente les está listando o está buscando información. Una vez que se dan cuenta de que el oyente busca información, se callan y dejan de comunicarse. Por lo tanto, para una comunicación eficaz, evite buscar información con el pretexto de escuchar activamente.

Ser cortés

Tenga buenos modales al comunicarse. Indica que el mensaje es esencial y es más probable que uno hable más con alguien con un comportamiento educado. Frases como "disculpe", "perdóneme" deben usarse de manera apropiada y, como se indicó anteriormente, deben usarse con sensatez para evitar interrupciones frecuentes. También indican que alguien está siguiendo la conversación de forma activa.

Hacer preguntas

Para iniciar una conversación, es mejor comenzar haciendo preguntas. El tipo de preguntas que se proponen para abrir una conversación tiene que ser neutral. Esto significa que los temas delicados como la religión, la política y el género deben mantenerse alejados. Hacer preguntas asegura que una persona considere primero los sentimientos de la otra persona y aprenda rápidamente su opinión sobre temas que no son tan neutrales.

Evitar los juicios

Cada persona en la tierra tiene un sesgo, y esto es especialmente cierto cuando se trata de temas delicados. Por lo tanto, para promulgar una comunicación enfática, uno debe evitar juzgar. Uno debe escuchar atentamente y abstenerse de juzgar a la otra persona a toda costa. La otra persona en la relación debe sentir que la están escuchando y que se comprende su punto de vista. En pocas palabras, al comunicarse con alguien, el oyente debe poder caminar una milla en los zapatos de la otra persona y comprender su punto de vista. En caso de que existan argumentos, deben presentarse de una manera que no juzgue.

Prestar atención

No hay nada tan desconcertante como hablar con alguien que no está prestando atención activamente al proceso de comunicación. Hace que una persona pierda interés y no se abra tanto como quisiera. Por lo tanto, debe lograrse una comunicación segura prestando atención a la persona que habla, ya sea en un grupo o en un entorno privado. Deben eliminarse las distracciones como el ruido, los teléfonos y otros dispositivos, y se debe prestar toda la atención al hablante. Permitirá al oyente identificar los sentimientos del hablante leyendo el lenguaje corporal y responder en consecuencia.

Evitar dar consejos no solicitados

Una trampa popular para la comunicación enfática es dar consejos o compartir el punto de vista de uno, incluso cuando el hablante no lo ha buscado. A veces, todo lo que una persona quiere es que la escuchen. Dar un consejo que no ha sido solicitado impide este proceso y la persona no podrá comunicar sus sentimientos de manera efectiva.

Por lo tanto, para que se produzca la comunicación empática, evite dar consejos, a menos que el hablante lo pida directamente. Además, es bueno compartir la opinión de uno sobre un tema. Sin embargo, lo que le comunica al hablante es que el oyente es egocéntrico y no considera los sentimientos de otras personas. En ocasiones, dar consejos puede generar resistencia por parte de la otra parte y dejar de comunicar lo que quería transmitir.

Elevar los niveles de atención mediante el desapego y la disminución de la autocentralización

Ver un punto desde el punto de vista o la experiencia de otra persona es difícil y hay que aprenderlo. Por lo tanto, para aumentar la atención, uno debe desprenderse de sus experiencias y prejuicios y prestar atención a la otra persona. Ayuda a una persona a estar en el momento y a comprender únicamente lo que se dice en ese momento.

Leer al orador

La gente puede comunicar una cosa y significar la otra. Esto nos puede ocurrir, especialmente cuando estamos nerviosos o tememos al juicio. Sin embargo, el lenguaje corporal no miente y siempre delatará lo que el hablante quiere decir. Por eso el oyente debería leer al hablante.

Tomar acción

La comunicación enfática es satisfacer las necesidades de la otra persona. Por lo tanto, después de ser comunicado, uno debe tomar medidas y encontrarse con la otra persona en el punto de sus necesidades. No tiene que ser la acción correcta, sino cualquier actividad que les ayude a superar su situación.

Una persona puede comunicar que no parece controlar sus finanzas. Una acción que se puede tomar es enseñarles métodos sencillos de ahorro, remitiéndolos a alguien que pueda ayudarlos. La parte más importante es que su opinión debe ser ordenada sobre qué opción es la mejor y dejar que ellos tomen esa decisión por sí mismos.

Entender que la percepción lo es todo

La psicología afirma que la empatía implica comunicación y percepción. La comunicación puede ocurrir en cualquier momento, pero la percepción es muy importante, especialmente cuando se quiere construir una conexión enfática.

Las personas a menudo entienden lo que quieren, dependiendo de sus experiencias y antecedentes. Por tanto, lo que se comunica puede no ser lo que se va a entender. Stephen Covey dijo una vez que "muchos ni siquiera escuchan con la intención de comprender; escuchan con la intención de responder". Idealmente, muchas personas están hablando o escuchando con la intención de responder. Por lo tanto, las conversaciones son como monólogos porque son desde el punto de vista de una persona.

Capítulo 7: Cómo fortalecer la relación con su pareja

1. Empiece a confiar

Aprenda a adquirir conscientemente el hábito de confiar más en las personas. Elija una disposición de confianza sobre una actitud de desconfianza. A menos que tenga pruebas absolutamente concretas sobre alguien, confíe en su palabra. Andar fisgoneando, acechando a su pareja y comportándose como un maníaco sospechoso solo daña aún más su relación. Más bien, si realmente no hay razón para sospechar más que un sentimiento de inseguridad o celos, déjelo ir.

2. Escriba sus sentimientos y pensamientos más profundos

Se sabe que llevar un diario es una de las técnicas más efectivas para sacar a la luz sus sentimientos y emociones más profundos. Le ayuda a descubrir múltiples capas de su personalidad para lograr una mayor conciencia de sí mismo. También facilita el proceso de una catarsis emocional para desahogar los sentimientos reprimidos. Por ejemplo, puede albergar constantemente sentimientos de inseguridad porque fue criado por padres negligentes o puede que nunca sienta que es "lo suficientemente bueno" porque fue criado por padres que tenían expectativas extremadamente altas e irrazonables de usted.

Las personas que han sido descuidadas en su niñez a menudo sienten que no son lo suficientemente dignas de ser amadas. Esto a su vez les hace pensar que su pareja está buscando a alguien más digno o merecedor de amor que ellos, lo que genera sentimientos de inseguridad.

3. Regule sus sentimientos y emociones negativas con atención plena

La atención plena es una excelente manera de calmar los nervios y controlar las emociones descontroladas. Sintonícese con su yo físico y mental identificando sus sentimientos, pensamientos y emociones al respirar profundamente. Intente separarse de las emociones negativas abrumadoras como los celos y la inseguridad. Cada vez que se sienta abrumado por pensamientos de celos o inseguridad, practique la meditación consciente.

4. Sea franco y acepte sus sentimientos

Hablar de tus inseguridades con su pareja le ayudará a crear un canal de comunicación franco y abierto. En lugar de hacer y decir cosas locas a su pareja, sea sincero y comparta sus sentimientos. Diga algo similar a "me disculpo por molestar con respecto a su amistad con 'x', pero no es mi falta de confianza en usted. Simplemente me siento inseguro al respecto".

5. Evite sofocar a su pareja

Empiece a relajarse un poco dejando de lado su deseo de encarcelar a su pareja. Cuanto más trates de encarcelar a alguien contra su propia voluntad, más enérgicamente intentarán escapar de su comportamiento dominante. Deje que su pareja tenga la libertad de pasar tiempo con sus amigos, hablar con su atractivo colega o hacer otras cosas que de otra manera lo harían sentir amenazado. Una vez que se dé cuenta de lo seguro y confiado que está acerca de la relación, automáticamente se sentirá atraído hacia ti. Un compañero seguro de sí mismo puede ser extremadamente irresistible.

6. Cree límites en pareja

A veces, las personas se comportan de cierta manera sin siquiera ser conscientes de que sus acciones impactan negativamente a sus seres queridos. Es posible que su pareja se entregue a comportamientos coquetos con frecuencia, pero él/ella puede creer que es parte de su personalidad divertida. Es posible que ni siquiera se den cuenta del daño que se le está causando a usted o a la relación. Para ellos puede ser una muestra inofensiva de su encanto e ingenio.

Establecer límites al principio de la relación los mantendrá a ambos en la misma página en cuanto a cuál es el comportamiento apropiado o aceptable y dónde trazar la línea. Ambos pueden discutir mutuamente y llegar a lo "no negociable" en su relación. ¿Está bien el coqueteo inofensivo para los dos? ¿Y los besos en la mejilla? ¿Bailar con un miembro del sexo opuesto? Una vez que se establezcan límites claros, será menos probable que su pareja se comporte de una manera que pueda alterarlo o incitar sentimientos de inseguridad. Hable de los problemas, busque un terreno común y una vez que todo esté claro, aprenda a confiar en su pareja a menos que haya pruebas convincentes para creer lo contrario.

7. Vaya al fondo de su inseguridad y sus emociones negativas

Puede ser realmente difícil evaluar objetivamente por qué siente punzadas de inseguridad cada vez que alguien felicita a su pareja o habla afectuosamente con sus colegas. Puede ser muy tentador culpar a otra persona por tus emociones. Sin embargo, llegar a la raíz de su inseguridad siendo más consciente de sí mismo es la base para liberarte de sus cadenas. Eche una mirada más compasiva y objetiva al origen de su inseguridad. Piense en las posibles causas de los sentimientos de inseguridad.

Por ejemplo, si se siente cada vez más inseguro de su pareja, sepa por qué lo siente. ¿Es porque no quiere perderlo? ¿Sufre de un falso sentido de autoestima de que el tiempo de su pareja le pertenece solo a usted? ¿Siente lo que siente debido a una sensación de insuficiencia que constantemente le hace pensar "no soy lo suficientemente bueno?" Una vez que identifique las razones subyacentes que causan sentimientos de celos e inseguridad, será más fácil lidiar con su comportamiento.

8. Desactive el parloteo mental envidioso e inseguro

Dígase a sí mismo que debe callarse mentalmente cuando se encuentre participando en un autodiscurso de celos contraproducente. Puede utilizar varias técnicas para lograrlo. Puede usar una señal de stop o "x" cada vez que los pensamientos negativos comienzan a cobrar impulso en su mente. Condicione usted mismo para detener los pensamientos inesperados con sesiones de práctica que utilicen refuerzos visuales y mentales. Intente decir alto en voz alta cuando se embarque en un viaje de diálogo interno de inseguridad destructiva. De esta manera se avergonzará más y se dará cuenta de cuán ridículamente se está comportando. La idea es entrenar a su cerebro para que piense que no está bien tener un diálogo interno inseguro.

9. Evite juzgar a otras personas basándose en su pasado

¿Alguna vez ha notado cómo las personas sospechosas siempre sospechan de los demás? ¿O los mentirosos piensan que todos los que les rodean están mintiendo? Nuestra percepción de las personas y sus motivos es a menudo un reflejo de quiénes somos. Deje de usar su comportamiento pasado o presente como criterio para percibir las acciones de su pareja. Por ejemplo, si tiene un historial de estar involucrado con hombres/mujeres casados, no asuma que ningún hombre/mujer casado puede ser de confianza y comience a desconfiar de su cónyuge. El hecho de que haya hecho o esté haciendo algo no significa que él/ella también se esté complaciendo en hacerlo.

10. Desechar el equipaje de la relación anterior

Una razón importante por la que siempre está paranoico acerca de que su pareja actual le engaña se remonta a una relación anterior. Es posible que una expareja le haya engañado horriblemente con su mejor amigo. La traición puede haber tenido un impacto tan severo que usted ve cada relación bajo una luz similar de desconfianza.

Pintar a todos con el mismo pincel puede ser un error desastroso en cualquier relación. Hay una razón sólida por la que su relación anterior no duró, y debe dejar la basura de su relación anterior donde pertenece: en el bote de basura.

11. Pregúntese a sí mismo

Cada vez que se siente remotamente celoso; cuestione el sentimiento subyacente detrás de la compleja emoción de los celos. ¿Es la inseguridad una consecuencia de mi ira, ansiedad o miedo? ¿Qué tiene esta situación que me pone celoso? Cuando cuestiona sus celos de manera crítica, está a pocos pasos de tomar medidas constructivas para convertir una nube de negatividad en un paquete de positividad.

12. La inseguridad no siempre es un monstruo malvado

Puede sonar contradictorio con todo lo que hemos estado discutiendo sobre la inseguridad, pero la verdad es que la inseguridad no siempre es dañina. A veces, una pequeña cantidad puede hacer mucho bien a su relación. ¿Cómo? A veces puede motivarle a usted o a su pareja a salvaguardar su relación. Si se expresa de una manera productiva y sana, la inseguridad le da el impulso que tanto necesita para proteger su territorio. La inseguridad lo ayuda a asumir el papel de protector de su ser querido y/o relación, y esto puede ser bueno si no alcanza alturas extremas. Sea lo suficientemente inteligente como para darse cuenta cuando los celos pasan de ser un protector de la relación a un destructor de la relación. Usted elige si es una bendición o una perdición para su relación.

13. Recuérdese periódicamente sus puntos fuertes

Cada uno de nosotros posee fortalezas únicas que nos diferencian de los demás. Siga reforzándose a sí mismo lo maravilloso que es a través de afirmaciones y visualizaciones positivas. Se sentirá menos inseguro cuando sea consciente de sus aspectos positivos. Cuanto más seguro de sí mismo y confiado esté, menos afectado estará por las acciones de otras personas. Sepa dónde están sus fortalezas, siga haciendo cosas que lo hagan sentir bien consigo mismo y crea que es digno del amor verdadero.

14. Centrarse en ideas productivas y positivas

En lugar de obsesionarse con quién le engaña su pareja, trate de desarrollar intereses fuera de su relación. No lo convierta en el núcleo de su existencia, aunque signifique mucho para usted.

15. Los miedos imaginarios no necesariamente significan que realmente sucederá

Necesitamos entender que nuestras corazonadas inseguras no necesariamente significan que el acto está ocurriendo realmente. El hecho de que temamos que algo va a suceder no significa que sucederá. La mayoría de las veces nuestros miedos son totalmente infundados, y ni siquiera remotamente cerca de hacerse realidad. El hecho de que su pareja esté en otro lugar y tema que esté con otra persona no significa que realmente esté proponiendo una relación en una cita. Comprenda la diferencia entre pensamientos y eventos reales. Las imaginaciones ficticias de nuestra mente destructiva a menudo están lejos de la realidad.

16. Sea generoso

Dedique más tiempo a dar y ayudar a los demás. Esto no solo le hará sentir bien consigo mismo, sino que también le ayudará a desarrollar una mayor comprensión de cómo agrega valor a la vida de los demás y cómo ellos estarían agradecidos de tener lo que usted tiene. Ofrézcase como voluntario en su comunidad local ayudando a la gente a leer y escribir en inglés o preparando comidas para los menos afortunados o incluso ayudando a un amigo que está luchando por terminar la universidad.

17. Manténgase alejado de situaciones desencadenantes de inseguridad

Sea consciente de las situaciones que desencadenan elementos de celos e inseguridad en su comportamiento y evite estas situaciones siempre que pueda. Por ejemplo, si usted es una persona que no puede evitar experimentar punzadas de inseguridad cada vez que su pareja se mezcla con miembros del sexo opuesto, evite salir con una persona que generalmente se junta con el sexo opuesto y es extremadamente popular entre ellos. Esto invariablemente conducirá a fricciones a menos que trabaje en un terreno común.

18. Centrarse en los aspectos positivos

Entonces, ¿fue usted testigo de cómo su pareja coqueteaba con uno de sus amigos? ¡Vaya cosa! ¿Cierto? Realmente no. Tenga en cuenta que ambos tienen una historia de intimidad y una cercanía incomparable, por lo que están juntos en primer lugar. Hay una chispa única en su unión que no puede ser igualada por otros. El hecho de que alguien les haga algunos cumplidos a sus amigos y muestre calidez no significa necesariamente que quieran estar con él de por vida. A veces, la gente simplemente coquetea para aligerar el estado de ánimo o romper el hielo o hacer que la otra persona se sienta bien consigo misma.

Recuerde las cosas realmente positivas e inusuales de su relación cada vez que se sienta abrumado por sentimientos de inseguridad o celos. Recuerde sus momentos maravillosos, todo lo que su pareja le ha contado sobre por qué se enamoró de usted y las cosas amorosas que han hecho el uno por el otro.

19. No participe en juegos de relaciones

Las personas a menudo tratan de sentirse bien con ellos supuestamente haciendo que su pareja se sienta insegura. No caigas en la trampa. Mostrar cualquier signo de inseguridad solo fomentará el comportamiento de su pareja. Dígale a su pareja con firmeza que entregarse a un comportamiento que induce a los celos o la inseguridad solo lo degrada y no lo hará sentir mejor con respecto a él. Incluso si se siente celoso, trate de mantener un comportamiento estoico y no afectado, lo que eventualmente debería detener estas tácticas insoportablemente incómodas para llamar la atención.

Capítulo 8: Cómo ayudar a su pareja a superar la ansiedad

Amar a una persona con ansiedad

Esta parte está dedicada a las parejas de personas que luchan contra la ansiedad. La relación y el amor exigen que nos involucremos en la vida de nuestra pareja y esto significa que siempre debemos ser solidarios y amorosos. Si tiene una pareja con uno o más tipos de ansiedad, ya sabe cómo puede influir no solo en la relación, sino también en su vida. La ansiedad se presenta de muchas formas y no existe una píldora mágica que pueda ayudar. La ansiedad también es una experiencia individual que puede diferir de muchas maneras. La lista de cosas que podemos hacer para ayudar a nuestra pareja cuando está teniendo un ataque de ansiedad varía de una persona a otra.

Ansiedad aguda

La ansiedad aguda surge de la nada. Puede ser causada por diferentes cosas, ciertas situaciones u otras personas que usted y su pareja conozcan. Sucede de repente, y no hay tiempo para planificar y tomarse las cosas con calma. Necesita poder reaccionar en el momento y saber evaluar la situación. Comprenda lo que está sucediendo, por lo que está pasando su pareja y piense en la manera correcta que puede ayudar a neutralizar la ansiedad. Hay cuatro pasos que puede seguir para brindar apoyo y ayudar en caso de ansiedad aguda:

1. Mantén la calma, sea compasivo. Si no es así, no podrá satisfacer las necesidades de su pareja en ese momento.

Si cede a la ira, la frustración o su propia ansiedad, no ayudará. Incluso puede empeorar las cosas. También debe recordar no ceder a la ansiedad de su pareja y adaptarse a ella. A la larga, esto no es útil. En su lugar, ofrezca comprensión, no solo soluciones.

2. Evalúe la ansiedad de su pareja. ¿Qué nivel es? ¿Cuáles son los síntomas y signos de un ataque de ansiedad? Un ataque de ansiedad puede afectar con diferente fuerza cada vez. Debe ser capaz de reconocerlo para elegir acciones adecuadas a la situación dada.

3. Recuerde a su pareja las técnicas que le ayudaron con los ataques de ansiedad. Ya sea respirar o hacer ejercicio, su pareja probablemente sea consciente de su éxito en la neutralización de la ansiedad. Pero en la situación dada, tal vez necesite que se lo recuerde. Una vez que estén en el camino correcto para lidiar con la ansiedad, su trabajo es brindarles un refuerzo positivo. Elogie y sea empático una vez que su pareja ejecute técnicas que lo ayudarán con un ataque de ansiedad.

4. Evalúe la situación. ¿Está pasando el ataque de ansiedad de su pareja? Si es así, apoye y anime a su pareja a continuar con lo que esté haciendo para reducir su ansiedad. Si se mantiene en el mismo nivel o aumenta, debe comenzar los pasos desde el principio e idear diferentes técnicas y estrategias para ayudar a su pareja con un ataque de ansiedad aguda.

Ansiedad crónica

Para abordar la ansiedad crónica, es posible que deba probar la terapia de exposición, ya que muchas personas la consideran el estándar de oro del tratamiento. Por lo general, se necesita la guía de un terapeuta profesional para probar la terapia de exposición. Pero, si el nivel de ansiedad de su pareja no es severo, es posible que se sienta lo suficientemente cómodo como para intentarlo por su cuenta. En este caso, debe actuar como guía y aprender a ser una persona de apoyo para su pareja.

Tiene que comenzar con la situación menos desafiante y avanzar lenta y constantemente hacia las más desafiantes. Si la ansiedad no disminuye en el primer desafío, no es momento de pasar al segundo. Por ejemplo, digamos que su pareja tiene miedo a las alturas. Quiere superar este miedo y poder escalar el último piso de los edificios. ¿Cómo se verá la terapia de exposición en este caso?

1. Dígale a su compañero que mire por la ventana desde la planta baja durante exactamente un minuto.

2. Suba al segundo piso junto con su pareja. Recuerde que no es solo un guía de terapia de exposición; también necesita actuar como apoyo. Hágale mirar por la ventana desde el segundo piso durante un minuto. En caso de que la ansiedad aparezca en sus primeros síntomas, recuérdele a su pareja que haga ejercicios de respiración para disminuir su impacto.

3. Una vez que su pareja se sienta mejor, debería intentar mirar por la ventana nuevamente.

4. Si no se presenta ansiedad, debe dejar el lado de su pareja. Necesita poder mirar a través de la misma ventana, pero esta vez sin usted.

5. Suba al tercer piso y repita los pasos tres y cuatro. Cuando su pareja se sienta lista, continúe hasta el cuarto piso, sexto y así sucesivamente. Si la ansiedad de su pareja es demasiado alta, no dude en detenerse. La primera sesión no necesita tomar más de 30 minutos.

6. Cada nueva sesión debe comenzar con el último piso cómodo que experimentó su pareja. No es necesario comenzar siempre desde la planta baja, ya que su pareja avanza, sin sentir ansiedad al mirar por la ventana del segundo, tercer e incluso cuarto piso.

7. Tomar tiempo. Su pareja no se librará del miedo en solo unos días. Sea paciente y continúe practicando la terapia de exposición de esta manera hasta que su pareja pueda lograr la meta y subir al último piso.

8. El objetivo de la terapia de exposición no es solo deshacerse del miedo y la ansiedad. También debe enseñarle a su pareja que puede controlar y tolerar las molestias. Su pareja tendrá la oportunidad de practicar técnicas de reducción de la ansiedad en un entorno seguro y controlado, con usted en el papel de apoyo.

Intervenciones para trastornos específicos

Bajo la guía de un terapeuta capacitado, los dos aprenderán cómo abordarlo de la mejor manera posible. El terapeuta de su pareja puede pedirle que participe en algunas sesiones y le enseñará cómo ayudar mejor a su pareja en situaciones que elevan la ansiedad. Si su pareja no está diagnosticada, pero ambos sospechan que podría tener cierto trastorno, recomiende a su pareja que visite a un médico. El autodiagnóstico puede llevar a errores y tomará decisiones equivocadas sobre cómo abordar la ansiedad de su pareja.

Trastorno de pánico con agorafobia

Si este es el diagnóstico de su pareja, probablemente ustedes dos ya tengan un patrón de comportamiento diseñado para adaptarse a la ansiedad de su pareja. Probablemente siga a su pareja a eventos sociales, y es usted quien se encarga de hacer recados fuera de casa. Esta adaptación es contraproducente a largo plazo. Está demostrando que se preocupa, ama y apoya a su pareja, pero eso le impide experimentar una vida plena. Su pareja necesita aprender a superar la ansiedad. Puede abordar el trastorno de pánico con terapia de exposición, por lo que su pareja se vuelve menos dependiente de usted:

1. Elija un recado que su pareja crea que puede realizar él mismo. Puede ser ir de compras, ir solo a una cita con el médico, pasear a un perro, etc.

2. Planifique qué diligencias son más desafiantes para su pareja y agréguelas a la lista. Escríbalos como "para realizarse en el futuro". Es importante trabajar lentamente, pero mantener una visión clara de lo que se necesita lograr.

3. Trabajen juntos para lograr lentamente la primera tarea de su lista. Si va de compras solo, acompañe a su pareja

algunas veces, para que se acostumbre al entorno. Cuando él o ella se sienta lo suficientemente seguro como para ir solo, déjelo. Anime y apoye su decisión.

4. Una vez que su pareja complete la tarea, esté presente para discutir su experiencia al respecto. Escuche atentamente y aborde cualquier problema que pueda surgir. Anime a su pareja y realice un seguimiento de su progreso.

Trastorno obsesivo compulsivo

Cuando se trata de TOC, lo que puede hacer por su pareja es no involucrarse en sus comportamientos. Además, anímelo a que no se rinda y repita sus comportamientos compulsivos. Si cede y cumple con el TOC de su pareja, no estará ayudando. Aunque seguramente elevará la tensión generada por el TOC de su pareja, cumplir reforzará los miedos. Por ejemplo, si su pareja le pide que vaya a la cocina y se asegure de que todos los electrodomésticos estén apagados, no debe cumplir. Pero tampoco debe discutir ni llamar irracional a su pareja. Es ineficaz y solo profundizará la ansiedad.

Discuta con su pareja cuál es la mejor manera de abordar la ansiedad y acuerde una estrategia. Aquí es donde un terapeuta profesional será de mayor utilidad para ambos. Un profesional puede guiarlos a través de esta conversación y ayudarlos a ambos a sentirse cómodos hablando del delicado tema del trastorno de su pareja.

Deberá aprender a cambiar y ya no decir cosas como: "No volveré a ir a la cocina, estás imaginando cosas y estás siendo irracional" y puede substituirlo por: "Agradezco tu preocupación por los electrodomésticos de la cocina, pero coincidimos en que lo mejor que podemos hacer es ayudarte a aprender a manejar los sentimientos que está teniendo ahora mismo".

Su pareja estará de acuerdo para su propio beneficio en que lo mejor que puede hacer es permanecer a su lado, no revisar la cocina y ayudarla a superar la ansiedad. Esto se puede hacer con ejercicios de respiración que ayudarán a su pareja a calmarse. Con el tiempo, su pareja mostrará menos miedo. El TOC disminuirá y se sentirá menos frustrado.

Trastorno de ansiedad generalizada

El comportamiento de las personas con TAG es similar al de las personas con TOC. Tienen miedos sobre ciertas cosas, y estos temores no se consuelan con la tranquilidad. El TAG suele crear preocupaciones que todos tenemos. Puede tratarse de finanzas, salud y escuela. Pero las personas con TAG exagerarán la proporción de estos miedos e influirán en su vida diaria. Si a su pareja se le diagnostica TAG, es consciente de que los problemas simples que enfrentamos todos los días pueden parecer catástrofes totales. Su pareja probablemente asume el peor final posible de ciertas situaciones.

A menudo sucede que las personas con esta aflicción desarrollan un sentimiento constante de insuficiencia. Creen que no son lo suficientemente buenos para sus compañeros y que nunca lo serán. Cuando esto sucede, generalmente tratan de compensar en exceso y hacer que todo sea perfecto para que su pareja pueda amarlos. Por otro lado, algunos pueden sentir que no hay nada que puedan hacer y que no tiene sentido intentarlo. Tienen un rendimiento inferior reforzando sus sentimientos de insuficiencia.

Fobia social

La fobia social se presenta de muchas formas. Puede hacer que ir a trabajar sea una tarea muy difícil o puede hacer que mantener las relaciones sea imposible de lograr. Un terapeuta usa la técnica de probar la hipótesis de un paciente. Esta es una manera muy exitosa de hacer comprender al paciente que sus miedos y ansiedades no tienen una base. Un terapeuta puede enseñarle a una persona con fobia social las habilidades básicas de comunicación para prepararla para situaciones que pueda encontrar en sus esfuerzos por superar la ansiedad.

Trastorno de estrés postraumático

El TEPT es causado por experimentar un evento traumático y puede afectar todos los aspectos de una relación. Si su pareja sufre de trastorno de estrés postraumático, reaccionará a ciertos factores desencadenantes que le recordarán la experiencia traumática. En el caso del TEPT, los ataques de ansiedad pueden ocurrir tanto de forma espontánea como rutinaria. A menudo, las personas que tienen esta condición se desconectan de sus parejas cuando la ansiedad los golpea, dejan de responder o ni siquiera las reconocen por lo que son.

Haga un plan para aliviar la ansiedad de su pareja

Ahora conoce las posibles técnicas que puede utilizar para reducir la ansiedad de su pareja. Utilice este conocimiento para crear un plan, haga una lista de acciones prácticas y acciones ineficaces para cuando su pareja experimente un ataque de ansiedad. Es importante recordar qué hacer en situaciones que provocan ansiedad, pero también es importante saber qué no hacer.

Capítulo 9: Ejercicios y remedios para superar la ansiedad

Una relación sana es una buena relación

Una relación sana hace que ambos compañeros se sientan seguros. Solo cuando exista una base para la protección, los individuos y la pareja crecerán y madurarán. La intimidad solo es posible si las personas se sienten lo suficientemente seguras como para ser vulnerables. Cualquier conflicto sin él amenaza toda la relación.

Es posible que algunas de las personas que veo en el asesoramiento terminen con sus matrimonios. Algunos ciertamente nunca deberían haber sucedido. Estas son las parejas que no pudieron establecer y mantener su asociación con otros. Algunos de ellos se casaron por razones equivocadas: para salir de la casa de sus padres, por dinero, o simplemente porque todos los demás lo esperaban. Muchos combaten la violencia verbal, física o emocional. En tales situaciones, es fundamental garantizar primero la protección de las personas. Solo entonces una pareja debería pensar en volver a intentarlo.

No obstante, la mayoría de las parejas que vi en la práctica no luchan contra las repercusiones del matrimonio sin amor ni violencia. Han venido en busca de consejo porque anhelan el vínculo que alguna vez tuvieron, y parece ya no funcionar. "No podemos comunicarnos" significa "no nos estamos comunicando" y, a menudo, no se siente lo suficientemente cómodo para que uno o ambos estén 100% conectados.

Amar solo no es adecuado. La seguridad depende de las actitudes y comportamientos, que fomentan la conexión emocional y un profundo respeto mutuo. Si uno se siente inseguro, desconfiado o desafiado emocionalmente, el matrimonio obviamente no funcionará a largo plazo. Puede durar; por muchas razones, las personas siguen teniendo relaciones insatisfactorias, pero no va a ser personal.

Un matrimonio debe ser un lugar seguro para que todos los cónyuges sean amados, respetados y vistos y para que tengan un fuerte sentido de cohesión. Un buen matrimonio es aquel en el que cada integrante trabaja regularmente en los siguientes elementos:

Seguridad

La seguridad depende de garantizar que la otra persona esté comprometida con la promesa de compromiso y haga todo lo posible para cumplir esta promesa. Cada boda tiene momentos difíciles. Cada matrimonio tiene períodos en los que la pareja se siente desincronizada. El compromiso garantiza que ambas partes resuelvan los problemas. No se están soltando ni abandonando. No nos permitimos echar la culpa. Cada uno de ellos tiene un deber y trabaja duro para arreglar su papel en esa brecha entre ellos.

Confianza

La confianza es un regalo que le damos a alguien que amamos. Es un hecho en un matrimonio saludable. Todo el mundo sabe que la otra persona nunca haría nada para romperles el corazón. Se trata como un bien precioso porque nos damos cuenta de que, una vez destruido, es un desafío recuperar la confianza en parejas que no traicionan la fe. La confianza es vital para la seguridad y para las relaciones sanas.

Honestidad

Todos los compañeros deben ser francos entre sí para poder confiar. Dado que ninguno de ellos tiene nada que ocultar, se intercambian contraseñas de teléfono y computadora. Sus inversiones, acciones y relaciones son reales. Entiendes que una pareja es un equipo de dos, y cada uno de ellos necesita la integridad del otro para funcionar.

Respeto mutuo

En los matrimonios saludables, los compañeros aprecian y aman a la otra persona, y a menudo lo dicen. Respetan las opiniones, metas, pensamientos y sentimientos de los demás.

Fidelidad

La fidelidad significa varias cosas para varias personas. No es beneficioso decir que cuando lo piensas, ambos, por supuesto, tienen lo mismo en mente. Una pareja feliz ha hablado de forma abierta y honesta sobre cómo interpretan "hacer trampa" y sus expectativas mutuas. Hace un acuerdo mutuo que tiene la intención de respetar.

Regla de platino

Es una buena regla, pero la regla platino lleva las cosas un paso más allá: "Trate a alguien como quiere que lo traten". Significa tomarse el tiempo para considerar y hacer lo que más respeta y agrada a su pareja, incluso si no quiere que sea así.

Accesibilidad emocional

Los compañeros están involucrados emocionalmente en matrimonios exitosos. Todos muestran amor con frecuencia. Ambos comparten sus pensamientos y emociones y están abiertos a su pareja. Si ocurre un conflicto, nadie se apaga mentalmente. Alternativamente, se conocen y se apoyan mutuamente mientras resuelven cualquier cosa que les moleste.

Lucha limpia

A veces todo el mundo lo pierde, pero uno puede enfadarse sin que el otro individuo se debilite. Llamar, intimidar, amedrentar, amenazar con irse o echar a la otra persona son aspectos de luchas sucias. Aquellos que enfrentan una disputa con violencia física o emocional nunca la resuelven. Por lo general, la situación es mucho peor de lo que tenía que ser.

Las parejas sanas saben luchar con dignidad: hablan desde sus propios sentimientos y experiencias. Los últimos matrimonios se basan en la salud. Así, cada persona se convierte en una mejor versión de sí misma y el matrimonio se vuelve más fuerte e íntimo.

Ambos deben estar interesados en un buen contacto en su asociación. Esto necesita que usted esté genuinamente interesado en lo que su pareja dice y responde de la misma manera. También debe mostrar sus sentimientos claramente, para una relación más fuerte. Esto le permite saber exactamente lo que le está sucediendo, lo que fomenta una conexión más profunda y una mejor relación. Sin embargo, esta relación no es un objeto estático. Se mueve a través de sus altibajos a través de las diferentes etapas. ¿Cuáles son estas etapas? Vamos a ver.

Las seis etapas de una relación

Según el estratega organizacional y de vida, Tony Robbins, las seis (6) fases de una asociación están claramente definidas.

1. Amor y Pasión

Este es el paso en el que su pareja es lo único en su mente. La química entre ustedes es correcta y está comprometido con el éxito de su pareja. Todos sus actos están diseñados para ayudarle a lograrlos.

2. No hay suficiente romance

Ambos se aman, pero sienten un vacío profundo en su interior. Desearía que su pareja pudiera llenar esto, pero usted no puede.

3. La relación de conveniencia

La dimensión romántica se ha disipado en la tercera etapa a medida que avanza la relación. Esto no es tanta devoción, no es tanta pasión. Sin embargo, no puede separarse porque tiene otros lazos que le impiden hacerlo. Vive con la familia (cuando tiene hijos) o porque es demasiado difícil deshacerse de las obligaciones y responsabilidades financieras mutuas. Puede vivir junto con su pareja y puede ser feliz, pero no hay una profunda implicación emocional. Ya sea que se centre en el trabajo, los pasatiempos, la familia (que no sea su pareja), los amigos, etc., la mayoría de ustedes probablemente estén en la posición tres. Lo que es un desafío es creer que su pareja es la persona adecuada, no lo suficientemente encantadora para emocionarle, ni lo suficientemente mala como para dejar de fumar.

4. Planificación de su escape

En la etapa cuatro, la relación no le brinda ningún placer. En realidad, todavía piensa en lo maravillosa que sería la vida si no estuvieras con su pareja actual.

5. No quiere tener una relación

En la quinta etapa, ya no siente ganas de compartir con alguien en una relación de pareja.

6. No está en una relación y no quiere estar en una

Ha renunciado a las relaciones ahora. No quiere que nadie se acerque a usted. Ha tenido una mala experiencia y no quiere arruinarla. ¿En qué nivel se siente en este momento? Escríbalo. Vamos, escríbalo. La sensibilidad es el primer paso hacia cualquier cambio positivo.

Las seis necesidades humanas en relación/matrimonio

Aquí hay un desglose de las seis necesidades humanas:

1. **Certeza:** Debe asegurarse de que en su relación está relajado, es decir, disfruta sin dolor. Sin embargo, para algunas personas, especialmente aquellas que anhelan la espontaneidad, puede resultar monótono y aburrido asegurarse de que todo sea perfecto.

2. **Variedad:** Es la necesidad de variación y variedad para "darle vida" y mantener las cosas más

emocionantes en la relación. Quiere variedad y tareas que ejerciten su alcance emocional y físico.

3. **Significado:** Se siente bien saber que es importante, especial, necesario y deseado.

4. **Amor/Conexión:** Esta es la necesidad de una conexión profunda con otro ser humano y un sentido de verdadera pertenencia.

5. **Crecimiento:** "Si dejamos de crecer, morimos", se decía. Es importante en todas las facetas de la vida, espiritual, emocional e intelectual, seguir creciendo.

6. **Contribución:** Es la capacidad de ir más allá de las propias necesidades. Como dice Tony Robbins, "Todas las cosas en el mundo se benefician o se destruyen fuera de sí mismo". Ya sea tiempo, dinero, energía (o los tres), todo vale la pena y le hace sentir como una persona completa. ¿Cuáles de estas seis necesidades humanas son su primera y segunda motivación? ¿Cómo es su pareja? Los problemas surgen cuando en nuestra relación no satisfacemos las necesidades primarias y secundarias del otro. Ahora que conoce las fases y las necesidades humanas de una relación, espero que haya descubierto dónde encajan las asociaciones y los intereses (así como su compañero) en el esquema. Echemos un vistazo a las cosas que probablemente hagan uno o ambos.

Por qué las parejas discuten

Hay muchas razones por las que las parejas se pelean y discuten: sobre la diferencia de suegros, el tiempo de calidad que pasan juntos o los celos. Veamos algunos de estos:

1. **Sexo:** Por lo general, hay una desconexión en algún momento de este tipo de intimidad. Quizás su pareja no sea tan abierta como usted en el dormitorio o viceversa. Es posible que tampoco esté feliz de sentir que se lo merece.

2. **Dinero:** Las parejas también luchan por dinero. Es posible que sus disfraces no representen a los de su pareja. Tal discrepancia también conduce a tremendos desacuerdos, que incluso pueden terminar la relación.

3. **Niños:** Los niños son otro tema importante que crea una división entre las parejas. La preferencia del estilo de crianza, en particular. Puede que sea estricto en su paternidad, pero su pareja es más relajada. Si los niños gravitan hacia el padre indulgente, el padre más duro puede sentirse cansado de ser el "malo". Esto podría conducir a la discordia y a una sensación de estar excluido o insoportable y comenzarán las peleas. Por ejemplo, puede que le guste el nombre de su abuela para su hijo, pero es posible que su pareja prefiera usar otro nombre, quizá como lo hizo una pareja famosa. Es posible que tengan opiniones diferentes, aunque no sean padres, sobre si ambos quieren o no tener hijos,

qué sistema religioso o cultural se les enseña, o cómo quieren que se eduquen. Todas estas comunicaciones deben ser contestadas lo antes posible.

Cómo funciona la comunicación en la relación

Muchos en relaciones problemáticas dicen: "Ya no hablamos". Probablemente quieren decir que no se comunican de manera efectiva. La verdad es que la gente todavía se conecta. A veces, dos personas que se tratan en silencio interactúan entre sí.

Las cinco formas tradicionales de comunicación matrimonial:

1. Emoción

2. Toque

3. Comunicación hablada o escrita

4. Contexto de la situación

5. Expresión física no verbal (expresiones faciales, gestos, comportamiento, etc.)

Es fácil concentrarse solo en palabras, pero solo comparte una fracción de los pares de información.

Capítulo 10: Cómo crear una interdependencia saludable

Manteniendo la chispa viva

La fase inicial de una relación es bastante hermosa. Parece haber una chispa natural entre usted y su pareja, una química innegable, que no se puede explicar. Si ha estado en una relación a largo plazo, desde que puede recordar, entonces sabe de lo que estoy hablando. Pensemos en su relación como una película de comedia romántica. Entonces, conoció a su pareja al estilo de una película de comedia romántica, han vivido su primera pelea, y tal vez incluso su centésima (ilesa, espero), y ahora, se está acercando al final de la película donde la pantalla se vuelve negra. los créditos finales comienzan a rodar, y desafortunadamente, la comedia romántica termina. Ahora, la realidad se establece. Hay horarios que seguir, trabajo que hacer, recados que hacer, una casa que mantener y varias noches en las que necesitas quemar el aceite de medianoche. ¿Cómo mantiene la chispa en la relación después de que termina la fase de luna de miel? Esta es una pregunta que a muchas parejas les cuesta responder.

Antes de aprender sobre las formas en que puede mantener viva esta chispa, primero comprendamos por qué esta chispa se desvanece. Existen diferentes razones para ello, que van desde la distancia hasta cualquier resentimiento creciente por pequeños problemas. Una simple verdad que debes aceptar es que incluso en las relaciones más sólidas, el romance se apaga si no trabajas activamente en él. Piense en el romance como un músculo.

Entender el significado

Antes de que pueda trabajar para mantener viva la chispa, debe comprender lo que esto significa para usted. No hay dos seres humanos iguales, por lo que la forma en que interpretes lo que realmente significa ser amado y apreciado será muy diferente de lo que siente su pareja. Todos tendemos a hablar diferentes lenguajes del amor. Por lo tanto, es muy probable que la forma en que demuestre su amor sea diferente a la forma en que lo demuestra su pareja. Lo más probable es que espere que su pareja exprese su amor o aprecio de la misma manera que usted. Si esto no sucede, puede comenzar a albergar sentimientos de resentimiento e incluso frustración. Si realmente ama a su pareja y tiene suficiente confianza y fe en su relación, recuerde que está perfectamente bien pedir lo que quiere. Si a menudo duda al hacer esto, puede convertirlo en un juego divertido.

Por ejemplo, piense en algo muy específico en lo que usted y su pareja deben trabajar al comienzo de la semana. Habla de ello y piense en una tarea súper específica. Puede ser algo tan simple como complementar su apariencia, comprar flores o incluso planear una cita sorpresa. Tal vez su pareja quiera pasar más tiempo de calidad con usted o quiera algún tipo de retroalimentación positiva por todo su esfuerzo. Podría estar pensando, ¿qué diferencia hará si dura solo una semana? Bueno, tiene razón al pensar así.

Hora de desconectarse

En estos días, el derecho a desconectarse se ha vuelto bastante popular, y con razón. Muchas empresas de todo el mundo han comenzado a incorporar la política del derecho a desconectarse en su contrato laboral. Básicamente, este derecho permite a los empleados evitar contestar llamadas o responder correos electrónicos relacionados con la publicación de su horario laboral habitual. Bueno, es hora de que empiece a ejercer este derecho suyo.

De hecho, al desconectar su vida personal de la vida profesional, puede mejorar efectivamente su relación. Adquiera el hábito de pasar tiempo con su pareja sin la interferencia de ningún dispositivo. Es muy poco probable que pueda prestar toda su atención a su pareja si sigue revisando su teléfono constantemente. No solo a usted, sino que anime a su pareja a hacer lo mismo. La mayoría de nosotros estamos tan absortos en la tecnología en estos días que nos olvidamos de la realidad mientras vivimos en la realidad virtual. Guarden sus teléfonos, comiencen una conversación, conéctense entre sí o tal vez incluso coman juntos.

Disfruten de actividades que amen en lugar de quedarse pegado a las pantallas brillantes de sus teléfonos móviles.

Hacer y mantener contacto visual

No quiero sonar como un cliché de una película, pero mantener el contacto visual es quizás uno de los gestos más románticos que puede hacer una persona. En cualquier película romántica que haya visto, el héroe siempre mantiene el contacto visual. Hay algo bastante interesante en mantener el contacto visual. Hacer grandes gestos para mostrar su afecto es bastante romántico, pero esto no es posible a diario. Después de todo, la vida no es un musical en el que puede seguir dándole una serenata a su pareja con una canción y una rutina de baile a diario. Por lo tanto, es hora de que empiece a trabajar para encontrar formas más sencillas de mostrar su amor y afecto. Siempre que hace contacto visual con su pareja, se produce oxitocina. La oxitocina es una hormona del bienestar que desencadena sentimientos de amor y calidez.

Algo nuevo

Si quiere mantener viva la chispa, deben seguir probando cosas nuevas juntos. Tener una rutina puede darle una sensación de seguridad, pero cuando prueba algo nuevo, le da una sensación de emoción. La emoción es muy importante para la supervivencia de una relación, especialmente en una relación a largo plazo. Podrían pensar en viajar juntos o incluso tomar una clase de pasatiempo juntos. Piense en diferentes actividades que usted y su pareja puedan realizar juntos para liberarse de su rutina habitual. También ayudará a aportar una nueva perspectiva a la forma en que ve a su pareja. Incluso podrían descubrir cosas que les gustan que nunca supieron que hacían antes. Hay muchas actividades para probar, así que suba a bordo y haga una lista de las diferentes actividades que le gustaría probar con su pareja. Si sigue haciendo esto, estoy bastante seguro de que podría terminar enamorándose de su pareja de nuevo. ¿No es un beneficio atractivo?

Pasar un tiempo aparte

¿Recuerda el antiguo dicho: la ausencia hace más cariñoso el corazón? Bueno, lo mismo ocurre con la distancia, y la distancia comienza a hacer crecer el cariño. La emoción de ver a su pareja después de un tiempo es indescriptible. Cuando pasan demasiado tiempo juntos, tienden a acostumbrarse a estar juntos, y este es uno de los casos en que la mayoría de las parejas tienden a caer en la rutina. Quizás incluso pasar una hora separados el uno del otro todos los días funcione. Si usted y su pareja tienen trabajos diurnos, entonces ya están pasando mucho tiempo separados, por lo que volver a casa el uno con el otro es bastante emocionante y relajante al mismo tiempo.

Iniciando una conversación

Obviamente, hablará con su pareja a diario. Sin embargo, ¿cuándo fue la última vez que tuvo una conversación con su pareja? No me refiero a ninguna lista de tareas pendientes, compras, niños o cualquier otro tema. En cambio, debe tener una conversación real en la que comparta emociones entre sí; una conversación relacionada con su futuro, entendiendo lo que está pasando en la mente del otro y estableciendo una conexión fuerte. Inicie una conversación en la que puedan volver a conectarse y comprender las necesidades de los demás. Si la mayoría de sus conversaciones diarias están relacionadas con preguntas como "¿Cómo estuvo tu día?" o "Bueno, esto es lo que tenemos que hacer mañana", y así son sus conversaciones habituales, entonces es hora de profundizar un poco más.

Si no está seguro de hacer esto, aquí tiene una simple plática para iniciar una conversación: "¿Qué es lo único que tienes miedo de intentar, pero que realmente deseas?" O "¿Qué es lo que más te gusta de nuestra relación?" Al hacer esto, puede tener conversaciones profundas y significativas con su pareja. Se cree que para compensar cada experiencia negativa que tiene, se necesitan cinco experiencias positivas. Por ejemplo, para superar una simple experiencia negativa como una discusión o un desacuerdo, la mayoría de sus conversaciones deben ser interesantes, divertidas y emocionantes. Si la mayoría de sus conversaciones son bastante mundanas o terminan en discusiones, entonces no es un signo de una relación saludable. De hecho, una relación como esta no le llevará a nada bueno.

Riendo juntos

Hay un dicho popular que dice algo como esto: "La risa es la mejor medicina". Es posible que haya escuchado esto varias veces. Sin embargo, ¿alguna vez se tomó un momento y lo pensó? Bueno, la risa ciertamente es la mejor medicina que existe. Cuando se ríe, su mente libera hormonas que le hacen sentir bien, que inmediatamente elevan su estado de ánimo. Una vez que está de mejor humor, todo parece verse mejor. Reír juntos es la forma más sencilla de mantener viva la chispa en cualquier relación. Hable de todas esas ocasiones en las que tiene una broma personal que compartir o un incidente en el que sabe que un día los recordará y se reirá. Si está en esto a largo plazo, entonces hay ciertas cosas que debe dejar ir. Hablar de incidentes graciosos de su pasado o traer recuerdos felices también hará que su pareja se sienta bien. No hay nada que acerque a dos personas como lo hacen los recuerdos compartidos. Si estos recuerdos desencadenan pensamientos o emociones felices, entonces no hay nada igual.

Impresione a su pareja

Si está en una relación a largo plazo, es muy probable que su pareja te haya visto en su mejor y peor momento. Asimismo, ha visto a su pareja en su mejor momento, así como en su peor momento. Durante las etapas iniciales de una relación, ambos compañeros generalmente intentan hacer un esfuerzo para impresionar a la otra persona. Probablemente solía vestirse elegante para la noche de cita, planificar con anticipación, hacer grandes gestos de romance o incluso una partida sorpresa. Después de un tiempo, estas cosas ciertamente disminuyen. Bueno, si quiere mantener viva la chispa en su relación, hay una cosa que nunca debe dejar de hacer y es esforzarse. Siempre vale la pena hacer un esfuerzo. Nunca deje de intentar impresionar a su pareja. Ayude a mantener las cosas emocionantes y frescas.

Ahora, es esencial que para que este consejo funcione, ambos deben estar en la misma página. Si sigue intentando impresionar a su pareja mientras él no hace nada, sus esfuerzos se desperdiciarán. Dedique algo de tiempo a hablar sobre esto. Si su pareja a menudo le felicita por su apariencia, trata de impresionarle o siempre trata de enorgullecerle, entonces ciertamente requiere un esfuerzo adicional de su parte de vez en cuando.

Haciendo cambios

Si quiere que su pareja se vuelva más romántica, a veces puede parecer que le está regañando constantemente para que dé más. En lugar de hacer esto, piense en todas las cosas que puede hacer por su pareja. Si está con una persona que realmente ama, entonces ella comenzará a notar todo el esfuerzo que dedica y automáticamente sentirá ganas de hacer un esfuerzo adicional él mismo. Está bien ser un poco generoso con su amor y afecto. Si ama a su pareja incondicionalmente, demuéstrelo. Si todas estas cosas no funcionan, entonces puede comenzar a pensar en la forma en que ambos solían comportarse durante las etapas iniciales de la relación.

Besos

Ser un adolescente enamorado es un sentimiento maravilloso. ¿Recuerdas la primera vez que besó a alguien? ¿No fue increíblemente emocionante? Con la edad, la forma en que se expresa físicamente en una relación también cambia. Sin embargo, hay una cosa que nunca debe cambiar. Asegúrese de que los besos sigan siendo una parte importante de la relación física que comparte con su pareja. No me refiero a los besos en general. No se trata de despertarse por la mañana y darle un rápido beso a su pareja o besarla para saludarla.

Capítulo 11: Observando los pensamientos

Vivimos en un mundo que nos obliga a actuar sobre muchas cosas. Además de superar los factores estresantes diarios, debemos aprender a desarrollar los hábitos correctos que nos impidan preocuparnos y tener pensamientos negativos. El entorno agotador, el ajetreo y el bullicio que tenemos que enfrentar a menudo llenan nuestras mentes con desorden. A menudo llega a un punto en el que nuestras mentes no pueden dejar de pensar. Puede sentirse abrumado por pensamientos que dejan su mente en un lío total. ¿Le suena esto a usted? Si es así, entonces su mente le está agitando una bandera blanca y es posible que requiera un poco de limpieza.

Causas del desorden mental

En un caso normal, al limpiar su hogar u oficina, comenzará por identificar los elementos que están causando desorden. Asimismo, antes de ordenar su mente, es importante que comience por identificar las causas del desorden mental. La importancia de hacer esto es que garantiza que puede lidiar con el desorden de manera efectiva a largo plazo. Serás más consciente de los factores que contribuyen al desorden en su mente y trabajará para evitarlos.

Abrumar

Naturalmente, si está abrumado por las cosas, esto le provocará desorden en su mente. Como resultado, será abrumador para usted establecer una forma razonable de abordar sus problemas. Esto causa desorden. Afortunadamente, puede superar esto reconociendo el hecho de que no puede manejar todo a la vez. Esto significa que debe dividir sus tareas en mini tareas más pequeñas pero manejables. Maneje estas cosas una a la vez. Al final del día, se dará cuenta de que ha logrado mucho sin sentirse abrumado.

Compromiso excesivo

Comprometerse a terminar ciertas actividades en su lista de tareas pendientes es algo bueno. No obstante, cuando no puede negarse a otras asignaciones, significa que se está comprometiendo demasiado. Manejar demasiadas cosas solo conducirá a la frustración, y esto se debe a que existe la posibilidad de que no cumpla. Aprender a decir que no es un atributo esencial para vivir una vida productiva. Decir "no", no debe considerarse algo malo, ya que se está comprometiendo a trabajar de manera productiva en lo que puede administrar. Por lo tanto, evite comprometerse demasiado y asumir más de lo que puede manejar.

Temor

Si tiene miedo de dejar de lado lo que sucedió en el pasado, es probable que se esfuerce la mente. El hábito de aferrarnos a cosas y pensamientos a menudo nos consume. En lugar de trabajar de manera productiva, su mente seguirá rumiando el pasado. Esto es puro desorden. ¿Por qué debería someterse a esta tortura cuando simplemente puede aprender a dejarlo ir?

Sobrecarga emocional

Tal vez su mente esté llena de pensamientos y sentimientos no deseados que continúan drenando su energía. Por ejemplo, es posible que esté lidiando con una crisis familiar que se avecina y termine afectando su productividad en el trabajo. Si esto es lo que está pasando, entonces es mejor que encuentre tiempo para lidiar con el problema. Pida una licencia y libere su mente de tener que pensar en este asunto repetidamente.

Falta de tiempo

El tiempo siempre será un problema frecuente. En todo lo que hace, a menudo se sentirá como si no tuviera suficiente tiempo. La realidad es que hay tiempo suficiente para manejar todas las cosas importantes en su vida si prioriza y planifica de manera efectiva. Por lo tanto, no debe usar la excusa de que le falta tiempo. El único problema aquí es que es posible que no sepa cómo administrar eficazmente su tiempo. Organícese y priorice lo que debe hacerse primero. De esta manera, tendrá más tiempo para manejar las tareas pendientes en su lista de tareas pendientes.

Dilación

Si es víctima de la procrastinación, no es de extrañar que su mente esté siempre en un estado de sobrecarga. Después de un tiempo, se sentirá abrumado por no poder completar todo a tiempo. El problema comenzó con la decisión de posponer las cosas.

Un cambio importante en la vida

Otra razón por la que su mente puede estar llena de desorden es debido a un cambio importante que ha ocurrido en su vida. Francamente, a veces tenemos que reconocer el hecho de que el cambio es inevitable. La gente no acepta el cambio en sus vidas. Como resultado, pasan demasiado tiempo haciendo lo que solían hacer en lugar de cambiar. Cuando se enfrenta a tales situaciones, es imperativo que evalúe lo que está sucediendo en su vida y se esfuerce por cambiar.

La familiaridad con las causas del desorden mental es el primer paso hacia una ordenación mental exitosa. Una vez que sepa qué causa el desorden en su mente, puede desarrollar soluciones prácticas sobre cómo deshacerse de ellos. Vale la pena tener en cuenta que, en la mayoría de los casos, existen múltiples razones por las que su mente está abarrotada. Por lo tanto, abra su mente cuando intente identificar los factores que causan su estado mental desordenado.

Consejos prácticos sobre cómo ordenar su mente

Establecer prioridades

A veces no nos damos cuenta de que una vida sin metas es una vida aburrida. Vivir una vida sin objetivos es como vagar por el bosque para siempre sin un mapa. No tiene un destino en particular al que quiera llegar. Lo que es peor, ni siquiera sabe cómo maniobrar por el bosque. Del mismo modo, la vida sin metas no tiene sentido. Sus actividades diarias se consumirán con personas y actividades que no le agregan valor. Vivirá en su zona de confort, ya que no hay nada que realmente quiera lograr.

Establecer prioridades es un buen lugar para comenzar cuando busca ordenar su mente. Esto requiere que se siente e identifique las cosas que más importan en su vida. Haga una lista de estos objetivos y trabaje para asegurarse de que sus acciones estén en línea con los objetivos establecidos. Establecer prioridades crea una estructura con sus listas de tareas pendientes.

Mantén un diario

Llevar un diario es una gran estrategia para ayudar a organizar sus pensamientos. Las personas tienden a subestimar el poder de anotar sus pensamientos todos los días. Llevar un diario le ayuda a liberar su mente de cosas de las que quizás no sea consciente. Mejora su memoria de trabajo y también garantiza que pueda manejar eficazmente el estrés. De manera similar, el hábito de anotar sus experiencias diarias en un diario lo ayuda a expresar sus emociones que pueden estar reprimidas dentro de usted. Por lo tanto, crea un espacio para experimentar cosas nuevas en la vida. El efecto de esto es que puede aliviar la ansiedad que podría haber estado experimentando.

Aprender a dejar ir

Limpiar su mente también puede ser más fácil si aprende a dejarlo ir. Aferrarse a cosas del pasado agrega poco o ningún valor a su vida. De hecho, solo afecta su bienestar emocional y mental. El mero hecho de que no pueda soltarse implica que le resultará abrumador mirar hacia adelante. Su mente se estancará y esto le estresará. Si fuera un pájaro y quisiera volar, ¿qué haría? Sin duda, querrá liberarse de cualquier carga que te agobie. Aplique esto a la vida real y libérese de cualquier bagaje emocional al que pueda estar aferrado. Ya sean sus relaciones pasadas fallidas o sus oportunidades laborales fallidas, simplemente déjelo ir. Hay una mayor recompensa en dejar ir, ya que abre puertas a nuevas oportunidades en su vida.

Respirar

Los ejercicios de respiración también serían útiles para despejar el desorden de su mente. Hay ciertas formas de meditación que dependen de ejercicios de respiración para enfocar su atención en la respiración. Entonces, ¿cómo practica los ejercicios de respiración? Empiece por respirar lenta y profundamente. Haga una pausa por un momento antes de exhalar. Mientras inhala y exhala, concentre su mente en cómo está respirando. Concéntrese en cómo entra y sale su respiración por la nariz. Es relajante, ¿verdad? Practicar ejercicios de respiración con más frecuencia relaja la mente. Además de ayudarlo a relajarse, estimula su sistema inmunológico de manera profunda.

Ordenar el entorno físico

Si vive en una casa desordenada, es muy probable que se sienta frustrado. Esto puede deberse a que le resulta difícil encontrar las cosas que necesita. Por ejemplo, termina perdiendo mucho tiempo buscando las llaves de su auto antes de ir al trabajo. Esto afecta cómo comienza su día. Se estresará por llegar tarde y que haya numerosas tareas esperándole. Por lo tanto, ordenar su espacio físico también tendrá un impacto positivo en su mente.

Aprender a compartir pensamientos

Hay un sentimiento general positivo cuando se sienta a compartir sus sentimientos con alguien que le importa. En lugar de contener las lágrimas y las emociones, compartir sus sentimientos con sus seres queridos puede despejar el desorden emocional de su mente. ¿Alguna vez se ha preguntado por qué puede pensar con más claridad después de compartir tus sentimientos de tristeza con otra persona? Hay poder en compartir sus pensamientos y sentimientos con otras personas.

Controlar el consumo de información

La información que consumimos afecta la calidad de las decisiones que tomamos. Desafortunadamente, la información que consumimos a veces no es importante para nuestras vidas. Solo llena nuestras mentes con desorden y esto nos impide pensar con claridad y tomar las decisiones correctas.

Dedicar algo de tiempo para relajarse

Más importante aún, para despejar su mente, debería considerar tomar un descanso. Puede creer que tomar descansos es improductivo, pero la verdad es que su productividad puede recibir un gran impulso cuando toma descansos con más frecuencia. Darse algo de tiempo para relajarse le ayuda a recargar energías. Como resultado, termina haciendo más en menos tiempo. De eso se tratan la eficacia y la eficiencia. Ambos dan cuenta de su productividad.

La importancia de ordenar su mente

Limpiar el espacio físico a su alrededor le ayudará a crear más espacio para cosas más importantes. Además, tal orden también tendrá un impacto en su mente ya que todo estará organizado y sabrá dónde está todo.

Disminución del estrés y la ansiedad

El desorden le estresará. Sentir que su mente está desordenada puede hacer que se sienta cansado, ya que hay mucho por hacer en tan poco tiempo. Del mismo modo, el desorden mental también te hará sentir inseguro. Rara vez tendrá confianza en sus habilidades. En repetidas ocasiones, notará que adivina todo lo que hace. Todo esto sucede porque su mente no puede pensar con claridad. Hay muchas cosas en las que se está enfocando y, por lo tanto, puede parecer imposible encontrar soluciones prácticas para las pequeñas cosas que tiene por delante.

Una mejora en su productividad

El desorden puede evitar que su mente logre el enfoque que necesita para manejar las prioridades que se ha fijado. Por ejemplo, en lugar de levantarte temprano y trabajar en un proyecto importante, es posible que preste demasiada atención a la carga emocional que le agobia. Francamente, esto frustra su nivel de productividad. Es poco probable que utilice su tiempo de manera inteligente, lo que afecta su productividad.

Eliminar pensamientos y emociones no deseados le ayudará a concentrarse más en lo que es importante. Le resultará más fácil establecer prioridades y trabajar para lograrlas. Se despertará sintiéndose motivado y orientado a objetivos. A corto plazo, notará una mejora en su eficiencia. Con el tiempo, se dará cuenta de que es más eficaz que nunca, ya que puede hacer más en menos tiempo.

Inteligencia emocional mejorada

Existen numerosas situaciones en las que permitimos que nuestras emociones afecten la forma en que percibimos las cosas en la vida. Además, estas emociones nublan nuestro juicio y terminamos sacando conclusiones que no son válidas. En la mayoría de los casos, esto ocurre cuando hay muchas cosas en nuestras mentes que tenemos que manejar. El resultado es que no logramos lidiar con estas emociones de manera efectiva.

Capítulo 12: ¿Cuáles son mis metas personales?

Las metas son metas y objetivos que un individuo se esfuerza por lograr. Las metas de uno dirigen el camino que toma la vida de uno; todas las decisiones que cambian y dan forma a la vida se toman teniendo en cuenta las metas y aspiraciones.

En el proceso de "conocerse unos a otros", los compañeros deben hacerse preguntas sobre las metas y los objetivos de los demás porque les da a las personas una idea del tipo de vida que un individuo desea vivir. Las metas, las aspiraciones y los objetivos son más que simples elecciones profesionales; aunque las metas de uno pueden incluir opciones de carrera, en el contexto de las relaciones, se centra principalmente en el estilo de vida y las opciones de estilo de vida.

De la misma manera que la familia y la sociedad de un individuo a la que pertenecen influyen en los comportamientos y rasgos de personalidad, la familia y la sociedad a las que pertenecen también influyen en sus metas y aspiraciones. Por ejemplo, una persona que experimentó muchas dificultades durante la niñez debido a la baja capacidad financiera de su familia podría aspirar a ser rico para que sus propios hijos no tengan que pasar por las mismas dificultades que ellos.

En el contexto de la relación, un individuo que no experimentó ningún sentimiento de afecto ni de sus padres ni entre ellos, puede determinarse ser diferente de lo que experimentó durante los años de formación y esforzarse por crear intimidad y conexión emocional profunda entre él/ella y su pareja.

Los objetivos a corto plazo y los objetivos a largo plazo de un individuo se pueden utilizar para determinar ciertos aspectos de la personalidad del individuo. Las metas a corto plazo, como su nombre lo indica, son metas y aspiraciones que cubren un período corto de tiempo. Estos objetivos son fácilmente alcanzables y, en la mayoría de los casos, no requieren mucho esfuerzo.

Los objetivos a corto plazo de un individuo cubren áreas mundanas de la vida del individuo. Las metas a largo plazo se alcanzan mediante metas a corto plazo. Estos suelen tardar años en alcanzarse y cuando se realizan; incitar cambios de semblante en la vida de un individuo.

Nuestras metas y aspiraciones son como un modelo de cómo queremos que sea nuestra vida. Incluye todo lo que esperamos lograr en toda una vida. Las metas y aspiraciones de un individuo también abarcan las esperanzas y aspiraciones de su relación.

Cuando los compañeros entienden los objetivos de la relación entre ellos, les da una idea de lo que su pareja espera lograr en el curso de la relación, ya sea que espere construir intimidad o no, si anhela una verdadera emoción emocional o no. Esto muestra lo que los compañeros están dispuestos a dar en una relación y lo que esperan obtener a cambio; sus metas y objetivos en su forma más auténtica.

Las metas de relación de un individuo son diferentes de sus expectativas de relación en el sentido de que las expectativas de relación son lo que uno espera obtener de su pareja y de la relación, mientras que las metas de relación son metas y objetivos hacia los que el individuo trabaja en el curso de la relación. Las expectativas de relación de un individuo son satisfechas o no por su pareja; el individuo no tiene poder sobre esto, mientras que los objetivos de su relación dependen únicamente de él.

Al establecer relaciones, es importante que los compañeros conozcan y comprendan las metas de la relación de cada uno y lo que se espera lograr en el curso de la relación.

¿Tenemos intereses y objetivos compartidos?

Es importante que los compañeros tengan objetivos e intereses comunes en una relación. Cuando los compañeros comparten un interés común, reduce la probabilidad de conflictos y desacuerdos entre ellos y profundiza su sentido de cercanía, intimidad y conexión emocional.

Es saludable para los compañeros en una relación exclusiva comprometida tener algunos intereses personales propios en la relación para no perder su propia identidad (característica y cualidades únicas que los hacen quienes son) pero cuando los compañeros se dejan llevar por su intereses individuales y no comparten el mismo interés que una pareja, disminuye la cantidad de tiempo que pasan en el espacio del otro y, finalmente, los compañeros comenzarán a sentirse desconectados de la relación y también entre ellos.

Cuando los compañeros tienen intereses compartidos o similares, amplía sus áreas de conversación y crea un ambiente más relajado para que los compañeros conversen. Con esta facilidad en la comunicación entre compañeros, pueden llegar a conocerse mejor, más dispuestos a compartir detalles profundamente personales sobre ellos mismos, lo que conduce a una vía abierta para la creación de intimidad y un nivel más profundo de conexión emocional entre ellos.

Las parejas con objetivos e intereses similares pueden entenderse mejor entre sí que aquellos sin objetivos e intereses similares, porque están experimentando los mismos eventos o eventos similares, por lo que es más fácil para ellos entenderse y empatizar entre sí. Por ejemplo, los compañeros con las mismas trayectorias profesionales se comprenderán mejor y estarán en condiciones de ofrecer asesoramiento profesional cuando uno de los compañeros se enfrente a dificultades laborales.

Los intereses y objetivos compartidos no son un requisito previo o una garantía para una relación duradera y exitosa; sin embargo, cuando los compañeros comparten ciertos intereses, se vuelve más fácil para ellos entenderse, comunicarse mejor, construir rápidamente intimidad entre ellos y disfrutar verdaderamente el uno del otro.

Las parejas en un esfuerzo por construir intimidad y cercanía emocional y conexión pueden comenzar a sentirse obligados a pasar tiempo juntos, sin embargo, si dichos compañeros tienen intereses similares, hará que ambos estén más relajados y dispuestos a pasar tiempo juntos porque lo harán haciendo algo que ambos disfrutan. Algunos de estos intereses pueden incluir preferencias deportivas, pasatiempos, intereses similares en películas, música, etc.

¿Tenemos intereses y metas personales en conflicto?

El conflicto de intereses surge en las relaciones cuando los compañeros tienen objetivos e intereses personales que van en contra del otro. Estos objetivos personales contradictorios pueden ser en forma de opciones de estilo de vida importantes, como si quieren o no tener hijos, diferentes puntos de vista sobre el tipo de relación, diferentes puntos de vista sobre la vida, etc.

Es saludable que los compañeros tengan intereses y metas personales diferentes fuera de su relación para mantener su propia identidad; sin embargo, cuando no hay motivos comunes para que se encuentren, su relación puede comenzar a caer en una espiral descendente. Los objetivos de vida de un individuo marcan el rumbo de su vida.

Todas las decisiones mayores y menores se toman teniendo en cuenta los objetivos de uno, por lo que cuando los objetivos personales de los compañeros se contradicen entre sí, les resulta casi imposible coexistir armoniosamente en un espacio compartido. Para que los compañeros coexistan pacíficamente juntos, existe la necesidad de un terreno común entre ellos donde ambos compartan la misma perspectiva sobre las relaciones y la vida en general.

Cuando los compañeros quieren cosas similares, satisfacer las necesidades y expectativas emocionales y de relación de cada uno se vuelve fácil para ellos; se convierte en una situación de dar y recibir (le da a su pareja exactamente lo que usted espera recibir).

Los compañeros que no tienen intereses y objetivos similares o compartidos podrían desarrollar nuevos intereses juntos en un intento por construir intimidad entre ellos al tener intereses compartidos y pasar más tiempo juntos, los compañeros podrían sentarse y decidir áreas de intereses compartidos que podrían disfrutar por igual.

Esto está creando un terreno común para que ambos compañeros coexistan armoniosamente, en un esfuerzo para que ambos retengan su propia identidad (y quizás expandirla para contener nuevos intereses compartidos con la pareja) y desarrollar intereses compartidos entre sí.

Desarrollar intereses y objetivos compartidos no significa adoptar los propios objetivos e intereses de la pareja. El desarrollo de nuevos intereses compartidos entre compañeros debe ser un interés mutuamente nuevo para ambos a fin de que puedan experimentar estos nuevos intereses al mismo tiempo.

Es normal querer compartir lo que le apasiona con su pareja y querer que él/ella sienta tan fuertemente esos intereses como usted, sin embargo, esto puede resultarle evidente a su pareja cuando intenta cambiar quién es para que encaje en su propia idea de quién cree que deberían ser.

Independientemente de cuánto intenten los compañeros crear intereses y objetivos compartidos comprometiéndose y creando nuevos intereses y objetivos juntos, existen ciertos intereses y objetivos que no pueden ser comprometidos.

Por ejemplo, si los compañeros tienen diferentes puntos de vista de su relación y los roles que cada uno desempeña en ella (es decir, si un integrante cree en roles específicos de género donde el trabajo de la pareja femenina es crear un hogar y la masculina está a cargo de la provisión y protección; el otro está en contra de esta idea porque tiene planes de carrera propios), esto podría causar disparidades entre compañeros que solo se pueden resolver cuando uno renuncia a sus puntos de vista sobre cómo cree que debería ser la relación.

Además, si los compañeros tienen diferentes puntos de vista sobre si quieren o no tener hijos, esto los pondrá en lados opuestos e incluso será un factor decisivo para los compañeros.

Si uno de los compañeros quiere centrarse en su carrera y opina que los niños cambiarán toda la dinámica de su relación y el otro quiere formar una familia junto con los niños en la mezcla, dichos compañeros tienen objetivos contradictorios. Comprometerse con objetivos tan importantes puede hacer que los compañeros se resientan entre sí a medida que pasa el tiempo.

En este contexto, la pareja que se comprometió y optó por no tener hijos porque su pareja no estaba de acuerdo con tenerlos, puede que a tiempo comience a sentir que su pareja es responsable de que él / ella no tenga el tipo de familia. él / ella anhela.

Asignarse la culpa el uno al otro por situaciones que en realidad pueden haber contribuido o no a crear una distancia emocional entre los compañeros, cuando los compañeros mantienen una relación entre ellos por metas y aspiraciones no alcanzadas, pueden comenzar a sentirse como la única forma de alcanzar estas metas es liberarse y terminar la relación.

Es importante que las personas que buscan establecer una conexión emocional y construir una relación duradera sepan que, aunque tener intereses y objetivos compartidos podría ayudar a fomentar sentimientos de afecto, cercanía e intimidad entre las parejas, no es una garantía para una relación exitosa. Los compañeros también deben comprender que establecer objetivos comunes e intereses compartidos en una relación podría ayudarlos a reconectarse al pasar más tiempo juntos.

Además, cuando no hay un interés común entre los compañeros en una relación y los compañeros comprometen sus propios objetivos personales (que forman parte de su propia identidad) para adaptarse a los propios objetivos y aspiraciones de su pareja, podría generar sentimientos de resentimiento y arrepentimiento en el futuro.

Las personas que buscan construir una relación duradera deben hacer preguntas e iniciar conversaciones íntimas sobre los objetivos, aspiraciones e intereses de los demás para asegurarse de que sus objetivos y aspiraciones personales, incluso si no son similares, al menos no se contradicen entre sí.

Capítulo 13: Estrategias secretas para manejar compañeros inseguros

1. Deshágase de las amistades que realmente representan una amenaza para su relación

Es posible que desee eliminar a ciertas personas de su vida si le dan a su pareja motivos suficientes para sentirse inseguro. Es posible que tenga ese amigo que se ha ganado la notoria reputación de ser un mujeriego compulsivo. Él/ella puede vestirse de manera provocativa, dejar caer pistas todo el tiempo y, en general, tratar de coquetear con usted. Esto puede ser suficiente para que su pareja se enfurezca y puede ser una buena razón para eliminar al amigo de su vida.

Cuando haya una razón suficientemente buena o expectativas razonables para que usted renuncie a alguien por el mejoramiento de su relación, no dude en hacerlo. Sin embargo, asegúrese de que esto no se convierta en un patrón y de que sus demandas no se vuelvan irrazonables durante un período de tiempo. Hágalo solo en los casos en que sienta objetivamente que su pareja está justificada para sentirse amenazada o insegura.

2. Deshágase de los factores desencadenantes de la inseguridad

Evite los desencadenantes de los celos/inseguridad siempre que pueda, tratando de ser más sensible a los sentimientos de su pareja. Cuando sepa que algo le molesta, haga un esfuerzo consciente para abstenerse de hacerlo. Evite los juegos de relaciones en los que se sienta bien consigo mismo; intencionalmente los haces sentir inseguros. Por ejemplo, si sabes que se ponen nerviosos por el comportamiento abiertamente coqueto (por inofensivo que te parezca), trata de evitar coquetear con ellos y haga que se centre en su atención. Bríndele elogios generosos, cuénteles a todos sobre algo maravilloso que hicieron y siga mostrando signos de calidez y afecto a través de su lenguaje corporal.

3. Fomente el logro de metas personales y profesionales

Dado que los sentimientos de inseguridad a menudo están profundamente arraigados en sentimientos de insuficiencia o baja autoestima, ayudar a su pareja a establecer y lograr metas puede ser una manera maravillosa de aumentar su confianza en sí mismo. Puede ser cualquier cosa, desde perder peso hasta trabajar en un nuevo proyecto desafiante, inscribirse en una clase de oratoria en público o crear videos de YouTube, cualquier cosa que les ayude a saborear una sensación de logro personal. Cuando se sienten bien consigo mismos, es menos probable que se vuelvan pegajosos y sigan exigiendo su validación.

Ayuda a desviar el enfoque de "¿Soy realmente digno?" a "Wow, he hecho esto. Debo ser maravilloso". Les da un objetivo constructivo en el que fijarse en lugar de obsesionarse con su paradero. Como compañero, aliente sus logros personales (por pequeños que sean) con elogios genuinos. Motívelo para que se fije y logre metas aún mayores que aumenten su autoestima.

4. Déjelo ser parte de su banda de amigos

Los celos o la posesividad a menudo provienen de un sentimiento profundo de inseguridad de no ser "lo suficientemente bueno" o "tan bueno como alguien más". Elimine estos sentimientos involucrando más a su pareja en las actividades planeadas con su círculo de amigos o grupo social. Esto le dará seguridad sobre su vida en general cuando no esté con usted. En lugar de mantenerlos adivinando o sospechando, haga que su vida social sea más abierta y accesible para ellos. Esto aumentará la transparencia y la confianza dentro de la relación y disminuirá gradualmente las punzadas de inseguridad.

5. No mienta para evitar preguntas

Si constantemente se encuentra en el extremo receptor de un sinfín de preguntas y acusaciones, es muy posible que se sienta tentado a mentir para escapar de estas confrontaciones infundadas. Sin embargo, esto puede hacer más daño que bien a largo plazo. Si su pareja descubre que le ha estado mintiendo, es posible que esté aún más convencida de que tiene algo que ocultar en lugar de creer que son sus acciones las que le han hecho mentir.

Tomemos, por ejemplo, un compañero de trabajo que a su pareja simplemente no le gusta por alguna razón y usted tiene que colaborar con él/ella en un proyecto importante, que necesita que ambos permanezcan despiertos después del trabajo. Su pareja le pregunta sobre su horario extendido y usted evita mencionar al compañero de trabajo para escapar de la avalancha de preguntas que vendrán después. Parece demasiado complicado hacerles entender. En cambio, simplemente dice que tiene a sus jefes de la sede ubicada en otro país de visita, lo que requiere que todos se queden despiertos hasta tarde para las reuniones. Esto a futuro será muy perjudicial.

6. Hable sobre el elefante en la habitación

Es útil hablar con una pareja celosa de manera franca, abierta y compasiva sobre sus sentimientos. Comprenderá mejor sus miedos, aprensiones y ansiedades para identificar las emociones subyacentes que influyen en su comportamiento inseguro. Escucharlos le ayudará a sentir empatía por su comportamiento y a saber exactamente por qué se comportan de la manera que lo hacen. No se limite a ignorar su comportamiento como extraño o acusarlos de estar locos. Solo los pondrá más a la defensiva sobre su comportamiento inseguro o celoso, agregando más leña al fuego. Cuando a las personas se les permite compartir sus sentimientos en un entorno positivo y de apoyo, se logra una mejor resolución del problema.

La inseguridad a menudo se desencadena por pensamientos de miedo, que irónicamente causan exactamente lo que temen. Descontar los miedos de su pareja los hace sentir más incomprendidos y frustrados.

7. Busque ayuda profesional

Salir de una relación persistentemente posesiva puede ser una propuesta desafiante. Sin embargo, no permita que el miedo a estar solo se apodere de usted. Estar solo es mejor que permanecer en una relación tóxica y controladora.

Los consejeros o terapeutas conductuales pueden ayudarlo a superar el daño de ser el receptor de una relación celosa o insegura. Pueden abordar sus sentimientos negativos y ayudarlo a aceptar el fin de una relación amarga. También puede necesitar la ayuda de un grupo de apoyo si ha sufrido abuso físico o mental en manos de una pareja insegura. La salud emocional dañada puede afectar sus relaciones futuras y su personalidad en general. Reconozca el problema y siga adelante, sin dejar de lado el respeto por sí mismo.

Ámese y comprométase con el desarrollo personal. Las relaciones tóxicas a menudo pueden quitarnos la confianza y el respeto por nosotros mismos. Dedique algo de tiempo a trabajar en su autoestima. Pase tiempo con amigos cercanos, adquiera nuevos intereses, mejore sus habilidades o viaje a su destino favorito. La idea es volver a conectar con su yo perdido.

8. No puede jugar al Sr./Sra. "solución" todo el tiempo

Si bien puede ayudar a su pareja a lidiar mejor con su inseguridad mostrando empatía, comprensión y compasión, realmente no puede solucionarlo. Hay poco que puede hacer al respecto; por muy ansioso que esté por ayudar. Hágale saber a su amante que, aunque apoyará su esfuerzo por combatir los celos/inseguridad, no cederá todo el tiempo solo para evitar peleas feas.

Dígale que su papel es solo llenar el vacío de desconexión, si lo hay, entre ustedes dos. Asegúrele que puede trabajar como un equipo positivo para hacer frente a su inseguridad, sin responsabilizarse de usted por completo. Si bien hará todo lo que esté en su capacidad para mostrar comprensión por sus problemas, es solo él/ella quien tiene que solucionar el problema en última instancia, cambiando conscientemente sus pensamientos y patrones de comportamiento.

9. Admita que hizo mal y reconstruya las cosas

Es natural que su pareja se sienta celosa o insegura si la ha traicionado en el pasado. No puede esperar que salgan de la situación de la noche a la mañana, y es posible que deba pagar el precio de su traición siendo más paciente, tranquilizador y responsable hasta que se sientan cómodos. Tranquilícelo, pase más tiempo en su compañía, conviértalo en su prioridad, haga las pequeñas cosas que aprecian, participe en divertidas aventuras juntos, tómese un tiempo para viajar, haga cenas románticas, cualquier cosa que lo haga sentir apreciado y querido nuevamente. Aunque no será fácil para usted, las garantías y las acciones sinceras contribuirán en gran medida a establecer su lealtad.

10. Dele algo de tiempo

No ha pasado el tiempo suficiente con usted para darse cuenta de lo diferente que es de un ex amante sin escrúpulos. Esto puede llevarlos a ser más sensibles y sospechosos de sus acciones hasta que lleguen a conocerle bien y comiencen a confiar en usted. No los etiquete de inmediato como paranoicos o demasiado posesivos. Deles suficiente tiempo para superar sus sentimientos y comenzar a confiar en las personas nuevamente. Esté ahí para su pareja. Dedique tiempo a escucharle con atención. Involúcrelo más en su vida social. Con el tiempo, es posible que superen sus sentimientos de inseguridad y confíe en usted por completo.

11. Evite las comparaciones

¿Cuántas veces hemos tenido la tentación de comparar a nuestra pareja con alguien que encaja en la imagen de nuestra pareja ideal? ¿O con un ex amante? ¿O un padre? Es fácil caer en la trampa de las comparaciones como medio de expresar exactamente lo que busca en él/ella. Sin embargo, incluso las comparaciones bien intencionadas pueden ser francamente hirientes para el ego de su pareja. Puede sentirse inadecuado y menospreciado. Puede conducir a un daño mayor al inducirles un sentimiento de inseguridad o "no ser lo suficientemente bueno" en ellos. Nunca intente medir su valor comparando a su pareja con otra persona. Trate de resaltar sus características únicas que le hicieron enamorarse, incluso cuando se enfocan en lo negativo.

12. Demuestre su amor y pertenencia en público

Si bien las personas celosas e inseguras hacen esto todo el tiempo, si lo hace por su pareja celosa/insegura, es posible que se sientan más seguros y confiados en la relación. Las personas inseguras tienden a ser de naturaleza sumamente territorial. Si los presume cuando está en público tomándole de la mano o besándole para establecer que es suyo, puede hacer mucho bien a la relación. No se necesita mucho para mostrarle lo orgulloso que está de tenerle en su vida. Su orgullo por él/ella puede ser de gran ayuda para que su pareja se sienta más segura y menos temerosa en la relación.

13. Evite sucumbir a demandas irracionales

No cometa el error de aislarse de sus amigos sin una buena razón solo porque a su pareja no le agradan o porque sospecha irrazonablemente de su asociación con ellos. Una vez que comience a ceder a sus demandas, solo los alentará a ejercer una mayor influencia sobre a dónde va, qué hace y con quién habla. No sucumba a este patrón de encarcelamiento emocional.

Asuma la responsabilidad completa de sus acciones en lugar de negarlas. En lugar de decir que no estaba con sus amigos solo para complacer a su pareja, diga que no estaba haciendo nada malo y que es normal salir con amigos. Sea asertivo sin ser insensible. Si cree que realmente hay una base para la sospecha de su pareja, intente hablar con ella para aclararla en lugar de escapar. Nunca se sientas culpable por pasar un buen rato con otros amigos o compañeros de trabajo sin su pareja.

14. Gestione los celos retroactivos de forma diplomática

Las parejas románticas de personas que sufren de celos retroactivos nunca lo tienen fácil. Son cuestionados y examinados constantemente en función de su pasado. Se les pide explicaciones detalladas sobre relaciones pasadas, historia sexual y otros elementos improductivos que no tienen nada que ver con la relación actual. Parece haber una mayor obsesión con las relaciones pasadas de su pareja. ¿Se encuentra usted en el extremo receptor de los celos retroactivos o la inseguridad? Tenga en cuenta que nada de lo que haga o diga puede "resolverlo" para su pareja. ¿Cuántos detalles ofrece o relata de los eventos exactos de sus relaciones pasadas o incluso su opinión sobre cómo la ve? Puede que nunca sea suficiente para resolver el problema.

Su pareja tiene que resolver el problema por sí misma. Hará lo que sea necesario para ayudarle y apoyarle, por supuesto, pero tendrá que superar sus problemas con las medidas correctivas necesarias. Trate de no fomentar la conversación relacionada con sus relaciones pasadas, ex amantes o antecedentes sexuales. Explíquele con firmeza lo aburrido, monótono y contraproducente que es revivir su pasado. Dele a su pareja tiempo para superar sus sentimientos.

Capítulo 14: Comuníquese con su pareja

La comunicación es una necesidad para cualquier conexión saludable. Estamos familiarizados con el hecho de que el contacto permite las relaciones y, en una relación, está condenado al fracaso sin una comunicación adecuada.

Puede resultar difícil comunicarse de manera eficaz con su pareja. Se necesita tiempo, esfuerzo y atención para comprender a su pareja y ser comprendido por ella. La gente piensa que la única forma de comunicación dentro de una relación es la comunicación verbal. Sin embargo, el lenguaje corporal, la comprensión, el nivel de confianza, todos conducen a una comunicación exitosa entre compañeros.

Hay altibajos en todas las relaciones, pero podemos facilitar el manejo de los conflictos comunicándonos de manera efectiva y saliendo de ellos con más fuerza. La comunicación nos permite explicar lo que estamos viviendo y cuáles son nuestras necesidades y expectativas.

No solo le ayuda a satisfacer sus necesidades, sino que también le permite mantenerse conectado en su relación. La comunicación también nos mantiene a salvo de malentendidos que finalmente resultan en dolor, frustración, resentimiento, confusión y conflicto.

Buena comunicación

Recuerde los siguientes criterios para una buena comunicación:

- Cuando esté molesto por algo y quiera hablar con su pareja al respecto, trate de encontrar el momento adecuado para ello. Háblelo cuando esté tranquilo y no esté preocupado.

- Cuando responda una pregunta, evite usar palabras duras, use "yo" y "nosotros" en lugar de "usted" porque suena como si estuviera amenazando y, potencialmente, poniendo a su pareja a la defensiva y menos abierta a usted y su mensaje.

- Sea justo y franco con su pareja. Admita cuando se equivoque y discúlpese en lugar de poner excusas.

- Si su pareja comparte algo con usted, debe recordar su lenguaje corporal. Preste toda su atención mientras interactúa y establece contacto visual con ellos, si su pareja está tratando de conectarse con usted, deje de usar el teléfono celular o de mirar televisión.

- Comparta si su pareja hace algo que le lastime o le moleste. Si no puede, entonces en lugar de guardar rencor, trate de perdonarlo.

Importancia de la buena comunicación en las relaciones

La comunicación abierta ayuda a generar confianza y a crear una relación más sana y feliz. La comunicación saludable ayuda a mantener relaciones fluidas. Cuando ambos compañeros están familiarizados con los pensamientos y sentimientos del otro, es un símbolo de la transparencia y la independencia de la relación.

La comunicación es la mejor manera de comprender a la persona que le interesa y facilitar la forma en que se puede establecer una relación saludable.

Hay cuatro tipos diferentes de contacto:

- Positivo

- Agresivo

- Pasivo agresivo

- Sumiso

Pero la opción más saludable es el contacto asertivo o abierto entre esos tipos de contacto. A lo largo de este estilo de comunicación, existe un sentimiento de respeto, comodidad, honestidad, confianza, amor verdadero y positividad para ambos compañeros. Además, la comunicación abierta ayuda a crear confianza en una asociación que eventualmente deja espacio para la comunicación libre.

Sin un buen contacto entre los compañeros, ninguna relación romántica se desarrollará vigorosamente. La comunicación es el intercambio de conocimientos y la comunicación entre los dos.

Trabajar juntos como compañeros no funciona hasta que el intercambio de conocimientos sea exitoso. La escucha y la comunicación efectiva unen a los compañeros y aumentan la intimidad. Eso ayuda a reforzar la unión de una relación.

Buena comunicación

Para una comunicación exitosa en una relación, se deben tener en cuenta los puntos de seguimiento:

- Hable con más frecuencia con su pareja y escúchelo atentamente también.

- El primer paso es una atracción al comienzo de la relación, luego hay enamoramiento, luego preocupación y, finalmente, obligación el uno por el otro. Para entrar en esta etapa de rendición de cuentas, la confianza es necesaria.

- Desde la construcción de la confianza, no habrá incertidumbre en la relación.

- La comunicación es una forma de amarse y cuidarse unos a otros. Debe haber un contacto bidireccional entre sí para comunicar los sentimientos.

- La comunicación es la mejor manera de demostrarle amor a su pareja. Sea receptivo con él y haga que se sienta feliz de compartir sus sentimientos con usted también.

- Abrir diálogo acerca a los asociados entre sí. Esto también hace que expresar todo lo relacionado con la vida sea más sencillo, ya sea bueno o malo.

- La red de apoyo eficiente es una asociación. Cuando dos personas tienen una relación, dependen el uno del otro. Es imperativo que una pareja se sienta segura y cómoda. Y la impresión está respaldada por un buen contacto.

- Existen ciertos estándares en las relaciones y para comunicarlos con su pareja, una buena comunicación es importante.

- Las discusiones y las guerras son un contacto que es negativo. Alternativamente, los asuntos deben abordarse fácilmente mediante una mejor comunicación.

- También tenemos que intentar salvar nuestras relaciones de la incertidumbre, los malentendidos, las sospechas, los desacuerdos, la desconfianza y el escepticismo. Y, con amor verdadero, se puede optimizar y lograr un mejor contacto.

Signos de mala comunicación en una relación

En cada relación, todos entendemos el valor de una buena comunicación. La falta de contacto o la mala gestión ha destruido muchas relaciones. Muchas relaciones fracasaron y la mala comunicación obligó a muchas parejas a separarse. El contacto saludable es importante para mantener un matrimonio u otra relación romántica.

La comunicación no es solo un tema de debate. La buena comunicación requiere versatilidad, consideración, afecto y desinterés para promover relaciones exitosas. Si encuentra alguno de los siguientes signos, en términos de comunicación, debe prestar atención a su relación:

- La conversación entre ustedes dos raras veces va más allá de la superficie. En los primeros días de una relación, los compañeros suelen hablar mucho entre ellos, saber más el uno del otro. Sin embargo, esto parece ralentizarse y desvanecerse con el tiempo. Cuando sienta esto en su relación tiene que arreglarlo. ¿Cómo?

- Si no se preguntan sobre el día, pedir esto demuestra interés y también les da un punto de partida para una discusión. Si ninguno de ustedes se molesta en preguntar por esto, entonces es un asunto serio que debe ser abordado.

- Solo quiere pensar más en su agenda y no está listo para escuchar la pregunta de la otra persona.

- Uno o ambos han comenzado a perder el control con más frecuencia y se sienten frustrados con bastante rapidez.

- Ahora, la mayoría de las interacciones fueron sobre regaños.

- Cuando algo le perturba, presume y saca conclusiones precipitadas en lugar de hablarlo. Lleva la relación a una ruptura. Su relación necesita un enfoque serio aquí y un gran salto en la comunicación.

- Pensando que conoce bien a su pareja y respondiendo constantemente sobre la base del comportamiento pasado.

- Si ambos detienen los botones calientes personales, es una señal de problemas no resueltos y una falta de confianza mutua.

- Si comparte su dilema con sus compañeros, en lugar de con su pareja, si el sexo está ausente y su conexión física con su vínculo emocional y mental comienza a desvanecerse.

Cuando se encuentra con uno o más de estos en sus relaciones, estos no son todos sino grandes indicadores que lo alertarán. La falta de comunicación o la falta de comunicación afecta negativamente una relación. Para que la relación vuelva a funcionar, es necesario abordar los problemas de comunicación.

Aquí hay una lista de ideas que se pueden aplicar en una relación para superar los problemas de comunicación:

- Dígale a su pareja "¿Cómo estás?" Y "¿Cómo estuvo ese día?" Iniciando un ambiente de conversación positivo, muestre su amor y cuidado por ellos también.

- Traten de pasar más tiempo juntos. Vaya a almorzar o cenar o programe unas vacaciones en algún lugar e intente conocer los pensamientos y puntos de vista de los demás sobre diferentes cosas. Aborden los momentos difíciles y recuerden los días felices de los demás.

- Nunca se haga responsable de su pareja sin saber la verdad. Las hipótesis y la lectura de la mente contribuyen con frecuencia a malentendidos y sentimientos heridos.

- Cuando su compañero le hable, escúchelo con atención y con un contacto visual relajado. Si su pareja le necesita en algún lugar, reacciona de manera positiva.

- No sea quisquilloso; dígale si tiene algún problema. Esto corroerá su amistad si no lo hace.

- Para su asociación, realice un control diario de la asociación y hable sobre su decisión compartida y también sobre su relación.

- Creer en la vida cambiará las cosas. Muestre su actitud optimista sobre los problemas y su relación durante el contacto.

- Hable con su pareja sobre las cosas antes de que sucedan, cualquier problema relacionado con la familia que esperes o cualquier situación laboral difícil.

- De las gracias cada vez que su pareja le ayude en algo. Aprecie sus pequeños movimientos o comportamientos que esté haciendo para satisfacerle.

- Si algo le molesta, explíquese y haga que su pareja comprenda lo que quiere decir y cómo le afecta. Cuando tenga que hablar con su pareja sobre algo que quiere decir que no le gusta, elija un momento conveniente para hacerlo. Si su pareja está distraída, tiene prisa o tiene dolor, no hable de nada.

- Tómese el tiempo para hacer que las cosas que disfrutan el uno del otro se complementen.

- Nunca deje que esos primeros días de coqueteo mueran y siempre mantenga vivos esos actos para animarle.

También se considera que la comunicación se trata de discusiones amplias y significativas. Sin embargo, de hecho, se trata de solucionar los pequeños problemas que ocurren en la vida cotidiana. Ahora, si cree que algo falta en su relación, vaya con su pareja y háblelo. Comparta sus sentimientos y discuta todo lo que quiera comunicar, esto hará que su relación sea segura y sólida.

Claves para una buena comunicación marital

Esto significa que hay cinco veces más experiencias positivas entre cónyuges felices (es decir, escuchar, validar a la otra persona, usar palabras suaves, expresar gratitud, aliento, afecto físico, elogios, etc.) que negativas (levantar la voz, presentar una queja o expresar su enojo).

Consejos para mejorar la eficiencia del contacto en su relación

- Poder pasar tiempo comunicándose juntos. La pareja típica pasa unos 20 minutos a la semana hablando entre ellos. Apague los dispositivos y asegúrese de pasar de 20 a 30 minutos al día poniéndose al día.

- Usar más declaraciones sobre "yo" y menos declaraciones sobre "usted". Reduce las posibilidades de que el cónyuge sienta que necesita protegerse. Por ejemplo, "Me gustaría que reconocieras más a menudo cuánto trabajo hago en casa para cuidar de sí y de los niños".

- Sea preciso cuando surjan problemas. Generalizaciones amplias como: "¡Aún lo haces!" No es útil.

- Evite la lectura mental. Es realmente frustrante cuando alguien se comporta de una manera que sabe mejor que usted lo que realmente piensa.

- Exprese constructivamente emociones negativas. Habrá momentos en los que se sienta amargado, resentido, frustrado o desaprobado. Estas emociones deben expresarse para lograr un progreso. Pero, es importante cómo articula estos sentimientos. "Siento mucho que vuelvas a trabajar hasta tarde esta noche", es muy diferente de "Aparentemente, no le importa ni yo ni los niños. Si lo hicieras, no estarías trabajando hasta tarde en la noche".

- Escuche sin ponerse a la defensiva. Todos los miembros de la pareja deben poder escuchar las quejas del otro sin ponerse a la defensiva para que el matrimonio tenga éxito. Esto es mucho más fácil que aprender a comunicar correctamente las emociones negativas.

Las buenas emociones se comparten abiertamente. Muchas personas comparten las emociones negativas más fácilmente que las positivas. Es importante que declare a su pareja por la seguridad de su familia. Los sentimientos positivos que le transmiten a su pareja, como gratitud, afecto, reverencia, admiración, aceptación y consuelo, son como hacer depósitos en su cuenta de amor. Para todos los negativos, tendrá cinco depósitos positivos.

Comunicación en su matrimonio

Un matrimonio es importante, pero modificarlo también es algo muy fácil. Y no se estrese al no interactuar correctamente. Y lo que necesita saber sobre la comunicación es que son las pequeñas cosas las que marcan una gran diferencia. Claro, entrar en conflicto y luchar bien es muy necesario. En realidad, poder pelear de manera compasiva salvará una conexión. Sin embargo, si sus habilidades de comunicación diarias son correctas, entonces esas grandes conversaciones no son tan intimidantes. Ya que saben que tienen las habilidades para conocerse, y lo hacen antes de que cualquier pregunta se salga de control.

Capítulo 15: Reflexión y cuidado personal

Aprender a amarse a sí mismo total y profundamente podría ser la parte más importante del proceso de curación. Sé que cambiar sus sentimientos a un nivel profundo es una tarea difícil. El desafío se hace más difícil porque a menudo nos asedian mensajes sobre lo "poco amables" que somos. Creemos que no somos suficientes: que nadie podría amarnos de verdad, especialmente si supieran quiénes somos realmente.

Aunque la declaración anterior puede parecer la verdad absoluta a veces, prometo que es una absoluta tontería. Cada uno de nosotros merece completamente el amor. Usted es un ser humano al que no solo se le permite amar y ser amado, sino que creo que fue creado para hacer precisamente esas cosas.

Entender esto es esencial porque nos ayuda a tener un mejor sentido de nuestra autoestima. En última instancia, esto nos lleva a dejar de necesitar seguridad externa (o a necesitarla mucho menos), y nos ayuda a aprender a elegir a los compañeros adecuados y a buscar relaciones con personas que realmente nos valorarán.

Hay muchas formas de expandir estas prácticas, pero les voy a contar lo que funcionó para mí. Con suerte, estas ideas también pueden funcionar para usted o proporcionar un punto de partida para descubrir qué funciona para usted.

Tómese un tiempo para sí mismo: cuidado personal

¿Qué significa "autocuidado"? Se siente como una palabra de moda poco definida y de reciente aparición. Cuando la mayoría de nosotros imagina el "cuidado personal", probablemente pensamos en una copa de vino y un baño humeante. Tal vez pensemos en un día en el spa o algo similar de relajación.

Estas son excelentes formas de cuidarse a sí mismo, pero están lejos de ser los únicos métodos para hacerlo. Si odia los baños, tenga la seguridad de que puede mantenerse alejado de las burbujas.

El cuidado personal puede adoptar diversas formas:

- Pasear por la naturaleza
- Leer
- Pintarse las uñas
- Ver un programa de televisión reconfortante
- Cantar
- Crear arte
- Cocinar
- Descansar
- Recibir un masaje

El cuidado personal, para mí, simplemente se reduce a tomarse un tiempo para uno mismo.

Porque solo cuando estamos realmente solos podemos profundizar para descubrir lo que realmente está sucediendo dentro de nosotros, pasar tiempo a solas nos permite conocernos a nosotros mismos y conectarnos con nuestra naturaleza más íntima. No solo es emocional y espiritualmente efectivo, sino que nos invita a aprender a amarnos a nosotros mismos. Aprendemos a deleitarnos en nuestra propia compañía.

La importancia de la quietud

Necesitamos quietud: la oportunidad de concentrarnos en nuestros propios pensamientos, sentimientos, sensaciones y deseos. Hay mucho que decir sobre estar quieto y "sentado con nuestros pensamientos".

Quietud. ¡Ay! Personalmente, es algo con lo que lucho mucho y trabajo continuamente para adoptarlo. Para mí, quedarme quieto es una pelea. Me siento inquieto y agitado, y tratar de relajarme parece tener el efecto contrario. No obstante, estoy tratando activamente de incorporar más quietud en mi vida todo el tiempo. Aprender a practicar la quietud será un paso importante en nuestro viaje hacia la curación de la búsqueda de consuelo.

Podemos pensar que el cuidado personal se divide en dos tipos. El primer tipo es el más agradable: el autocuidado que enfatiza la relajación y el tiempo libre. El segundo es el verdadero "volverse hacia adentro" del que estoy hablando. A menudo es menos agradable, pero sigue siendo necesario.

Los dos tipos de autocuidado pueden coexistir, ocurriendo al mismo tiempo y durante la misma actividad. Pero para practicar el segundo tipo, debes dejar tiempo y espacio para la reflexión interior.

Es tan fácil bloquear nuestros pensamientos. Para muchos de nosotros, es bastante aterrador estar a solas con ellos. Lo entiendo. A menudo, lo último que sentimos las personas ansiosas es concentrarnos en nuestros pensamientos, dándoles más espacio en nuestras vidas. Son numerosos y están constantemente dando vueltas, atormentándonos, emergiendo con fuerza y de repente.

Es probable que esté demasiado familiarizado con los pensamientos acelerados y las preocupaciones constantes. Siempre están ahí, y para quienes buscan tranquilidad, están especialmente presentes. Pueden ser ruidosos e invasivos. La idea de sentarse con sus pensamientos puede parecer abrumadora.

Al principio, probablemente lo será. Sin embargo, prestar atención a nuestros pensamientos es la forma en que aprendemos a calmarlos. En lugar de escondernos de nuestros pensamientos intrusivos (quizás incluso obsesivos), aprenderemos a examinarlos, a cuestionarlos, a darles la vuelta en nuestras mentes y a mirar más a fondo lo que están tratando de decirnos.

¿Cómo es posible estar quieto?

El método más obvio y familiar es la meditación. La meditación es una gran herramienta, ya que le ayuda a mantenerse conectado y le permite examinar lo que sucede dentro de usted. El objetivo es la claridad y la paz. Cuando su mente está despejada, hay menos espacio para que los pensamientos de miedo vengan girando alrededor, y si lo hacen, puede manejarlos mucho mejor.

La meditación puede ser sencilla y directa. Puede ser breve, especialmente cuando recién está comenzando. ¿Por qué no disparar durante 5 minutos al día? La meditación tampoco tiene por qué implicar el canto de mantras ni nada elegante. De hecho, el núcleo de la meditación es simplemente quedarse quieto y permitir que su cuerpo y su mente se relajen.

Quiero enfatizar que el objetivo de la meditación no es despejar completamente su mente de pensamientos, sino dejarlos ir y venir. Le animo a que siga practicando y no se frustre si sigue distrayéndose. Aprender a meditar con éxito es un viaje que requiere mucha práctica. Hay muchas aplicaciones de meditación excelentes que también pueden ayudarle.

Una adición a la meditación tradicional, la práctica de la quietud también puede tomar la forma de oración o dar un paseo por la naturaleza. Lo importante es permitir que su mente esté tranquila, despejada y abierta. Aquí es cuando puede comenzar el verdadero trabajo.

Lleve un diario de manera efectiva

Escribir un diario puede ser una herramienta de curación maravillosa y es muy simple. Es posible que desee llevar un diario mientras se encuentra en un estado meditativo o después de abrazar la quietud, pero también puede escribir un diario en medio de una gran ansiedad. Ambos enfoques tienen un valor tremendo.

Escribir un diario fue de gran ayuda para mí en mi viaje lejos de la constante búsqueda de consuelo. Encontré que escribir un diario es una ayuda todo en uno para mi ansiedad. Puede adoptar muchas formas, por lo que es una gran herramienta. Puede adaptarlo a sus propios propósitos y estilo. Ya sea que prefiera hacer listas, anotar viñetas o escribir un registro de flujo de conciencia de sus pensamientos, todos los enfoques son válidos. La investigación ha demostrado una y otra vez que es realmente poderoso escribir las cosas.

Llevar un diario nos brinda una forma de liberar nuestros pensamientos, sentimientos y preocupaciones. Todos necesitamos salidas para descargar nuestra energía ansiosa y dejar fluir nuestros pensamientos. A menudo, dejar que los pensamientos surjan en el papel nos ayuda a verlos por lo que realmente son: irracionales y alimentados por la ansiedad. Es curioso cómo escribir las cosas puede ayudarle a ver la verdad de lo que está sucediendo.

Esto fue muy efectivo para mí porque me ayudó a estar más seguro de mí mismo. En lugar de buscar respuestas, me las proporcioné lo mejor que pude, y esto fue realmente importante para mí. Me permitió construir poco a poco la confianza en mí mismo y reducir mi necesidad de seguridad externa.

Concédase gracia

Aquí hay otra parte importante de su proceso de curación: concédase gracia. El viaje en el que estamos no es fácil. Si lo fuera, no requeriría tanto de nosotros. Pero anímese: cuando las cosas se ponen difíciles, eso a menudo significa que estamos lidiando con las cosas que más valen la pena.

Tenga paciencia consigo mismo durante este tiempo. (¡Y en otras ocasiones también!) Recuerde que este es un viaje, lo que significa que progresará y también retrocederá. Eso está bien. El camino está entrecortado a veces y, a menudo, las cosas empeoran, o parecen, empeorar antes de mejorar.

Cuando tropiece, no se castigue. Si se encuentra volviendo a viejos patrones de pensamiento ansioso y búsqueda de consuelo, sepa que esto es normal. Está trabajando para alterar los patrones que pueden haberse establecido en usted durante años y años. Dese la gracia que necesita. Sea paciente consigo mismo como lo haría con un amigo cercano. Y dese tiempo. No se apresure. Esto es difícil. No necesita estar "curado" todavía. Está en el camino y eso es lo más importante.

Permítase ser amado

Para algunos de nosotros, esta será una de las partes más difíciles del proceso de curación. Para muchos, la inseguridad en las relaciones proviene de creencias profundamente arraigadas sobre la propia amabilidad. ¿Algunos de sus miedos se basan en la falta de fe en su valía o capacidad para ser amado? Si es así, no es de extrañar que busque tranquilidad. No tiene una comprensión firme de su propia amabilidad, así que, por supuesto, va a sentir ansiedad en torno a eso. ¡Bienvenido a mi vida!

Es muy, muy difícil, pero todos debemos esforzarnos por abrirnos al amor sabiendo que lo merecemos. Todos merecemos amor. Una vez más, intente verse como un amigo cercano o incluso como un mejor amigo. ¿Le diría que no era digna de ser amada? ¿Dejaría que le dijeran que no se merecía el amor en su vida? ¡Absolutamente no! Tampoco se permita creer esas mentiras.

Puede estar pensando: "pero no lo entiendes. Soy diferente. Me pasa algo. No soy digno de ser amado porque..." ¡No! No le oiré. No hay humano que no sea digno de ser amado. Y usted, dulce alma, definitivamente es digna y merecedora de un amor profundo y duradero. Así que siga leyendo y sigue practicando.

¿Sabía que fue hecho para el amor?

Puede que no lo crea. Puede que tenga una visión más científica de la humanidad, y está bien. Pero le desafío a que se tome un momento y simplemente trate de verse a sí mismo (y al mundo) desde otro punto de vista. Los seres humanos estamos hechos para amarnos unos a otros y amarnos a nosotros mismos.

Somos criaturas asombrosas, complejas y variadas. Con nuestras habilidades para razonar, sentir empatía, planificar, crear, construir y soñar, creo que seguramente está sucediendo algo más profundo aquí: un propósito más profundo que simplemente sobrevivir como especie. Creo que ese propósito es amar. No solo el amor romántico, sino todo tipo de amor.

Si bien esta puede ser una idea difícil de asimilar, ¿no es una forma encantadora de ver las cosas? El amor es natural para nosotros e integral en nuestras vidas porque es para lo que fuimos hechos. Si eso no apunta a nuestra propia amabilidad innata, no sé qué lo hace. Todos tenemos la capacidad dentro de nosotros de amar y de amar sin reservas. También tenemos la capacidad de aceptar y recibir el amor con calidez y aprecio.

Considere meditar en esta idea a medida que avanza el día de hoy. Podría comenzar a revolucionar la forma en que se ve a sí mismo y al mundo.

Abrirse al amor de los demás

Si el amor es una parte tan integral de la experiencia humana, ¿por qué es tan difícil? Bueno, vale la pena luchar por cualquier cosa que valga la pena tener, ¿no? Algunas de las mejores partes de la vida suelen esperar al final de un viaje.

Una de las partes más difíciles del amor no es amar en sí, sino abrirse y permitirnos ser amados. A medida que nos reconocemos dignos de amor, gradualmente se vuelve más fácil abrazar el amor que viene en nuestro camino.

Pero mientras tanto, continuamente ponemos barreras que nos impiden el amor. La búsqueda de tranquilidad puede ser uno de estos bloqueos, lo crea o no. Aunque parezca que está sucediendo lo contrario, que estamos buscando desesperadamente la confirmación de que somos amados y dignos de amor, a menudo, la búsqueda de tranquilidad es una forma de autosabotaje.

Capítulo 16: Creación y mantenimiento de relaciones

Crear y mantener relaciones es fácil para los compañeros que tienen una buena relación entre ellos. Cuando los compañeros disfrutan genuinamente de estar en el mismo espacio, conversando, comunicándose y coexistiendo, su relación se vuelve fluida y sin esfuerzo.

Esto también les da una mejor comprensión de los rasgos y peculiaridades de comportamiento de los demás, lo que les ayuda a predecir los comportamientos, les ayuda a comprender por qué la pareja se comporta de cierta manera y los guía para actuar en consecuencia.

Las relaciones con compañeros que existen en la misma longitud de onda y en total sincronización entre sí tienen más probabilidades de ser duraderas y exitosas que las relaciones con compañeros que no tienen un fuerte sentido de relación entre ellos. Estar sincronizado con la pareja ayuda a las comunicaciones efectivas, ya que las parejas que están sincronizadas entre sí pueden comprender los mensajes tanto hablados como no hablados que se transmiten a través del lenguaje corporal.

Cuando los compañeros no se relacionan adecuadamente con otras personas, es fácil que los compañeros ignoren los sufrimientos y problemas de los demás si no se comparten verbalmente. Esto podría hacer que una persona se sienta sola incluso en la relación y se vuelva emocionalmente distante de su pareja.

Para que los compañeros construyan intimidad emocional y reconecten su relación, los compañeros deben examinar su nivel de relación entre ellos y hacer preguntas y tener conversaciones íntimas y esclarecedoras sobre cómo profundizar su relación entre ellos.

¿Cómo nos relacionamos entre nosotros?

Con el objetivo de construir intimidad emocional y reconectar la relación, los compañeros deben encontrar la manera de relacionarse mejor entre sí. Para que los compañeros construyan intimidad, es necesario un sentido de cercanía e interdependencia entre ellos que solo se puede construir cuando los compañeros se relacionan en un nivel más profundo.

Para alcanzar este nivel, los compañeros deben hacer preguntas sobre lo que los impulsa, dónde se sienten más seguros, su historia y experiencias, y otros factores que lo hacen singularmente diferente de cualquier otro ser humano existente.

Cada ser humano tiene diferentes vibraciones, diferentes formas de sentirse cómodo. Algunos se sienten muy relajados y abiertos solo cuando están al aire libre y uno con los dones de la madre naturaleza. Algunas personas se sienten más en sí mismas cuando escuchan música y/u otras formas de arte. Es solo una cuestión de encontrar el 'eso' para ellos.

Es posible que descubra que hablan mucho sobre ese tema específico, que les gusta mucho estar cerca de eso o que les brinda cierto nivel de paz y entusiasmo cada vez que están cerca.

Crear mejores relaciones con la pareja es una calle de doble sentido. Ambos compañeros deben estar dispuestos a profundizar el nivel de conexión y comunicación entre ellos para mejorar un nivel más profundo de intimidad y conexión emocional entre ellos.

No obstante, hay ciertos gestos que contribuyen en gran medida a que su pareja se relacione y conecte mejor.

Uso de palabras positivas y de motivación durante las conversaciones

Cuando usamos palabras positivas sobre nuestros compañeros y, en última instancia, sobre los que nos rodean, tiende a sacar sus mejores aspectos, los hace sentir progresistas y valiosos. Esto puede contribuir en gran medida a garantizar una relación estable.

Incluso cuando se enfrentan a los desafíos del lugar de trabajo, la presión social, es realmente importante que crean que hay alguien que siempre creerá en ellos a pesar de todo.

• Apodos entrañables/nombres de cariño:

Los adultos han descubierto que esto es muy eficaz. Usar apodos para ustedes mismos puede ayudar a resaltar los instintos 'infantiles' en todos nosotros. Les hace volver a sentirse jóvenes, juguetones, atractivos, menos tensos y especiales.

• Haber compartido recuerdos y experiencias:

Esto implica planificar y hacer cosas juntos, irse de vacaciones, planificar citas y obsequios especiales solo para los dos, hacer bromas tontas, pero menos peligrosas entre sí, blogs de video, etc., tener algo juntos hace que fluyan las hormonas de unión.

• Respetar el punto de vista y las opiniones de las personas:

Siempre que surjan discusiones, sean serias o no, siempre es importante tratar de comprender su versión de los hechos. Tratar de resultar difícil solo dará la impresión de que están más separados y difícilmente encontrarán un terreno común.

Esto es realmente desalentador para cualquier relación, incluso si el amor comenzó fuerte. Las discusiones y desacuerdos ordinarios pueden acumularse con el tiempo.

• Gestos pensativos, como dar obsequios sorprendentes e innecesarios:

El acto de regalar ha sido la forma más eficaz de demostrarles a sus seres queridos que ellos son importantes y que son especiales. Es realmente importante no subestimar el simple gesto de dar, más aún, si se trata de un obsequio reflexivo, algo que siempre han soñado tener, algo que les encanta e incluso sorprender puede ser una forma de abrirles el corazón.

¿Cómo se mantienen conectados y sincronizados entre sí?

Todas las relaciones requieren esfuerzo, compromiso y paciencia para mantenerse con vida y trabajar. Es fácil separarse y perder la conexión emocional entre ellos cuando los compañeros se sienten demasiado cómodos entre sí y dejan de intentar mantener intacta la conexión emocional.

Para que los compañeros mantengan la conexión emocional incluso cuando están separados físicamente, es necesario que haya un nivel de confianza y seguridad emocional entre los compañeros que les permita descansar tranquilos incluso cuando están a miles de kilómetros el uno del otro.

Cuando los compañeros tienen un sentido completo de cercanía, pertenencia y unión, les ayuda a sentirse seguros en su conexión emocional entre ellos, porque entonces saben que no importa lo que pase, cada uno está en el mismo equipo.

Los diferentes compañeros tienen diferentes dinámicas de relación. Es decir; lo que funciona para el Sr. A en su relación puede no funcionar para el Sr. B en su propia relación. Este es el resultado de diferencias individuales y de comportamiento. Por lo tanto, diferentes individuos en diferentes relaciones tienen diferentes formas de mantenerse sincronizados con su pareja, en función de sus comportamientos/personalidades y el tipo de relación que tienen.

Los compañeros pueden estar informados sobre la mejor manera de mantenerse sincronizados entre sí a través de preguntas e iniciando conversaciones íntimas. Sin embargo, existen sugerencias universales generales que se pueden utilizar para mantener la sincronización entre compañeros. A continuación, se ofrecen algunos consejos útiles.

Pase tiempo de calidad con su pareja

Planificar y pasar un tiempo a solas con su pareja de forma regular le ayudará a mantenerse conectado y a sentirse especial porque, a menudo, a medida que pasa el tiempo, nos enredamos con el trabajo, la crianza de una familia y los deberes sociales y por eso nos olvidamos de que es importante para mantener viva la chispa. Se necesitan ustedes mismos de todas las cosas divertidas que ambos hicieron antes de que entraran en juego todas las actividades extracurriculares. Sentarse cara a cara y muy cerca de su pareja de manera regular puede ayudar a brindar consuelo.

Mantenga viva la intimidad física

El tacto viene con un poder de afecto, cierre, confianza, sensibilidad. El sexo frecuente, tocarse, besarse, abrazarse, tomarse de la mano puede ser una forma muy efectiva de mantenerse conectado con su pareja.

Mantenga la comunicación

Ya sean relaciones a corta o larga distancia, todo requiere una comunicación adecuada porque la comunicación hace que su pareja sea importante, la mantiene actualizada sobre lo que está pasando en cada momento y es muy difícil volver al camino una vez que el puente en la comunicación se rompe y se abandona. desatendido. Esta es la parte más vital de toda relación. Adquiera el hábito de decirle a su pareja por lo que está pasando y no hacer que adivine.

Dar y recibir

La relación es un negocio de dar y recibir. Cuando reconoce lo que es importante para su pareja, le brinda plenitud, muestra una medida de buena voluntad, consideración y un sentido de devoción. Por otro lado, también es importante que su pareja reconozca sus deseos y que usted los expreses claramente. Dar constantemente a los demás a expensas de sus propias necesidades solo generará resentimiento e ira.

¿Qué tan profunda es nuestra conexión emocional?

En las relaciones románticas, el nivel de profundidad emocional y dependencia entre ambos compañeros determina la fuerza de esa relación. Comunicarse con su pareja no garantiza que usted comprenda por lo que está pasando y, a menudo, la pareja puede sentir que su pareja escucha por sentido del deber, no porque realmente se preocupe o sienta lo que hace, lo que podría llevar a él/ella se siente pequeño e insignificante.

La profundidad emocional es poder escuchar, interpretar y responder con sensibilidad a los sentimientos que surgen en su pareja, en los demás a su alrededor y, en última instancia, en usted mismo. Esta es la capacidad de mostrar empatía, de "sentir" las experiencias de otra persona para saber qué se siente al ser esa persona.

Ese nivel de interdependencia les da a ambos compañeros un sentido de confiabilidad, verdadera amistad y una conexión íntima profunda que se construye con el tiempo. Esto, al igual que la empatía, necesita tiempo para volverse insoluble, porque hay factores importantes que afectan el nivel de transparencia y vulnerabilidad necesarios entre los compañeros para lograr la profundidad emocional e intimidad deseadas.

A menudo queremos que nuestra pareja pueda hablarnos de todo y también que sea la primera persona con la que piense en compartir sus emociones cada vez que esté pasando por algo positivo o negativo, pero también tenemos que entender que ningún ser humano estaba preparado o sabía de ciertos factores ambientales de la primera infancia, experiencias y eventos prominentes que cambian la vida, género y roles de género según lo dicta la sociedad. Los antecedentes y la cultura de un individuo pueden afectar e influir en la percepción y la personalidad de un individuo que a su vez dicta la capacidad del individuo comprender, empatizar y formar conexiones emocionales con su pareja.

Factores ambientales de la niñez temprana

Sin duda, esto forma la base de cualquier carácter, personalidad y rasgos de comportamiento de todas las criaturas. Durante los años de formación, se inculcan rasgos de comportamiento específicos en los individuos según el tipo de familia (en menor escala) y sociedad (en mayor escala) en la que nace el individuo.

Las familias y la sociedad en general van dando forma a la percepción individual del amor y el afecto, entre muchas otras cosas. Los individuos, mientras crecen, adoptan a sus familias y el método estipulado por la sociedad para mostrar amor y afecto.

Por lo tanto, si su pareja creció en un entorno emocionalmente receptivo, donde los sentimientos se comparten y se abren, las ideas son bienvenidas, las identidades personales son reconocidas, entonces las posibilidades de que tenga dificultades con las conexiones emocionales con su pareja son bastante bajas.

Sin embargo, si los recuerdos de su niñez estaban llenos de condenas cada vez que se expresaban emociones, traumas y opiniones personales no eran bien recibidas, se sentían invencibles por quienes los rodeaban, para sobrevivir, tienden a generar un carácter receptivo frente a tales fenómenos. Estos a menudo están colocando cortafuegos contra todos en su edad adulta. Sienten autosuficiencia, apenas sienten la necesidad de necesitar a nadie más que a ellos mismos, se enojan, porque crecieron luchando por ser escuchados.

Se necesita mucho para traer todos estos a la conciencia, para que reconozcan estos rasgos de comportamiento y personalidad y finalmente los superen.

Eventos y experiencias destacados que cambian la vida

Se ha dicho que cada individuo es una suma de sus experiencias. Nuestras experiencias contribuyen a nuestra propia identidad, percepción del mundo, nuestros valores, puntos de vista, pensamientos, miedos, expectativas, etc.

Sin embargo, algunas experiencias y eventos se destacan más que otros por el efecto y la influencia que tienen sobre la identidad, el comportamiento/personalidad de un individuo y su vida en general. Estas experiencias se conocen como momentos definitorios y a menudo no se reconocen cuando están en movimiento, solo después de que pasan los momentos se realizan los impactos de tales experiencias.

Las experiencias definitorias de un individuo pueden influir fuertemente en su capacidad para formar y mantener conexiones emocionales con sus compañeros de relación y otros miembros de la sociedad.

Roles específicos de género

Las leyes de la sociedad dictan que las mujeres son las cuidadoras de la naturaleza. A menudo amplían sus tablas emocionales, ya que esos son sus diseños primarios. Esto puede causar una ventaja, ya que a veces no se pueden tomar en serio. Parecen débiles y vulnerables y los oportunistas pueden tomar eso y devaluarlo.

Capítulo 17: Recordarse a sí mismo sus rasgos positivos

No importa cuánto sus celos e inseguridad le hayan llevado a un comportamiento loco, o tal vez haya arrinconado a su pareja y se sienta profundamente avergonzado de sí mismo, siempre habrá algo redentor en usted. Eso es lo que probablemente mantiene a su pareja aferrada a su relación. No hay ninguna persona que sea del todo mala, todo el mundo tiene algunos rasgos positivos que pueden ampliar para mejorar su relación.

¿Qué es la autoestima?

La autoestima surge desde una edad temprana en la que apenas conocemos nuestros propios nombres. Viene de la necesidad de socialización, atención, amor, seguridad y pertenencia de nuestros principales cuidadores. Cuando se nos niegan algunas de esas necesidades, desarrollamos problemas con nuestra autoestima.

Las investigaciones han demostrado que incluso los bebés son conscientes de lo que sucede a su alrededor y comienzan a desarrollar ideas y comportamientos desde que nacen. De hecho, la autoestima comienza a desarrollarse cuando eres un niño, cuando no tienes control de lo que te está sucediendo.

En realidad, es posible que un amigo le haya rechazado debido a sus propios defectos personales y que no tenga nada que ver con usted, pero es posible que no haya tenido las herramientas de comunicación adecuadas para llegar realmente a la raíz del problema, por lo que asumió que la carga era suya. O podría haber estado pasando por su propia transición en la vida y descubrir que ya no encaja en sus planes. Sin embargo, es posible que haya recurrido a algún problema interno que cree que pudo haber tenido, y esta elección podría quedarse con usted por el resto de su vida, especialmente si no lo resuelve y erradica esos pensamientos.

Puede notar que algunas personas han pasado por situaciones similares y no tienen baja autoestima. Entonces, ¿por qué es eso? Bueno, existe algo llamado ambiente vergonzoso. Es donde una persona que se porta mal cree que no solo se está comportando de una manera pobre, sino que en realidad es una mala persona. Por ejemplo, un niño está sacando galletas del tarro de galletas y sus padres continuamente les dicen que es malo en lugar de decirle que sus acciones son inadecuadas. En ese caso, ese niño cree que está realmente podrido hasta la médula. Por lo tanto, cuando se comportan mal, justifican su comportamiento diciéndose a sí mismos que son malos de todos modos, por lo que no es necesario que cambien.

Si fuera usted ese niño y creció hasta convertirte en un adulto con estas creencias, entonces tocarán diferentes aspectos de su relación. Es más probable que crea que es malo cuando comete un error, en lugar de comprender que no es malo pero que su comportamiento es incorrecto. Estas creencias erróneas pueden llevar a que trate mal a su pareja porque siente una culpa continua por su comportamiento.

Para compensar la culpa, es posible que se esfuerce demasiado en su relación, haciendo que su pareja se sienta incómoda y parezca desesperada y confundida. Una relación sólida no está llena de falta de confianza o sobreabundancia de celos y ansiedad. Para desarrollar una relación sólida, primero debe abordar esos

172

problemas. Lo mismo es válido para una relación satisfactoria, si quiere una, no puede basarse en la culpa.

Los niños que crecen en ese tipo de ambiente tienden a creer que las cosas malas que les suceden en la vida son merecidas; que las cosas buenas son pura casualidad. Si esta mentalidad se ha convertido en una realidad, entonces sería difícil apreciar verdaderamente la positividad en la relación. Siempre se puede creer que su pareja tiene un motivo oculto cuando está siendo amable y está construyendo la relación.

Entonces, debido a que tienen culpa dentro de ellos, proyectan desconfianza en sus compañeros. Han internalizado un evento negativo o una serie de eventos negativos y se queda con ellos. Otros pueden ver más allá de esto y el evento negativo se desliza por sus espaldas como el agua de las plumas de un pato. Cuando pueda recordar todos sus rasgos positivos, estará en condiciones de hacer lo mismo.

Como adulto, puede ver lo que le sucedió cuando era niño y darse cuenta de que no fue responsable de sus acciones. A menudo no sabía nada mejor y simplemente reaccionaba a lo que le habían enseñado. Si un niño puede creer que en realidad es una buena persona que a veces simplemente comete errores, entonces puede aceptar sus defectos y tratar de convertirse en una mejor persona.

Las personas con baja autoestima tienen una visión distorsionada de sí mismas y de sus acciones. Es imperativo recordar esto cuando se sienta celoso, ansioso o asustado. Tiene el control para mejorar la situación y, como resultado, mejorar su relación. Hay algunos pasos que le ayudarán a erradicar esa mala imagen de sí mismo y son los siguientes:

- Haga una lista de los aspectos positivos sobre usted y concéntrese en ellos. Descubrirás que hay muchos más aspectos positivos sobre quién es qué aspectos negativos. Dado que desarrollar su autoestima lleva tiempo, debe intentar agregar al menos dos elementos a esta lista a diario.

- Rodéese de personas que sean edificantes y positivas acerca de quién es usted, así como que comprendan lo que ha pasado. Esto significa que necesitan tener cierto grado de empatía y no deben juzgar. Si está constantemente rodeado de personas negativas que se complacen en señalar tus defectos, no podrá ver lo positivo en usted y en el mundo.

- Haga alguna obra de caridad. Si constantemente ayuda a otros o animales poniendo sus necesidades por encima de las suyas, le resultará cada vez más difícil sentirse mal por quién es usted. Es difícil sentirse culpable por dedicar tiempo a mejorar la vida de otra persona.

- Pruebe la meditación; a veces, llegar a ese núcleo interno y observarse a sí mismo de una manera relajante le ayudará a comprender que, en general, es una buena persona. La meditación reducirá el estrés y le hará sentir menos agitado cuando esté cerca de su pareja. Cuando está más relajado, puede aportar positividad a sus circunstancias mucho más fácilmente.

- Intente hacer ejercicio para aliviar la tensión en su vida diaria. Estimulará las hormonas en su cuerpo que lo harán sentir bien y esto lo ayudará a sentirse mejor consigo mismo.

Además de las hormonas, el ejercicio también ayudará a desarrollar la confianza en sí mismo a medida que su cuerpo se ve y se siente mejor con el tiempo.

- Busque ayuda psicológica. Si siente que no puede hacer esto por su cuenta, no debe avergonzarse de buscar ayuda de un profesional. Los terapeutas y psicólogos están bien equipados cuando se trata de lidiar con problemas de autoestima y celos. Puede hacerlo solo o puede traer a su pareja para el asesoramiento de parejas para que pueda explicar mejor cómo se siente.

Adoptar una actitud positiva

Los ejercicios que acabamos de mencionar están diseñados para ayudarlo a ser proactivo en la construcción de su autoestima; son cosas que realmente se pueden lograr todos los días. Si bien estas cosas pueden ayudar a aumentar su autoestima, no son lo único que importa. Si realmente desea ver una mejora drástica en su autoestima, tendrá que trabajar en su actitud. Solo usted tiene control sobre su actitud y su actitud afectará todos los aspectos de su vida, por lo que también puede adoptar una actitud positiva.

Cambiar su actitud de una negativa a una positiva va a requerir algo de trabajo. No es algo que sucederá de la noche a la mañana, pero puede empezar a trabajar en ello lo antes posible. Cuando cambie su actitud, tendrá que trabajar en cómo reacciona ante todo el mundo que lo rodea, no solo en su relación actual. Si se siente un poco inseguro, lo cual es completamente natural, aquí hay algunas cosas que puede hacer para comenzar el proceso hoy:

- Sea consciente del progreso que ya ha hecho en su vida y del progreso que continúa haciendo cada día. Reconózcase a sí mismo; básicamente, dese una palmada en la espalda por todo lo que ha logrado. Por lo que no ha logrado, no se preocupe ni se estrese por ello, simplemente debe aceptar el hecho de que aún no lo ha dominado y luego seguir intentándolo.

- Comprenda que habrá muchas cosas en la vida que no puede controlar, aprenda cuáles son, así como las cosas en la vida que puede controlar. Al aceptar el hecho de que no puede controlar todo, se salvará de hacer repetidos intentos fallidos de hacer el cambio. Y cuanto antes deje de fallar, antes comenzará a ver una mejora en su actitud.

- Aprenda lo que pueda de los errores que cometa. Cometer errores no siempre es algo malo, especialmente cuando puede aprender algo de los errores que ha cometido. El pensar constantemente en los errores que ha cometido le hace vivir en el pasado y refuerza esos sentimientos negativos. Para adoptar un estado de ánimo positivo, debe dejar atrás los errores y concentrarse en mejorar su vida y su relación.

Aumentar la confianza en uno mismo

Cuanto más seguro se sienta de sí mismo, menos probabilidades tendrá de sentirse inseguro en su relación actual. Muchas personas asumen que la autoconfianza y la autoestima son lo mismo, incluso usan los términos indistintamente. No son lo mismo, son dos cosas totalmente diferentes, simplemente están relacionadas entre sí.

La confianza en sí mismo es cuánto cree en usted; cómo cree que puede establecer metas y alcanzarlas. Cuando aumenta su confianza en sí mismo, se permite cuidarse mejor, pero también se está enseñando a ser feliz y aceptarse a sí mismo por lo que realmente es. Aumentar su confianza es vital si está tratando de mejorar su autoestima porque una mayor confianza en sí mismo proporciona una base sólida para mejorar la autoestima.

Ahora, la confianza en uno mismo afecta directamente a los celos debido a cómo piensa de sí mismo. Cuanto menor sea su opinión de sí mismo, más probabilidades tendrá de estar celoso de su pareja. Para asegurarse de tener una relación saludable, tendrá que esforzarse por aumentar la confianza. Afortunadamente, hay algunos ejercicios simples pero efectivos que puede comenzar a hacer hoy:

Sonrisa

Esto puede parecer un poco extraño, pero simplemente sonreír más es una forma rápida y efectiva de aumentar la confianza en uno mismo. Si piensa en cuando saluda a las personas con una sonrisa, es más probable que le saluden con entusiasmo de vuelta. Y cuanta más gente le sonríe, mejor se sentirá consigo mismo. Además, cuantas más personas les sonría, más personas estará ayudando a dar un impulso de confianza en sí mismos.

Vestimenta

La forma en que se viste con honestidad afecta la forma en que piensas de sí mismo. Esto puede ser difícil de imaginar, pero tómese un minuto para pensar en cómo se siente cuando usa determinada ropa. Cuando se viste bien y se ve bien, tiende a sentirse mejor consigo mismo. Si está acostado con ropa desaliñada, como pantalones de chándal y una camisa santa, generalmente no se siente lo mejor posible. Todo el mundo se siente mejor cuando se siente bien con su aspecto, así que preste atención a cómo se viste para asegurar que siempre se sienta mejor.

Mente

Mucha gente subestima lo poderosa que es la mente, pero la mente sobre la materia es algo muy real. Cuando vea o sienta que tiene pensamientos negativos, debe comenzar a redirigir sus pensamientos. Al redirigirlos, sustituya los pensamientos negativos por los positivos. Verá una mejora inmediata sobre cómo se siente consigo mismo.

Capítulo 18: El papel del apego en las relaciones con individuos ansiosos

La teoría del apego es un modelo en psicología que busca comprender cómo los humanos forman vínculos con otros humanos como modelo para sus relaciones que tendrán a lo largo de sus vidas. Aunque la teoría del apego tiene sus antecedentes en las teorías psicoanalíticas del siglo XIX, es esencialmente una teoría que tomó forma en el siglo XX principalmente como resultado de las observaciones que se hicieron de los bebés y niños pequeños y las relaciones que tenían con los adultos.

La teoría del apego es principalmente un modelo que se centra en las relaciones interpersonales que forman los bebés y los niños pequeños. Estos apegos son importantes porque sientan las bases de cómo el niño pequeño (y el futuro adulto) interactúa con los demás y percibe su entorno. Se observó relativamente a principios del siglo XX que los niños pequeños que fueron privados de apego durante los años formativos de sus vidas parecían tener dificultades para interactuar con los demás y formar relaciones en la vida.

Debe recordarse que la teoría del apego, junto con otras teorías psicoanalíticas y del comportamiento, tomó forma en un momento en que el mundo (particularmente el mundo occidental) estaba plagado de varios cambios sociales dramáticos. Hombres y mujeres se trasladaban de las zonas rurales a las ciudades; personas de todas las edades trabajaban en fábricas u otros establecimientos en áreas urbanas, la guerra era común en algunas áreas y dejaba muchas comunidades devastadas. En resumen, el tejido de la sociedad estaba cambiando de formas que eran evidentes y que podían ser observadas convenientemente por cualquiera que estuviera prestando atención.

El propósito de esto es ayudar al lector a comprender el papel que puede jugar la ansiedad en una relación enseñándole sobre el apego. Se ha argumentado que algunas personas ansiosas se comportan como si hubieran sufrido un trauma. Ciertamente, algunas personas con trastornos de ansiedad pueden haber sufrido un trauma real y esto puede haber contribuido a su condición, pero incluso en los casos en que las personas no han experimentado un trauma conocido, puede haber el equivalente a un trauma en forma de un vínculo inseguro que tenían con su padre mucho antes de que tuvieran la edad suficiente para recordar tales interacciones.

Este conocimiento del apego ayudará al cónyuge o pareja de una persona ansiosa a explorar su relación. Podrán hacer esto al comprender cómo son percibidos por su pareja de una manera que alguien que no esté familiarizado con la teoría del apego no entenderá. Como en otras áreas de discusión relacionadas con la preocupación en las relaciones, el objetivo aquí es ayudar al lector a sentir compasión por su pareja, pero también brindarle habilidades reales que puedan usar.

La teoría del apego es esencialmente un modelo que se centra en las relaciones que los bebés y los niños pequeños tienen con los adultos importantes en sus vidas, pero la teoría se ha expuesto para hacer deducciones sobre las relaciones adultas. Esta teoría generalmente se conoce como teoría del apego para adultos. Esto se centra en cómo las relaciones de la niñez y la infancia dictan las relaciones que se tienen, esencialmente formando un tipo de trauma que se desarrolla en las relaciones que las personas ansiosas tienen a lo largo de sus vidas.

Tipos de apego

Una de las primeras personas en explorar la idea de apego tal como se la entiende hoy fue John Bowlby escribiendo a mediados del siglo XX. Se había observado a principios de siglo que los niños que estaban privados de tiempo o afecto por el problema experimentado de su madre que parecía estar claramente relacionado con estas privaciones. Bowlby también fue influenciado por otros psicólogos y biólogos del comportamiento como Konrad Lorenz, quienes estaban formando teorías generales sobre cómo los animales forman vínculos.

Para aquellos de ustedes que no estén familiarizados con Konrad Lorenz, fue un biólogo que exploró varios aspectos del comportamiento animal. En particular, Lorenz fue famoso por sus estudios sobre la impronta en los que demostró que a una bandada de patos se le puede enseñar a ver a un ser humano como su progenitor y a seguirlos si se ven expuestos a este ser humano en un momento formativo importante. El trabajo de Lorenz fue tan importante que recibió el Premio Nobel en 1973. Su trabajo todavía constituye la base de cómo se entiende e investiga el comportamiento animal en la actualidad.

En términos de la teoría del apego, la idea importante es que los humanos jóvenes formen apego con los adultos mayores (generalmente un padre, llamado cuidador principal) para mejorar sus posibilidades de supervivencia y como modelo para las relaciones que tendrán. Como la mayoría de los lectores

181

probablemente puedan deducir, los seres humanos son prácticamente inútiles en los primeros años de su vida: requieren cuidados y protección de sus cuidadores. El apego infantil es, por tanto, un comportamiento que evolucionó para mejorar la supervivencia de la especie humana. Al buscar el apego de un cuidador, un bebé entabla un vínculo que es beneficioso tanto para el individuo como para la especie.

Es fácil centrarse en el apego únicamente en los bebés y dar por sentado el papel que juega el apego en la vida. Los individuos que tienen un apego inseguro a sus cuidadores principales (que se explicará) tenderán a abordar sus interacciones con otros individuos desde el punto de vista del miedo y el peligro. Es interesante explorar la idea de que la ansiedad a nivel social puede estar aumentando debido a un problema social con el apego durante este período formativo, aunque esta es una idea que no ha sido investigada activamente. Los estudios en el campo tienden a centrarse exclusivamente en las implicaciones del apego infantil en los niños y las implicaciones del apego de la edad adulta en los adultos.

Lo que es importante entender como precursor del estudio del apego es qué es el apego y cómo funciona. Antes de Bowlby, muchos psicólogos creían que el comportamiento de los bebés y niños pequeños (esencialmente niños menores de dos años en este contexto) era el resultado de un complejo mundo de fantasía que existía en la mente de los niños y del cual los adultos estaban separados. Esta idea de fantasía básicamente ha sido reemplazada por el modelo de apego, que reconoce el papel que juegan los adultos al interactuar con los niños y establecer el patrón de comportamientos que los niños ven como normales.

Por supuesto, hoy en día, este tipo de pensamiento puede parecer obvio para la gente, pero no siempre fue así. La teoría psicoanalítica quizás se descarrió un poco en el siglo XIX y principios del XX, ya que exploró algunos de los aspectos más llamativos de la personalidad humana y atribuyó a las personas todo tipo de deseos y motivaciones subconscientes. La teoría del apego esencialmente se remonta a lo básico en comparación con las teorías psicoanalíticas. Nuestros comportamientos como adultos y nuestras expectativas con respecto a lo que es normal y lo que no se remontan al tipo de cosas que vemos cuando somos niños.

Por lo tanto, los niños que ven disfunciones en las relaciones entre sus padres en sus años de formación pueden crecer pensando que es normal que las personas interactúen de esta manera. Esto incluso se extiende a los casos de abuso, en los que una persona puede creer que es normal ser objeto de abuso o perpetrar abuso en otra persona. Este tipo de pensamiento es relativamente simplista en comparación con la teoría del apego, pero le da al lector una idea general de cómo los patrones a los que estamos expuestos en nuestros años de formación preparan el escenario para nuestros comportamientos y expectativas como adultos.

La ansiedad en los adultos, por lo tanto, puede resultar potencialmente de formas defectuosas de apego que ocurren en la infancia. El apego aquí es esencialmente el vínculo que los bebés forman con los adultos que los rodean en el período de aproximadamente 10 meses a 18 meses. Aunque los bebés pueden buscar el apego de sus cuidadores antes de esto, este es el rango de edad que permite a los psicólogos evaluar el apego colocando a los bebés en este rango de edad en ciertas situaciones, generalmente llamadas situaciones extrañas.

La investigación en el área ha permitido a los psicólogos identificar cuatro tipos principales de apego. El objetivo aquí no es que el lector desarrolle una comprensión profunda de los diferentes tipos de apego, sino simplemente tener una idea de cómo estas formas de apego se manifiestan en los comportamientos de los adultos con ansiedad u otras condiciones. Los cuatro tipos de apego descritos por los psicólogos incluyen:

1. Adjunto seguro

2. Apego ansioso-evitativo

3. Apego desorganizado

El apego seguro es la forma prototípica de apego que ocurre en los bebés cuando todo va bien. El apego es algo que se desarrolla en los bebés, pero es el resultado de interacciones normales y saludables con su cuidador principal. En el caso del apego seguro, los niños han experimentado sus necesidades emocionales y físicas siendo satisfechas por su cuidador, han experimentado el afecto de su cuidador y estas dos cosas juntas permiten que el bebé se sienta seguro y protegido en su entorno. La seguridad que siente un niño con este apego le permite explorar su entorno de manera segura y eventualmente conducirá a su capacidad para formar relaciones saludables con los demás como adulto.

El apego ansioso-ambivalente ocurre cuando un bebé siente una preocupación excesiva por su cuidador y no se siente tranquilo cuando el cuidador regresa. En resumen, la relación con el cuidador se altera de tal manera que el bebé ve su entorno con un grado de miedo o incertidumbre que un bebé con apego seguro no experimentaría normalmente.

El apego ansioso-evitativo y el apego desorganizado son dos formas adicionales de apego que resultan de problemas con la forma en que el cuidador interactúa con el bebé. En el apego ansioso-evitativo, el niño evita el contacto con el cuidador, mientras que, en el apego desorganizado, el niño parece no tener ningún vínculo de apego con su cuidador.

Problemas de apego en adultos ansiosos

Se han postulado varias teorías sobre por qué la ansiedad parece tener una alta prevalencia en el mundo occidental, incluidos países como los Estados Unidos donde el TAG, las fobias específicas y otros trastornos ansiosos son comunes. Se sugirió que las personas en el mundo occidental pueden estar expuestas a traumas en forma de información de los medios de comunicación o redes sociales. También se sugirió que las nuevas formas de comunicación pueden intensificar y exagerar una ansiedad preexistente que puede existir debido a otros factores sociales.

El propósito de esto no es explorar más esta ideología, sino darle al lector una idea concreta de dónde puede provenir la ansiedad y cómo puede manejarla. En otras palabras, puede ayudarlo a pensar en la persona ansiosa en su vida como experimentando una de las formas disfuncionales de apego infantil. La idea aquí no es que usted perciba a su pareja como un niño (que no lo es), sino que comprenda cómo percibe su mundo y de dónde proviene esa percepción.

Nuevamente, puede ser útil percibir a la persona ansiosa como traumatizada de alguna manera. El niño ansioso-ambivalente puede molestarse cuando su cuidador se marcha porque está acostumbrado a que su cuidador no disipe sus miedos o no minimice la sensación de peligro que percibe en su entorno. Un niño en esta categoría se enojará porque percibe que su entorno está lleno de peligro y quiere que alguien maneje el peligro que percibe.

Un niño ansioso-evitativo puede evitar a su cuidador porque percibe un problema con su cuidador. Es posible que hayan recibido señales contradictorias de su cuidador, lo que ha llevado a crear distancia entre ellos. Quizás el cuidador mostró enojo cuando debería haber mostrado compasión o alegría. Quizás el niño percibe al cuidador como peligroso por cualquier motivo. Esto hará que el niño esté ansioso, pero esencialmente mostrará comportamientos de evitación.

Alguien con exposición a personas ansiosas puede comenzar a ver algunas de las similitudes aquí. Una persona ansiosa puede molestarse cuando sus seres queridos se van y puede mostrar celos e ira cuando regresan. Una persona ansiosa puede evitar interactuar con su pareja, o puede parecer que no le importa cuando su pareja se va.

Capítulo 19: Beneficios de la meditación guiada

Lo más probable es que usted esté aquí ahora mismo porque ha escuchado aspectos asombrosos y transformadores que la meditación puede traer a su vida. Ya sea que esté buscando mejorar su salud mental, rendimiento, salud física o mejorar su relación con usted mismo o con los demás; la meditación podría ser la práctica perfecta para usted.

Beneficios para la salud mental

Desafortunadamente, hay muchas personas que padecen problemas de salud mental. Ya sea que esté lidiando con ansiedad, depresión o algo por el estilo; la meditación puede ayudarlo a mejorar su mentalidad cuando se practica con regularidad.

Disminuye la depresión

En un estudio realizado en Bélgica, se asignó a 400 estudiantes a un programa de atención plena en clase para ver si podía reducir su estrés, ansiedad y depresión. Se encontró que, a los seis meses, los estudiantes que practicaban tenían menos probabilidades de desarrollar síntomas similares a la depresión. Se descubrió que la meditación de atención plena podría ser tan eficaz como un fármaco antidepresivo.

En otro estudio, se pidió a las mujeres que estaban pasando por un embarazo de alto riesgo que participaran en un ejercicio de yoga de atención plena durante diez semanas. Después de que pasó el tiempo, se descubrió que había una reducción significativa de los síntomas que a menudo provoca la depresión. Además del beneficio de menos depresión, las madres también mostraron signos de tener un vínculo más intenso con su hijo mientras aún estaba en el útero.

Reduce la ansiedad

En general, la meditación puede ser más conocida por los beneficios para la salud mental de reducir los síntomas asociados con la ansiedad y la depresión. Se encontró que, a través de la meditación, las personas que practicaban la meditación como *Vipassana* o "Meditación de Monitoreo Abierto", podían reducir la densidad de materia gris en sus cerebros. Esta materia gris está relacionada con el estrés y la ansiedad. Cuando las personas practican la meditación, ayuda a crear un entorno en el que pueden vivir momento a momento en lugar de quedarse estancados en una situación.

Mientras practica la meditación, la mentalidad positiva puede ayudar a regular la ansiedad y los trastornos del estado de ánimo asociados con los trastornos de pánico. Se publicó un artículo en el *American Journal of Psychiatry* basado en veintidós pacientes diferentes que tenían trastornos de pánico o ansiedad. Después de tres meses de relajación y meditación, veinte de los veintidós pudieron reducir los efectos del pánico y la ansiedad.

Beneficia el rendimiento

Cuando pueda relajarse, se sorprenderá de lo mejor que podrá funcionar su cerebro. Al dejar ir el estrés, deja espacio para pensamientos positivos en su cabeza y podrá tomar mejores decisiones por sí mismo. Es una situación en la que todos ganan cuando puede mejorar su estado de ánimo y su rendimiento simplemente con la meditación.

Mejora la toma de decisiones

Un estudio realizado en UCLA encontró que para las personas que practicaron la meditación durante mucho tiempo, tenían una mayor cantidad de reificación en el cerebro. Este es el "plegamiento" a lo largo de la corteza, que está directamente relacionado con el procesamiento de información más rápido. En comparación con las personas que no practican la meditación, se descubrió que los meditadores podían formar recuerdos más fácilmente, tomar decisiones más rápidas y podían procesar información a un ritmo mayor en general.

Mejora el enfoque y la atención

Otro estudio realizado en la Universidad de California sugirió que, a través de la meditación, los sujetos pueden aumentar su enfoque en las tareas, especialmente las que son aburridas y repetitivas. Se encontró que incluso después de solo veinte minutos de práctica de meditación, las personas pueden aumentar sus habilidades cognitivas diez veces mejor en comparación con aquellos que no practican la atención plena.

En la misma línea, se cree que la meditación puede ayudar a controlar a quienes tienen TDAH o trastorno por déficit de atención con hiperactividad. Se realizó un estudio en cincuenta adultos que tenían TDAH. El grupo fue sometido a una terapia cognitiva basada en la atención plena para ver cómo afectaría su TDAH. Al final, se encontró que estas personas podían actuar con conciencia mientras reducían tanto su impulsividad como su hiperactividad. En general, pudieron mejorar su falta de atención.

Alivia el dolor

Se ha dicho que es posible que la meditación pueda potencialmente aliviar mejor el dolor en comparación con la morfina. Esto puede ser posible debido al hecho de que el dolor es subjetivo. Se realizó un estudio sobre trece maestros *Zen* en comparación con trece no practicantes. Estos individuos fueron expuestos a un calor doloroso mientras se observaba su actividad cerebral. Los maestros informaron menos dolor y la producción neurológica también informó menos dolor. Esto demuestra que el dolor es realmente un aspecto mental.

En la misma línea, el entrenamiento de la atención plena también podría ayudar a los pacientes que han sido diagnosticados con fibromialgia. En un estudio, hubo once pacientes que pasaron por ocho semanas de entrenamiento para la atención plena. Al final del estudio, la salud general de estas personas mejoró y reportaron más días buenos que malos.

Ayuda en las multitareas

Si bien la multitarea puede parecer una buena habilidad en algunos momentos, también es una excelente manera de sentirse abrumado y estresado. Desafortunadamente, la multitarea puede ser muy peligrosa para su productividad. Cuando le pide a su cerebro que cambie de marcha entre las actividades, esto a menudo puede producir distracciones de su trabajo.

Se realizó un estudio con estudiantes de la Universidad de Arizona y la Universidad de Washington. Estas personas fueron sometidas a ocho semanas de meditación de atención plena. Durante este tiempo, los estudiantes tuvieron que realizar una prueba estresante demostrando la multitarea antes y después del entrenamiento. Se demostró que quienes practicaban la meditación podían aumentar su memoria y reducir su estrés mientras realizaban múltiples tareas.

Aporta beneficios físicos

Si bien las mejoras mentales son beneficios fantásticos de la meditación, los beneficios físicos pueden ayudar a motivar a las personas a comenzar a meditar también. Desafortunadamente, el estándar de salud es recurrir a la medicación. Si usted es una persona que odia tomar pastillas por cada problema que tiene; la meditación puede ser justo lo que necesita para ayudar a mejorar su salud.

Reduce el riesgo de accidente cerebrovascular y enfermedad cardíaca

Se ha descubierto que la enfermedad cardíaca es una de las principales causas de muerte en el mundo en comparación con otras enfermedades. A través de la meditación, es posible que pueda reducir el riesgo de sufrir enfermedades cardíacas y accidentes cerebrovasculares.

Se realizó un estudio en 2012 para un grupo de doscientas personas de alto riesgo. A estas personas se les pidió que tomaran una clase sobre salud, ejercicio o una clase sobre meditación. Durante los cinco años, se descubrió que las personas que eligieron la meditación pudieron reducir su riesgo de muerte, accidente cerebrovascular y ataques cardíacos a casi la mitad.

Reduce la presión arterial alta

En un estudio clínico basado en la meditación, también se encontró que ciertas meditaciones *Zen*, como *Zazen*, tienen la capacidad de reducir tanto el estrés como la presión arterial alta. Se cree que las técnicas de respuesta de relajación podrían reducir los niveles de presión arterial después de tres cortos meses de práctica. ¡A través de la meditación, las personas tenían menos necesidad de medicamentos para la presión arterial! Esto podría deberse potencialmente al hecho de que cuando nos relajamos, ayudamos a abrir los vasos sanguíneos mediante la formación de óxido nítrico.

Ayuda a vivir una vida más larga

Cuando se deshace del estrés en su vida, es posible que se sorprenda de cuánto más enérgico y saludable se siente. Si bien la investigación aún no ha llegado a una conclusión, hay algunos estudios que sugieren que la meditación podría tener un efecto en la longitud de los telómeros en nuestras células. Los telómeros están a cargo de cómo envejecen nuestras células. Cuando hay menos estrés cognitivo, ayuda a mantener los telómeros y otros factores hormonales.

Aporta positivamente en la relación

Hay algunas personas que buscan un poco más de paz en su vida. En el mundo en el que vivimos hoy, los tiempos pueden ser muy difíciles. Hay plazos constantes, facturas que pagar, personas con las que lidiar; pero ahora es el momento de considerar los factores estresantes en su vida en una vida diferente. A través de la meditación, puede convertirse en una persona más solidaria y empática para crear una vida más pacífica para usted.

Mejora la empatía

Cuando pasamos por situaciones estresantes con personas desagradables, puede ser muy difícil mantener la empatía. Existe una tradición budista de practicar la meditación de bondad amorosa que puede ayudar a fomentar un sentido de cuidado hacia todos los seres vivos. A través de la meditación, podrá mejorar la forma en que lee las expresiones faciales y adquirir la capacidad de empatizar con los demás. Cuando tienes una actitud amorosa hacia sí mismo y hacia los demás, esto ayuda a desarrollar una relación positiva con ellos y un sentido de autoaceptación.

Disminuye los sentimientos de soledad

Hay muchas personas que no están de acuerdo con estar solas. Muchas veces, tratamos de llenar nuestro tiempo con actividades para que nunca estemos solos con nosotros mismos. La verdad es que puede ser saludable pasar algún tiempo consigo mismo para que pueda reflexionar sobre sus elecciones de vida. En un estudio publicado en *Brain, Behavior, and Immunity*, se demostró que después de treinta minutos de meditación al día, podía reducir la sensación de soledad de las personas al tiempo que reducía los riesgos de muerte prematura, depresión y tal vez incluso Alzheimer.

Además de sentirse menos solo, la meditación también abre nuevas puertas para sentir una conexión positiva consigo mismo. Cuando se ama y está contento con su propia compañía, es posible que dedique mucho menos tiempo a pensamientos negativos y sentimientos de inseguridad; ambos pueden conducir a estrés auto causado.

Capítulo 20: Reentrenamiento de la mente

La terapia cognitiva conductual (TCC) enseña la importancia de prestar atención a los comportamientos y aumentar la frecuencia de actividades positivas a través de la activación conductual. Ha aprendido sobre los elementos clave de la experiencia: pensamientos, emociones, comportamientos y sensaciones corporales. Ha aprendido las trampas comunes del pensamiento. Ha comenzado a aprender cómo se usa el registro de pensamientos en TCC para conectar pensamientos y sentimientos automáticos con situaciones particulares que surgen en la vida diaria, y cómo la TCC define una serie de trampas del pensamiento en las que la gente suele caer. El hecho de que haya aprendido todo esto ya es un logro.

Sin embargo, es posible dar un paso más en su comprensión de esta terapia. Lo que aprenderá ahora es cómo enseña a las personas activamente a disputar pensamientos automáticos que involucran trampas de pensamiento. Pero antes de entrar en detalles, será útil tener algunos antecedentes sobre el modelo cognitivo en el que se basa la TCC. De esa manera, estará en una mejor posición para comprender qué es lo que un paciente de TCC está tratando de hacer cuando están discutiendo sus pensamientos. Hagamos un recorrido rápido por el modelo cognitivo.

La revolución cognitiva

No fue hace mucho tiempo que se inventó la computadora. Incluso más recientemente, las computadoras se convirtieron en parte de nuestra vida cotidiana. Muchos de nosotros podemos recordar cuando las primeras computadoras personales salieron al mercado en las décadas de 1980 y 1990. Desde su invención, las computadoras han cambiado muchos aspectos de la vida y han afectado la forma en que pensamos sobre nosotros mismos.

Un área muy grande de cambio ocurrió en psicología. Los psicólogos comenzaron a reemplazar las formas de comprender la mente y el cerebro por una comprensión basada en computadora. Empezaron a pensar que la mente funcionaba como una computadora. Más importante aún, así como las computadoras funcionan para procesar información, también puede hacerlo la mente humana. Y así como las computadoras pueden funcionar mal en el procesamiento de información, también puede hacerlo la mente humana. Para comprender mejor esta idea, imagine a un usuario que está usando una computadora para realizar una operación aritmética básica, como sumar 2 + 2. El usuario ingresa "2 + 2" en la computadora y procesa la entrada para obtener una respuesta: "4".

Ahora imagine a este mismo usuario que se enfrenta a una computadora rota y que no funciona correctamente. Ingresa "2+2" en la computadora, pero cuando procesa la entrada, genera algo falso: "5". Así como una computadora puede fallar al procesar la información correctamente, la mente humana también puede fallar al procesar adecuadamente la información que se le presenta. El desarrollo en psicología del pensamiento de la mente como una computadora se conoce como la "revolución cognitiva".

Esta revolución psicológica ha permitido nuevos enfoques para tratar la angustia mental como la depresión y la ansiedad. La terapia cognitivo-conductual surgió de este nuevo enfoque revolucionario. La TCC parte de la idea de que los trastornos de salud mental comunes pueden entenderse como que la mente no procesa correctamente la información que está recibiendo.

El modelo cognitivo de ansiedad y depresión

Según el modelo cognitivo, la ansiedad y los trastornos del estado de ánimo se producen cuando la mente comete errores al procesar la información en el entorno, lo que genera niveles de angustia más altos de lo apropiado. Los estados ansiosos y depresivos a veces son normales: se convierten en problemas cuando se desencadenan porque nuestros pensamientos automáticos están causando falsamente que surjan estos estados.

Pero no es útil para usted estar ansioso en situaciones en las que no existe una amenaza probable. Es la mente la que, como una computadora, procesa información sobre qué situaciones le amenazan y cuáles no. En los trastornos de ansiedad, esta función de procesamiento de información de su mente funciona mal. Es exagerar el nivel de amenaza al que se enfrenta. Por ejemplo, si ve un perro caniche miniatura con correa en el otro extremo del parque y siente mucha ansiedad, es probable que haya un problema con la forma en que su mente procesa la información. En los casos de trastornos de ansiedad, la mente funciona como un detector de humo que da "falsas alarmas".

Aunque puede parecer extraño pensarlo de esta manera, la capacidad de respuestas depresivas también puede sernos útil a veces. Los psicólogos evolucionistas han sugerido que ciertas respuestas depresivas pueden ser reacciones normales si hemos invertido nuestra energía en una persona o proyecto y luego enfrentamos una pérdida. Un período de mal humor y desapego en realidad puede ayudarnos a ayudar a la persona a retirar nuestra inversión en lo que hemos perdido para que pueda volver a invertir en cosas nuevas y seguir adelante con nuestras vidas. Es posible que esté familiarizado con esta idea si alguna vez ha pasado por el "proceso de duelo" que a menudo ocurre después de una transición o pérdida importante.

Pero experimentar un estado depresivo solo es útil para usted si está sucediendo como parte de un proceso constructivo, como superar una pérdida. No es útil para usted si se está deprimiendo mucho y no se está desarrollando tal proceso. Según el modelo cognitivo, en los trastornos depresivos, la mente está funcionando mal en la forma en que procesa la información, lo que hace que las situaciones parezcan mucho más negativas de lo que realmente son.

Se sabe que las mentes de las personas deprimidas producen una corriente de pensamientos negativos que no proporcionan una imagen completa y equilibrada de las situaciones en las que se encuentran. Estos incluyen pensamientos negativos sobre sí mismos, los demás, el mundo y el futuro. Por ejemplo, si alguien que está deprimido no aprueba un examen, sus pensamientos pueden interpretar la situación a través de una lente extremadamente negativa como una situación de desesperanza.

Cuestionar pensamientos automáticos

Así como una computadora que funciona mal se puede reprogramar, también se puede reprogramar una mente humana que funciona mal para crear ansiedad o depresión excesivas. Para reprogramar la mente, una persona deberá prestar atención deliberadamente a la forma en que interpreta automáticamente las situaciones de su vida. De esa manera, pueden iniciar un proceso de aprendizaje que resulte en la formación de nuevos hábitos de pensamiento, hábitos que no estén tan sesgados hacia interpretaciones negativas o catastróficas. Hay dos chaveteros para empezar a corregir los pensamientos automáticos que distorsionan la situación:

1. Haciendo preguntas que disputan o desafían pensamientos automáticos distorsionados.

2. Realizando "experimentos de comportamiento" en los que la persona entra deliberadamente en situaciones que proporcionarán evidencia directa contra pensamientos automáticos distorsionados.

Según la TCC, hay algunas preguntas clave que las personas pueden hacer acerca de sus pensamientos automáticos para reprogramar sesgos negativos o catastróficos en su pensamiento.

- ¿Cuáles son las pruebas a favor y en contra de mi interpretación de la situación?

- ¿Cuál es otra forma de ver la situación?

- ¿He pasado por alto alguna información importante sobre la situación?

- ¿Me resulta útil la forma en que estoy pensando?

- ¿Cómo podría otra persona (que no esté deprimida o ansiosa) ver la situación?

En un programa de la terapia, el terapeuta le hace al cliente preguntas como estas para ayudarlo a desafiar sus pensamientos automáticos. Este tipo de cuestionamiento se conoce como cuestionamiento "socrático", en honor al filósofo griego antiguo Sócrates.

Sócrates haría a la gente preguntas desafiantes en el curso de discusiones filosóficas que los llevarían fundamentalmente a repensar algunas de sus creencias básicas. Cuando alguien continúa con la terapia por su cuenta después de haber terminado de trabajar con un terapeuta, se le anima a que continúe haciéndose preguntas desafiantes como estas. De esta manera, uno de los objetivos de un programa de TCC es ayudar a las personas a convertirse en sus propios terapeutas.

Ilustremos este proceso considerando cómo 'Sam' comienza a hacerse preguntas que desafían algunos de los pensamientos automáticos relacionados con su ansiedad y depresión. Recuerde que, la semana pasada, cuando Sam se despertó una mañana y revisó su correo electrónico, descubrió un correo electrónico de su gerente. De inmediato, comenzó a entrar en pánico y a sentirse mal. Su pensamiento automático fue "debo estar en problemas". Cuando encontró el coraje para leer el correo electrónico, resultó que su gerente le estaba preguntando sobre su plan de regreso al trabajo. Sam identificó esto como adivinación ya que estaba anticipando un mal evento (metiéndose en problemas) pero no tenía evidencia directa de que esto iba a suceder.

Ya hemos visto cómo Sam completó las primeras cuatro columnas (que veremos más adelante) de su registro de pensamientos. Ahora podemos centrarnos en las dos últimas columnas. En estas columnas, ella disputará el pensamiento automático, "Debo estar en problemas", para llegar a un pensamiento más equilibrado.

5. Disputa: pruebas a favor y en contra

A favor: Mi gerente ha sido crítico en el pasado.

En contra: No me ha criticado en todas nuestras interacciones, y sé que no he hecho nada malo.

6. Nuevo pensamiento equilibrado y realista

"Aunque existe la posibilidad de que mi gerente se enoje conmigo, no hay ninguna buena razón para que ella esté enojada conmigo ahora".

Observe la cuestión que Sam se plantea a sí misma al cuestionar su pensamiento automático de estar en problemas. Ella hace la primera pregunta listada arriba: ¿Cuál es la evidencia a favor y en contra de mi interpretación de la situación? A muchas personas les resulta útil comenzar con esta pregunta.

Pero la elección de qué pregunta o preguntas hacer es una cuestión de preferencia. En cambio, Sam podría haber optado por centrarse en la pregunta "¿Cómo podría otra persona (que no está deprimida o ansiosa) ver la situación?" En ese caso, es posible que le haya recordado a un amigo o familiar al que le va bien emocionalmente y que habría ignorado el correo electrónico del gerente sin tomar en serio la posibilidad de que estuvieran en problemas. Para ilustrar mejor la disputa de pensamientos, consideremos un segundo ejemplo.

Sam planeaba ir al gimnasio a hacer ejercicio después del almuerzo, ya que descubrió que esto la estaba ayudando a sentirse mejor. Pero mientras estaba almorzando, comenzó a pensar en el trabajo y pensó: "Nunca seré buena en mi trabajo". Esto la deprimió y le hizo perder la motivación para ir al gimnasio. Ese día, se dio cuenta de que este pensamiento había descarrilado sus planes de cuidar de sí misma. Completó una entrada en su registro de pensamientos.

Así es como se ve la entrada de Sam en su registro:

1. Evento de activación

Miércoles: Almorzando, comencé a pensar en el trabajo.

2. Creencia / Pensamiento

"Nunca seré bueno en mi trabajo".

3. Consecuencias: emociones, comportamientos, sensaciones corporales

Tristeza, poca energía, recostarse en el sofá (en lugar de ir al gimnasio).

4. Trampa del pensamiento

Pensamiento de todo o nada

5. Disputa: pruebas a favor y en contra

A favor: mi nuevo gerente me ha criticado por los errores que cometí en mi trabajo

En contra: He hecho muy buen trabajo y mis otros compañeros acuden a mí cuando tienen preguntas.

6. Nuevo pensamiento equilibrado y realista

"Aunque no he sido perfecto en mi trabajo, hay muchas cosas que hago bien y mucha gente cree que soy buena en mi trabajo".

En esta entrada de registro de pensamientos, Sam decidió centrarse en la trampa del pensamiento del pensamiento de todo o nada. También puede haber otras trampas del pensamiento (como adivinación o filtro mental). Pero a menudo es útil concentrarse en el que se destaca de manera más prominente en la situación. En este caso, Sam estaba sorprendida por la forma en que sus pensamientos automáticos le habían hecho parecer que ella era completamente buena o completamente mala en su trabajo. De hecho, la realidad se encuentra en algún punto intermedio.

Capítulo 21: Soluciones para la ansiedad en las relaciones

La tensión puede ser difícil de controlar. Sin embargo, hay soluciones, y cuando ve a alguien, esas soluciones se pueden resolver por completo. Aunque algo de ansiedad en una relación es normal, tenerla como norma puede volverla dañina y dañar regularmente a la persona que más ama. Para algunas personas que sufren de ansiedad, saltar de una relación a otra ayuda a aliviar su ansiedad solo por un período corto, cuando la inseguridad vuelve a aparecer. Regularmente se les deja preguntando por qué sus conexiones fallan constantemente, sin comprender nunca por completo que es su ansiedad lo que aleja a las personas.

Los estudios han indicado que las personas con poca confianza tienen niveles mucho más elevados de inseguridad, especialmente en su relación. Les impide hacer una asociación profunda y significativa con sus cómplices. Las personas con poca confianza no solo necesitan que su pareja las vea con una luz superior a la que se ven a sí mismas.

Sin embargo, en momentos de duda, experimentan dificultades, en cualquier caso, para percibir las confirmaciones de su cómplice. Actuar sus inseguridades empuja a su pareja más lejos, creando una profecía autocumplida, y debido a que esta lucha es interna y continúa la mayor parte del tiempo, la ansiedad se agrava. Es fundamental gestionar sus debilidades sin involucrar a su pareja en ellas. Puede hacer esto siguiendo dos pasos:

1. Descubra las verdaderas raíces de nuestra inseguridad.

2. Desafíe a su crítico interior que sabotea la relación.

Debe configurar de dónde proviene su incertidumbre independientemente. Nada provoca daños inaccesibles como una relación acogedora y estar abierto a alguien. Nuestras conexiones generan viejos sentimientos de nuestro pasado más que cualquier otra cosa. Nuestros cerebros incluso están inundados con los mismos neuroquímicos en ambas situaciones. Nuestro primer ejemplo puede moldear nuestras conexiones adultas.

Su estilo de conexión afecta el tipo de cómplices que elegimos y los elementos que suceden en nuestras relaciones. Un diseño de conexión segura anima al individuo a estar progresivamente seguro y distante. En el momento en que alguien tiene un estilo de conexión nervioso o absorto, es probable que se sienta inestable con su pareja.

Es un misterio supervisar y vencer las obstrucciones que hacen que experimente los efectos nocivos de su malestar. El secreto es reconocer que los obstáculos que le asustan y hacen que sus cavilaciones negativas sean la forma de seguir adelante con una vida confiable y segura. Cuando capte estos impedimentos y elija superarlos, tendrá la opción de comenzar a desarrollar una atención más profunda sobre dónde y cuándo se originan sus debilidades.

En el momento en que comience a usar su ansiedad como un recordatorio consciente de que sus inseguridades y desconfianza están asomando su cabeza; puede manejar mejor las consecuencias de manera positiva. Además, aquí están las noticias alentadoras: todas las debilidades son una oportunidad para beneficiarse de algún trabajo para mejorar. Cuando empiece a concentrarse, y nunca más estará determinado por su malestar y sus incertidumbres, tendrá la opción de dar algunos pasos increíbles para reforzar su relación. Estos pasos son los siguientes:

Perdonar el pasado

Dado que la parte más importante de sus inseguridades ha sido formada por un miembro de la familia o una figura de autoridad que lo reprendió, reconozca esto y trate de identificar quiénes son. En ese momento, comience a disculparlos gradualmente. Defienda y comprenda que fueron impulsados por sus debilidades, luchando, y muy probablemente luchando con sus propios espíritus malignos.

La gente no es perfecta y, dado que sigue adelante de forma incompleta, nosotros en general lo hacemos. Esto no significa que estuvieron correctos en lo que hicieron, sino que, en cambio, puede usted comprender que también estaban luchando en sus propias luchas. Perdonarles por su mal comportamiento será curativo para usted, porque aferrarse al resentimiento no le ayuda. Cuando se va del pasado, puede comenzar a recuperarse, lenta y cuidadosamente.

Reconocerse a sí mismo, el grande y el terrible

Haga una pausa por un minuto para descansar y hacer una autoevaluación de su vida y de cómo la está viviendo. Fíjese en las partes de sí mismo, tanto de su cuerpo como de su identidad interna, que no le interesa o que quizás quiera cambiar. Ahora, investigue estas partes de sí e intente imaginar el amor por sí mismo. Considérese un individuo completo formado por partes grandes y defectuosas.

Reconozca que merece amor como compañero, ya que todo el mundo, sin respetar sus defectos, tiene derecho a ser adorado. En caso de que esté combatiendo, intente imaginar por qué ama a su compañero, en cualquier caso, dándose cuenta de que tiene defectos. De la misma manera que ama a su compañero; debe mostrarse amor a sí mismo.

Empezar a ensayar la autoaprobación

La inseguridad lleva a un individuo a buscar el respaldo de otros. Si ve que necesita el aplauso y la consideración de otra persona, intente detenerse por un minuto y suplantar ese requisito de apoyo con autoaprobación. Cuando elimina la intensidad de la aprobación de los demás y comienza a dar su respaldo, mueve el poder de la certeza trabajando para usted.

Tener el consentimiento de otra persona es decente; sin embargo, contar con su propio apoyo es innovador. Trate de no entender mal; esto no significa que esté despreciando o que no necesite asociarse con otros, o el amor de su pareja. En cualquier caso, puede ser adorado por su cómplice mientras, además, ensaya la autoaprobación.

Dejar de compararse

Compararse a sí mismo y cómo se ven los demás, lo que están haciendo, lo fructíferos que son o la cantidad que tienen nunca es una correlación significativa. Esta conducta le lastima efectivamente, así que en lugar de sentirte deseoso o contrastarte con otra persona, cambia su punto de vista. Comprenda que es único y que compararse con otra persona es como intentar comparar una manzana con una naranja.

Intente ser alegre por ellos y feliz en su prosperidad, entendiendo que están en un camino alternativo a usted y que también tienen sus propios problemas. Cuando les desea lo mejor a todos y acepta el camino en el que se encuentra, elimina el poder de la ansiedad sobre usted y puede ser feliz para usted y los demás. Honestamente, hay alguien que podría estar escuchando y que probablemente también esté contrastando con usted.

Descubrir cómo confiar

Al usar los dispositivos y ensayarlos, cuando el nerviosismo ascienda de forma constante y constante, podrá confiar en sí mismo. En el momento en que puede crear confianza en el momento en que puede apoyar, puede apreciar el minuto sin que domine el nerviosismo. Descubrir cómo ser confiable en ese momento supone un esfuerzo de creación. Recuerde que descubrir cómo creer en sí mismo es indistinguible de descubrir cómo confiar en otra persona.

En cualquier caso, cuando pueda decir en sí mismo y confiar en que conocerá la distinción entre tensión e indicaciones genuinas de amenaza, usted y su pareja tendrán la opción de comenzar a apreciar nuevamente la conversación del otro.

Mientras recorre su camino hacia la recuperación y la alegría, descubrirá constantemente cosas que incitarán su nerviosismo; sin embargo, cuanto más consciente se vuelva y cuanto más practique los métodos en esto, más simple será salir de la tensión total. En poco tiempo, terminará siendo aún más tolerante consigo mismo y con el amor de su cómplice. Juntos tendrán la opción de fabricar su relación con un lugar confiable que ambos puedan apreciar sin temor ni odio.

Después de leer detenidamente las partes anteriores sobre el tipo de conexión, debe darse cuenta de su estilo de conexión. Esto es útil porque puede ayudarlo a lograr formas en las que podría estar reproduciendo una dinámica de hace bastante tiempo. Puede ayudarlo a elegir mejores compañeros y estructurar conexiones más ventajosas, lo que puede cambiar su estilo de conexión. Puede hacerse cada vez más consciente de cómo sus sentimientos de fragilidad podrían perderse debido a algo antiguo en lugar de la relación actual. Al cambiar su tipo de conexión, puede combatir la tensión con una conducta real y un cómplice afectuoso y constante para usted.

Sus debilidades también pueden originarse en la voz interior esencial que ha disfrazado dependiente de la programación negativa desde hace bastante tiempo. Este experto interno, en general, será excepcionalmente vocal sobre las cosas que realmente le importan, similar a sus conexiones. Las conexiones desafían las emociones centrales que tiene sobre sí mismo y le sacan de su rango habitual de familiaridad. Aumentan el volumen de su voz interior y reabren heridas no resueltas del pasado. Si ya es usted negativo o tiene tendencia a ser autocrítico, las relaciones amplificarán su ansiedad, a menudo forzando la negatividad a aflorar.

Aquí hay un resumen de cómo lidiar con la tensión en su relación a través de cada situación y ayudarlo a recuperarse y seguir adelante.

- Piense en lo que está causando sus celos. Puede pensar en qué sentimientos, individuos y sensaciones le causan deseos e inundar su cerebro con pensamientos envidiosos. ¿Lo que siente está relacionado con una ocasión pasada? Quizás sea una relación familiar o una percepción negativa existente de su infancia. Cuando pueda asociar sus sentimientos y erupciones con las cosas que ocurrieron en su pasado, tendrá una forma más precisa sobre el método más competente para trabajar con esos sentimientos en el presente.

- Permanezca vulnerable y mantenga la calma en el presente. No importa lo envidioso que sea, hay continuamente un enfoque para descubrir el camino de regreso a su yo real y apaciguar su punto de vista. Esto debería ser posible tolerando que es humano y manejando sus sentimientos con misericordia. Recuerde que el deseo y la tensión viajan por todas partes en oleadas; se construirán paso a paso y morirán después de algún tiempo. Puede reconocer su envidia y reconocer sus sentimientos sin responder a ella.

- Recuerde siempre que existen dispositivos de aprendizaje que le ayudan a superar sus celos sin compensar en exceso. Aliviar las respiraciones y los largos paseos son solo una parte de las estrategias que lo ayudarán a calmarse. Recuerde que es más sencillo calmarse cuando no soporta o no se sintoniza con las palabras y pensamientos negativos que se originan en su crítico interno. Adquirir el truco de los procedimientos de silenciamiento puede resultar problemático; sin embargo, es un aparato teórico para ayudarlo a enfrentar sus reflexiones esenciales.

- Deje de comportarte mal: la voz interna que le hace explotar y le guía para arremeter contra su cómplice o compañero causa un daño a largo plazo en sus conexiones. Si permite que se salga de control y está atrapado en una mirada de celos, incluso puede arruinar su relación. Esta es una forma de autosabotaje porque los celos le hacen arremeter o castigar a alguien que quiere sin que sea su culpa. Esto es particularmente válido para las personas en una relación. En el momento en que hace esto, está creando la misma situación que generalmente le asusta. Puede terminar perjudicando y socavando a su cómplice, lo que hace caso omiso de su adoración por usted. Esto, por lo tanto, intensificará sus sentimientos de duda y el temor de que lo abandonen. Es posible que accidentalmente los inste a que hagan un seguimiento de su conducta, lo que los disuadirá de usted.

- Encuentre seguridad en sí mismo: concentrarse en usted y encontrar su propio sentimiento de seguridad es lo mejor que puede lograr para los sentimientos de celos que desencadenan el nerviosismo. Puede que todavía no sea sencillo dar todos los pasos necesarios para calmar al experto dentro de usted y persuadirle de que estará bien, independientemente de si eso implica estar sin nadie más. Es fundamental el reconocer que no necesita molestarse con una persona explícita que le adora por completo y le hace feliz.

Capítulo 22: El propósito de la relación

¿Se dio cuenta de que las relaciones son incesantes y eternas? Muestran el karma y los lazos energéticos para desarrollar una manifestación increíble, a medida que los transmitimos en nuestra profunda aventura. En verdad, hemos estado conociendo almas esencialmente similares, una y otra vez, tratando de reparar nuestras heridas y descubriendo cómo relacionarnos con amor y empatía el uno por el otro, o posiblemente con la separación suficiente para romper cualquier vínculo tóxico o difícil.

De vez en cuando nos reunimos con ellos por un minuto y algunas veces mantenemos relaciones que duran años, dependiendo de lo que hayamos decidido intentar. Esta es la razón por la que puede sentir un momento de conexión o fascinación en ciertos individuos, al igual que una aversión hacia personas específicas y estas pueden incorporar parientes que se supone que debe amar. Sin duda, los parientes cercanos son con quienes normalmente compartimos el karma más negativo. Sin embargo, tenemos que encontrarnos con esas relaciones difíciles para determinar viejos patrones e inclinaciones entusiastas, para desarrollarnos y avanzar.

Las relaciones son de múltiples capas y alucinantes. En un nivel, nos asocian con el mundo, fortalecen las facultades físicas y llevan la diferenciación a nuestra experiencia del mundo real. En otro nivel, desencadenan el sentido de personalidad propia y activan la textura apasionada e inconsciente que es un establecimiento asombroso. Entonces, a pesar del hecho de que podemos pensar que sabemos con quién estamos entrando en una relación, es posible que no observemos realmente los patrones vibratorios ocultos que nos conectan con esa persona, ya que provienen del pasado.

Una parte de esos ejemplos tiene propósitos positivos de conexión (intereses compartidos, sueños, convicciones, aspiraciones, estándares, etc.) mientras que otros se muestran como luchas, ya que tocan las heridas con las que hacemos un intento decente de mantener una distancia estratégica y retirarse. La personalidad reconoce que la relación es generalmente autocumplida: brindan apoyo, sexo, amistad, etc. Los conflictos surgen cuando no se satisfacen nuestras necesidades de autoestima mental.

Sin embargo, desde una perspectiva significativa, se planea que las relaciones cercanas sean una etapa de aprendizaje para el autodesarrollo y el progreso personal. Sirven como espejos que muestran nuestro marco de convicciones, particularmente lo que aceptamos de nosotros mismos y reactivan las heridas emocionales pasadas que deben resolverse y tratarse.

Encuentre el propósito de sus relaciones

Elegimos relaciones para poner todas nuestras cosas en nuestra cara, por así decirlo, ya que así es más sencillo para nosotros lidiar con lo que necesita consideración. Obviamente, no es el único método para determinar nuestros problemas, sin embargo, dado que nos apegamos excepcionalmente a la persona con la que estamos en relación, tenemos la inclinación de que debemos manejarlos para detener el tormento y seguir adelante; a la luz del hecho de que necesitamos continuar o cortar la relación.

Obviamente, también podemos decidir no manejar nada y saltar de una relación, básicamente repitiendo y volviendo a experimentar un tipo similar de problemas con varios individuos, mientras nuestro ego intenta camuflarlos como algo totalmente nuevo. ¡No es de extrañar por qué se necesitan vidas para determinar nuestros problemas y encontrar un sentido de satisfacción con ciertas personas! Eso es hasta que lleguemos a comprender nuestra razón de estar en una relación y cambiemos nuestra perspectiva y enfoque.

Puede imaginar que necesita una pareja para la amistad o para encontrar el amor (de verdad, la vida es extrema y puede volverse triste), sin embargo, a nivel del alma, cada relación es una oportunidad para descubrir sobre sí mismo y recuperar las percepciones incorrectas, las percepciones incorrectas, comprensiones implícitas y propensiones negativas que ha estado transmitiendo durante bastante tiempo. Por así decirlo, tienen la intención de hacerle consciente de cuánto o qué poco se ama realmente. Entonces, ¿qué está reflejando su relación sobre usted mismo?

En el caso de que imagine que una relación cercana debería satisfacer cada una de sus necesidades, bueno, tengo una noticia para usted: ninguna relación por sí sola puede hacer eso. Puede utilizar cada oportunidad para moverse en la dirección de la autoconciencia y la libertad emocional, en lugar de permitir que su vida gire alrededor de los demás. Puede parecer una tontería, pero si realmente necesita establecer relaciones de adoración, primero debe descubrir cómo separarse de todos los demás y construir una relación profunda, cariñosa y significativa con la persona más notable de su vida: ¡Usted! Este se convierte en un ejemplo de todas las demás relaciones de su vida.

Descubra cómo estar enamorado del amor

Definitivamente, el amor no es un juego nostálgico y de satisfacción personal. El amor es su verdadera naturaleza. Además, en el caso de que realmente necesite encontrar el amor en una relación, debe cultivar su amor propio y elegir una pareja que haga lo mismo: alguien que no está creciendo no puede permitirle crecer.

En otras palabras, ambos necesitan establecer relaciones más afectuosas y amorosas con ustedes mismos primero y, además, estar abiertos y listos para darle al otro individuo la oportunidad de ser quien realmente es. Algo más, la propensión será a asociarse desde un lugar herido ajeno, simplemente intentando recuperar sus heridas a través del otro, mientras su pareja intenta hacer lo mismo.

Si se le pregunta, "¿Puede prestarme $500?" Es de suponer que buscaría en su billetera o en su bolsillo para verificar cuánto efectivo tiene. En la remota posibilidad de que no tenga ninguno, diría: "Lo siento, no tengo dinero en efectivo". Si tiene exactamente $500, no tendría ningún deseo de dar todo su dinero en efectivo, ¿no es así?

En cualquier caso, si tuviera $10,000 en su bolsillo, podría darme los $500 con decisión. Entonces, ¿cómo podría amar con transparencia sin sentir que se le está quitando algo, o sin anticipar algo en consecuencia, en el caso de que no desarrolle y renueve su autoestima todo el tiempo? Sin esa trampa para mantenerle comprometido y fuerte, definitivamente no es difícil agitarse en la relación.

No es porque ame en exceso, es el resultado directo de la ausencia de un punto focal de una sólida conexión interior consigo mismo. El deseo, el entusiasmo o los intereses compartidos son insuficientes para mantener una relación por mucho tiempo; inevitablemente se desdibujan y cambian. El amor y el desarrollo son columnas más sólidas para relaciones duraderas.

Entonces, le sugiero que se concentres primero en:

- Cultivar el amor en su interior y dejar que corra hacia los demás.

- Aborde sus temas intensos para asociarlos a nivel del corazón, no desde el sentido herido de la personalidad propia.

- Permanezca libre y apoye los ejercicios que lo mantengan enfocado y asociado con usted mismo.

- Esté enamorado del bien del amor y elija una pareja con quien compartir la búsqueda del desarrollo personal.

Sea independiente y conéctese desde el corazón

En el mundo disfuncional que vivimos hoy, el amor se ha convertido en un producto y un intercambio: ve a la gente diciendo que, si se les da lo que necesitan, van a dar amor o consideración en consecuencia. En el caso de que no se actúe de la manera que esperan, en ese momento, ocultan su amor. Nosotros, como un todo, adquirimos competencia con estos ejemplos entusiastas en la adolescencia temprana, y dan forma a convicciones que anulan el sentido de construir relaciones que rezuman amor. En lugar de nutrir y permitir que el amor se desarrolle, esperamos y pedimos más. Y si no podemos salirnos con la nuestra, nos sentimos insatisfechos y resentidos. Nos volvemos egocéntricos en lugar de amarnos a nosotros mismos.

En cualquier caso, a medida que las energías femeninas del planeta siguen reclamando su lugar, se nos pone a prueba para auditar, volver y reconsiderar nuestras relaciones, y construir relaciones de adoración en participación creativa, entre nosotros y en nuestras comunidades.

Esto es necesario para apoyar el reequilibrio de los estándares masculino y femenino en la Tierra. Claramente, parece ser más difícil de lo que cabría esperar, sobre la base de que durante una gran cantidad de años hemos contribuido con una enorme cantidad de energía a establecer las relaciones basadas en el poder con las que estamos tan familiarizados, sin embargo, podemos comenzar a alterar eso ahora. Ha llegado el momento y está completamente respaldado si está feliz de tener otra cosmovisión en las relaciones.

Para llegar allí, es importante asumir toda la responsabilidad por su prosperidad entusiasta y romper el ciclo kármico de relaciones intensas de batalla que surgen de una dinámica de culpa individual herida. De lo contrario, estará desperdiciando oportunidades extraordinarias de encontrar lo que realmente es el amor y reconectarse con su naturaleza celestial y con otras personas que podrían estar buscando precisamente lo mismo que usted buscas, 'su verdadero yo'.

Capítulo 23: Establecer una meta para una relación saludable

En las relaciones para tener éxito, como en todas las áreas de la vida, necesita saber lo que quiere. Si bien por pura suerte puede encontrar una relación exitosa, es útil tener claro cuál es su objetivo. Esta aclaración se puede utilizar para indicarle la dirección generalmente correcta y guiarle en el camino.

En términos generales, lo que contribuye a un vínculo estable en la infancia siempre contribuye a una relación adulta segura. Por lo tanto, debe pensar que las relaciones tienen las siguientes características básicas: disponibilidad emocional: los niños necesitan estar física y emocionalmente cerca de sus padres para que se sientan seguros, pero las relaciones adultas dependen más de las parejas emocionalmente cercanas.

Aunque las separaciones y las relaciones románticas a larga distancia pueden desencadenar una tensión, no necesariamente son un factor decisivo. Los compañeros deben aceptar las necesidades de los demás y responder a ellas. Cuando su pareja permanece emocionalmente distante o agresiva, es probable que se sienta aislado, ignorado o descartado, y puede que dude de su valía como individuo.

Refugio seguro

Al igual que un niño corre hacia su madre cuando se siente amenazado o molesto, las parejas en una relación estable se vuelven el uno al otro en tiempos difíciles cuando necesitan consuelo o apoyo. Dado que la vida a menudo requiere al menos algo de dolor y desafíos fatigosos, es vital tener una pareja que esté dispuesta a brindar apoyo, ayuda y alivio de esos problemas.

Los problemas de la vida son menos superados por personas que saben que tienen este confiable "puente en una tormenta". Desafortunadamente, si su pareja lo rechaza o lo critica, entonces no se volverá hacia él; o si se vuelve hacia él, eventualmente se sentirá insultado.

Base segura

Para sentirse realizados en la vida y verdaderamente amados en una relación, es importante que las personas puedan perseguir los deseos de sus corazones, o incluso simplemente poder explorar cuáles podrían ser esos deseos. Las asociaciones saludables son barcos donde los compañeros promueven y apoyan estas actividades.

Cuando piense en estos atributos de una asociación saludable, tenga en cuenta que, para construirlos, todos los compañeros trabajarán juntos. Los compañeros deben poder estar de acuerdo en que es necesario para la disponibilidad emocional; seguridad y relajación, proporcionando un refugio seguro en tiempos de problemas; y solidario, haciendo de la relación una base estable desde la cual explorar el mundo.

Si bien probablemente le preocupa más que su pareja pueda darle estos "regalos", es igualmente vital para él poder aceptarlos, ya que una relación abierta y recíproca, se alimenta de dar y recibir. De la misma manera, es importante que pueda dar y recibir en diferentes situaciones.

¿Qué buscar en un compañero?

La persona mejor calificada para estar allí para usted de esta manera técnicamente hablando tiene los atributos que se mencionan a continuación. Ofrezco esto con la calificación de que alguien cuyas características no coincidan con partes de esta lista podría satisfacer sus necesidades. Eso es perfecto. Esto solo tiene la intención de ser una guía aproximada, como algo a considerar (aunque seriamente considerado) mientras busca un nuevo compañero o evalúa qué tan bien la persona a su lado está satisfaciendo sus necesidades. Siendo este el caso, desea un compañero que sea:

Bien apegados y maduros

Dado que estas personas tienen confianza en sí mismas y en sus relaciones, pueden tener intimidad emocional, así como seguir persiguiendo intereses personales e independientes con ellas mismas y con sus parejas. También somos capaces de hablar de ellos mismos y de sus vidas de una manera accesible, reflexiva y vinculada emocionalmente. Esto les permite reconocer sus limitaciones y admitir sus errores de una manera no defensiva, todo sin sacrificar su sentido positivo de sí mismos. Al comprender que otras personas tienen defectos similares, perdonarán rápidamente a sus cónyuges.

Comunicadores exitosos

Estos compañeros son excelentes para escuchar y comunicarse, lo que les permite nutrir y mantener relaciones cercanas. También pueden trabajar juntos a través de disputas. Tienen estas habilidades en parte porque son intrínsecamente excelentes para detectar y controlar sus emociones, una ventaja definitiva cuando intenta comunicarse y superar los desafíos que ocurren naturalmente en una relación emocionalmente íntima.

Agradecidos

Enamorarse no es suficiente. Dado que las relaciones se crean en conjunto, solo le harán feliz a largo plazo si su pareja le ama y le apoya, y trabaja para expresarlo. Debe darle a su pareja el interés de conocerle. Y, si bien al principio es una curva de aprendizaje empinada, el viaje para conocerle mejor nunca debería estar completamente estancado. Siempre estará más feliz con la orientación y la motivación para perseguir sus intereses personales y alcanzar su máximo potencial.

Sociables y empáticos

Disfrutar del tiempo juntos es fundamental. En términos generales, esto significa tener al menos algunos intereses compartidos. Sin embargo, también significa hacer cosas juntos, incluso si esto realmente incluye participar en conversaciones. Compartir los valores de los demás, o al menos honrarlos, es muy importante para una relación a largo plazo. Y cuanto más influye en esos ideales en la vida cotidiana, más importante es compartirlos. Por ejemplo, cuando uno de los compañeros está dispuesto a tener hijos y el otro está completamente en contra, la catástrofe aguarda.

Listos para una asociación

El compañero debe poder perseguir la asociación. Esto significa dedicar tiempo y prestarle atención, tanto cuando están juntos físicamente como cuando están separados. Nuevamente, es importante tener en cuenta que no es necesario encontrar al Sr. o la

Sra. Perfecto, lo cual está bien, porque no hay ninguno de esos hombres o mujeres.

Eso puede resultar una búsqueda interminable, con la esperanza de encontrar una mejor persona a la vuelta de la esquina. Lo que necesitas es considerar al Sr. o la Sra. 'bueno para mí', en su lugar. No estoy sugiriendo que se conforme con alguien con quien no esté realmente feliz, pero asegúrese de tener claras sus prioridades. Para esa base estable, podrá tolerar un poco de desorden, o poco interés en escalar una escalera corporativa, o cualquier otra "falla" mucho más fácil, e incluso podría llegar a entender eso.

Por ejemplo, una advertencia final: no se apresure a dejar atrás una cita "agradable pero aburrida".

Al cultivar una relación, se sienta usted seguro

Puede ser completamente divertido ver a las parejas bailar juntas. Ver a dos personas fluir en movimientos perfectamente sincronizados es fascinante. Aquellos que tienen más éxito aparentemente están conectados por alguna fuerza magnética. Verlos bailar ofrece la sensación indirecta de compartir una relación maravillosa con otro. ¿Qué podría ser más seductor que esto?

Querrá alimentar una relación después de encontrar una pareja romántica, que puede sentirse como ese baile perfectamente coordinado en su mejor momento. Los dos trabajarían bien juntos en una relación de este tipo, se comunicarían eficazmente y confiarían el uno en el otro, todo mientras están en sintonía entre sí. Aún querría que fuera un esfuerzo coordinado, incluso en el peor de los casos. Encontrarían formas de aceptar y trabajar con las diferencias entre ustedes, en lugar de tratar de obligarse a cambiar.

Parte de la belleza de disfrutar de una relación tan solidaria es que le ayuda a sentirse más seguro consigo mismo y también con su relación.

Autorrevelación

Sus experiencias iniciales con un socio potencial preparan el escenario para cómo se desarrollará la historia de su relación. Todo irá sin problemas desde el principio si los dos se abren en sincronía. Uno de ustedes comparte algo personal y el otro responde con empatía, simpatía y una revelación de naturaleza similar. Ambos se sienten más fuertes y están motivados para compartir más, para profundizar el nivel de apertura. También desarrollan un sentido de seguridad y fe en la compañía del otro mientras disfrutan de esos momentos íntimos. El amor y el cariño que surgen naturalmente de estas relaciones son necesarios para mantener una relación sana a largo plazo.

Si tiene un estilo de apego inseguro, llegar a conocerse con este tipo de toma y probablemente no saldrá bien. Por ejemplo, puede esperar que expresar muchos de sus problemas a la vez gane la atención, el consuelo y la tranquilidad de su pareja. Por otro lado, la necesidad de cercanía puede hacer que se sienta demasiado vulnerable para compartir; entonces, puede mantenerse alejado. Corre el riesgo de desconectar a su pareja en ambas situaciones. Esto a menudo interfiere con conocerla y sentir empatía por ella, ya que su atención está en si su pareja puede apoyarle o lastimarle.

Si sus relaciones se han visto interrumpidas por la forma en que elige comunicarse, tal vez sea hora de que lo aborde de manera diferente. Empiece por pensar en sus motivos de divulgación o no divulgación. Por lo tanto, esté atento a cuándo y cómo comparte cuando avanza.

Querrá compartir sus experiencias personales con su esposa en el momento adecuado, como una forma de acercarse y ayudarla a comprenderlo. Pero, por muy tentador que sea "desempacar todo su equipaje" y compartir todo en detalle, tenga en cuenta lo que está compartiendo. En general, comparta lo suficiente para comprender a su pareja, para que pueda ser empática y comprensiva. El resto saldrá con el tiempo, si así lo eligen.

Por ejemplo, podría confesar: "Me preocupa bajar la guardia porque mi última novia me ha criticado todo el tiempo". Si decide no decir nada al respecto por el momento, puede concentrarse en su relación actual. Le da a esta futura novia la oportunidad de hablar sobre sí misma o preguntar más sobre usted. Podría decir: "Sé cómo te sientes..." o podría preguntarle, "¿Qué quieres decir?" "De esta manera, puede dirigir sus descubrimientos y su creciente sentido de conexión para que suceda sincrónicamente con su pareja, lo que le llevará a una sensación de calidez y amor que idealmente lo acompañará con los años.

Conclusión Parte 1

La ansiedad no tiene por qué descarrilar su vida o la vida de su pareja. Si está en una relación en la que la ansiedad es un problema, debe sentirse reconfortado al saber que los síntomas de ansiedad se pueden manejar de manera efectiva de varias maneras, aliviando el control que los pensamientos de ansiedad tienen en su relación. Parte de lo que hace que la ansiedad sea tan difícil de manejar en las relaciones es que muchas personas no tienen una comprensión precisa de qué la ansiedad hace que el simple acto de reconocerla sea difícil.

La ansiedad se puede definir como una emoción caracterizada por preocupaciones o miedos excesivos. Es esta emoción ansiosa la que permite describir una clase de trastornos denominados trastornos de ansiedad. Quizás el trastorno de ansiedad más conocido es lo que los psicólogos denominan trastorno de ansiedad generalizada. Este es el trastorno al que se refieren algunas personas cuando hablan de ansiedad, aunque se estima que representa algo menos del cincuenta por ciento de todos los casos de ansiedad. Una categoría común de trastornos caracterizados por la ansiedad son las fobias específicas. Las fobias específicas se asocian con un miedo excesivo alrededor de un objeto o desencadenante específico, como multitudes o hablar en público.

El primer paso para lidiar con éxito con la ansiedad en el entorno de la relación es informarse lo suficiente sobre el tema para que pueda comprender la condición y todas las formas en que puede surgir en una relación. El objetivo del primero era brindarle una comprensión completa de qué es la ansiedad y por qué la ansiedad puede ser más común en ciertas partes del mundo y ciertos grupos. Esto le permite no solo abordar la ansiedad en su relación desde el punto de vista del conocimiento, sino que también le permite mostrar simpatía por la ansiedad de su pareja porque la entiende mejor y tiene una idea de dónde puede provenir.

Estar completamente informado sobre las preocupaciones requiere que tenga una comprensión básica de los trastornos de ansiedad. Aunque muchas relaciones pueden caracterizarse por la ansiedad general que se asocia con el trastorno de ansiedad generalizada, otras afecciones como el trastorno de pánico, las fobias específicas, el trastorno obsesivo compulsivo o el trastorno de estrés postraumático tienen síntomas únicos que hacen que lidiar con ellos sea una experiencia única. El objetivo no es necesariamente que el lector sepa cómo se debe manejar cada trastorno, sino al menos poder reconocer qué tipo de ansiedad padece su pareja y ser consciente de que los diferentes tipos de ansiedad deben manejarse de manera diferente.

La cuestión de dónde viene la ansiedad es muy complicada. Aunque se ha observado que esta condición se da con frecuencia en familias, también se ha encontrado que la ansiedad parece ser más común en los países occidentales que en los países en desarrollo (además de otras tendencias demográficas notables). Una causa potencialmente importante de ansiedad son las relaciones disfuncionales que algunos hombres y mujeres pueden experimentar en su juventud. Esta es la idea detrás de la teoría del apego: el modelo que muestra cómo los niños aprenden a interactuar con otras personas y su entorno en función de la relación que tienen con su cuidador principal.

La ansiedad se puede tratar con éxito, proporcionando alivio a los millones de hombres y mujeres en las relaciones y fuera de ellos que lidian con la ansiedad. Los síntomas de ansiedad se pueden tratar con medicamentos, pero también se pueden tratar con éxito con terapia, cambios en la dieta y remedios naturales. Estos remedios naturales incluyen cosas como hierbas que se encuentran en el medio ambiente y meditación trascendental. Aunque es necesario realizar más investigaciones para demostrar la eficacia de estos tratamientos, representan otra opción para las personas que buscan alternativas a los medicamentos y opciones terapéuticas más comunes.

Esto no sería efectivo para lidiar con la ansiedad en las relaciones si no le brindara al lector consejos que puede seguir para ayudarlo a mantener su relación frente a la preocupación. No es fácil lidiar con la ansiedad ya sea como individuo que la padece o como pareja del individuo ansioso, y este es un concepto que éste reconoce.

Un hecho importante que debe saber sobre la ansiedad es que, por lo general, no desaparece por sí sola. Si la ansiedad no se trata, persistirá y posiblemente descarrile las relaciones familiares y románticas del individuo ansioso y evitará que formen nuevas y duraderas.

El amor se disfruta cuando deja ir la ansiedad que se interpone entre usted y su pareja. Cuando le da a la ansiedad la oportunidad de correr libremente en su vida amorosa, puede ser difícil saber cuándo y cómo reaccionar ante algunas situaciones delicadas. Esto puede llevarlo a sentirse indiferente o despreocupado por algunos problemas vitales de la relación o hacer una demostración de no estar involucrado y enérgico al hablar con su pareja. Si bien ciertamente no es culpa suya, es beneficioso comprender cómo la ansiedad puede estar afectando la forma en que ve las cosas.

Cuando sienta que la ansiedad realmente lo está deprimiendo, deberá superarla tanto por su bienestar como por la salud de su relación. La ansiedad es el verdugo más notable del amor. Hace que los demás se sientan como si los estuviera sofocando. No es fácil superar esto, pero es posible.

La ansiedad hace que sea difícil darse cuenta de lo que es importante y lo que no. Puede hacer las cosas fuera de proporción, distraernos y paralizarnos. Pero no tiene por qué controlarnos. Merece estar en una relación feliz y amorosa que no se vea empañada por el feroz control de la ansiedad. Todo lo que se necesita es un esfuerzo consciente y una nueva perspectiva para darse cuenta de que la debilidad de la ansiedad es una conexión amorosa. Al fortalecer su relación, debilita el dominio de la ansiedad. ¿Qué mejor ejemplo de un ganar-ganar que ese

PARTE 2

ANSIEDAD
EN LA RELACIÓN

Introducción Parte 2

Una buena relación puede ser una de las cosas más interesantes y placenteras de la vida. Es algo que la mayoría de nosotros esperamos experimentar y construir. Sin embargo, pensar en las complejidades involucradas en una relación puede ser un caldo de cultivo fértil para sentimientos y pensamientos que conducen a la ansiedad.

La ansiedad en una relación puede surgir en cualquier etapa del noviazgo o incluso del matrimonio. Muchos jóvenes pueden tener sentimientos de ansiedad y estrés solo por los pensamientos de estar en una relación. En las primeras etapas de una relación, las personas pueden tener sentimientos de inseguridad que conducen a más ansiedad.

Uno puede experimentar pensamientos preocupantes como "¿Realmente le gusto a esta persona?" "¿Qué tan seria es esta relación?" "¿Funcionará?"

Uno podría pensar que los sentimientos de ansiedad en las primeras etapas de una relación desaparecerán una vez que la persona se dé cuenta de que la relación durará, por ejemplo, al casarse o incluso sabiendo que la pareja no la lastimará. Bueno, este no es siempre el caso. Para algunas parejas, los sentimientos de ansiedad se vuelven más intensos a medida que las dos personas se acercan. Pensamientos desestabilizadores como "¿realmente me gusta esta persona?" "¿Quiero pasar el resto de mi vida con él/ella?" "¿Perderá interés en mí?" "¿Soy lo suficientemente bueno?" vienen inundando todo como una tormenta.

Todas estas preocupaciones pueden hacer que una persona se sienta sola incluso en una relación. De hecho, estos pensamientos desencadenantes de ansiedad pueden hacer que una persona se distancie de su pareja. Peor aún, la ansiedad en las relaciones puede hacernos renunciar por completo al amor. Por tanto, es importante comprender la ansiedad y sus factores desencadenantes y las consecuencias. Comprender la ansiedad en las relaciones puede ayudarnos a detectar los pensamientos y acciones negativos que sabotean nuestra vida amorosa. ¿Cómo se pueden controlar los sentimientos de ansiedad y superar la relación que provoca sentimientos?

Esto abarca la riqueza de mi experiencia y lecciones con los celos y el conocimiento de muchos otros expertos en relaciones de renombre que continúan ayudando a las personas a obtener un control firme de los celos. Le abrirá la comprensión de qué son los celos y por qué puede estar experimentando este sentimiento. Aprenderá ejemplos prácticos de la vida real para obtener el control de manera efectiva y eventualmente superar sus celos mientras mantiene su relación intacta. También aprenderá a luchar contra las inseguridades y la baja confianza para que pueda volver a sentirse bien y seguro consigo mismo y con su relación. Entonces, ¿por qué esperar?

Ya sea que tenga problemas obvios con los celos, esté lidiando con una pareja celosa o esté buscando protegerse a sí mismo o a un amigo de los problemas de celos, este es el indicado para usted. Es breve, atractivo y promete darle el impulso de confianza que necesita para mantener su relación en alto y sin sentimientos de celos.

Desafortunadamente, los celos tienen sus raíces profundamente arraigadas en la evolución de la humanidad y están siempre presentes en nuestra vida diaria. Por lo tanto, debemos aprender a lidiar con esta emoción que está arraigada en nosotros. Entonces, ¿cómo podemos realmente disfrutar de una hermosa relación sin ser consumidos o manipulados por los celos? ¿Podemos tener una relación duradera sin sentimientos de celos?

Esto ha salvado cientos de relaciones, ha brotado miles más que son saludables y sostenibles, y ha ayudado a algunos a dejar relaciones insalubres e insalvables con dignidad y esperanza para el futuro. ¡Sumérjase ahora mismo para comenzar su viaje hacia el amor duradero y las relaciones saludables, y deje atrás la miseria, el estrés y la ansiedad para siempre!

Capítulo 24: Comprensión de su ansiedad

Enamorarse y enamorarse nos desafía de diversas y numerosas formas. Varios de estos desafíos son inesperados y cuando los enfrentamos por primera vez, nuestra naturaleza humana nos pone a la defensiva. Por ejemplo, si ama mucho a alguien y él o ella le rompe el corazón, lo más probable es que evite ser vulnerable. En cierto nivel, todos tememos ser heridos, consciente o inconscientemente.

Irónicamente, este miedo tiende a aumentar cuando obtenemos lo que queremos. Si una relación es buena, uno empieza a pensar en el miedo al "impacto de una ruptura". En consecuencia, comienza a tomar la defensa, creando distancia y finalmente terminando la relación. Si experimentamos amor y nos tratan de una manera inusualmente buena, nos ponemos tensos.

Esa tensión defensiva se convierte en una barrera. Es importante señalar que la ansiedad en una relación no solo surge debido a las cosas que suceden entre las dos partes involucradas. Este sentimiento también puede surgir debido a nuestra percepción. Las cosas que se dice a sí mismo sobre una relación, el amor, la atracción, el deseo, etcétera, afectarán su vida. Esto significa que es posible que tenga la mejor pareja del mundo, pero, aun así, sus pensamientos le impiden darse cuenta y disfrutar el momento.

La proverbial 'voz interior' es muy peligrosa si es negativa. Este diván mental puede decirnos cosas que alimentan nuestro miedo a la intimidad. La voz interior crítica puede darnos malos consejos como "Eres demasiado feo para él/ella" "Incluso las otras personas te han dejado antes" "No puedes confiar en un hombre/mujer así".

¿Qué hacen esos pensamientos? Nos hacen volvernos contra las personas que amamos y, lo más importante, contra nosotros mismos. La voz interior crítica puede volvernos hostiles, paranoicos e innecesariamente sospechosos. También puede llevar nuestros sentimientos de actitud defensiva, desconfianza, ansiedad y celos a niveles poco saludables.

Básicamente, esta diminuta voz negativa nos alimenta con una corriente imperecedera de pensamientos malsanos que nos preocupan por las relaciones y socavan nuestra felicidad. Literalmente, nos impide disfrutar de la vida en forma sana. El principal desafío surge una vez que nos enfocamos en estos pensamientos. Nos metemos en la cabeza y nos concentramos en lo que sea que nos diga ese pensamiento. Luego lo procesamos y reflexionamos sobre él y lo tostamos y volvemos a tostar hasta que parezca una montaña inamovible. En ese momento, uno se distrae de su pareja, por lo que no hay una relación e interacción reales.

Después de preparar los pensamientos, uno puede comenzar a actuar, ya sea de manera inmadura o destructiva. Por ejemplo, uno podría comenzar a darle órdenes al compañero, monitoreando todos sus movimientos, haciendo comentarios desagradables innecesarios, ignorando o maltratando al otro.

Supongamos que su pareja se queda hasta tarde en el trabajo o pasa por el bar local para tomar una copa antes de volver a casa. El pensamiento interno crítico desencadenará pensamientos como "¿dónde está él/ella?" "¿Qué está haciendo?" ¿Con quién y por qué prefiere estar fuera de casa?" "Quizás él/ella ya no me ama". Estos pensamientos pueden pasar tanto por su mente que cuando su pareja llega a casa, se siente completamente inseguro, paranoico, furioso y a la defensiva.

En este estado, se vuelve difícil tener una conversación constructiva sobre su paradero. En consecuencia, esta pareja se sentirá incomprendida y frustrada. Además, también adoptará una postura defensiva. Pronto, la dinámica de la relación pasa del placer y la comodidad a los tratamientos irracionales e injustos, en lugar de disfrutar el resto de la velada.

¿Se da cuenta de que, en tal caso, ha creado efectivamente la distancia que temía inicialmente? También se da cuenta de que es posible que su pareja no haya tenido intenciones negativas. El hecho es que la distancia que ha creado no fue causada por la situación en sí ni por las circunstancias. No, fue provocada por esa voz interior crítica que podría haber estado equivocada. Esa voz coloreó su pensamiento con negatividad, distorsionó su percepción y al final le llevó a la autodestrucción.

El mayor desafío que nos lleva a la autodestrucción en las relaciones es la duda. Si evaluamos la mayoría de las cosas que nos preocupan en una relación, nos damos cuenta de que podemos manejar las consecuencias. La mayoría de nosotros somos lo suficientemente resistentes como para experimentar angustias y sanar. Probablemente haya sucedido antes y usted no murió por ello.

Sin embargo, nuestra voz interior tiende a exagerar las cosas, especialmente las negativas. Esa voz aterroriza todo, lo que dificulta mantenerse racional. De hecho, puede desencadenar graves episodios de ansiedad por algunas dinámicas de relación inexistentes que ni siquiera existen y amenazas extrañas e intangibles.

Probablemente, las rupturas no serían tan dolorosas si no tuviéramos esa voz crítica. Es lo que analiza las cosas y nos destroza al señalar todos nuestros defectos y cosas que no hicimos. La realidad distorsionada nos hace pensar que no somos lo suficientemente fuertes y resistentes para sobrevivir. Esa voz crítica es el amigo negativo que siempre da malos consejos: "No puedes sobrevivir a una angustia, solo mantente alerta y no te vuelvas vulnerable".

Formamos nuestras defensas en función de experiencias y adaptaciones de vida únicas. La voz interior también toma prestado de esas experiencias únicas. Sí una ex pareja le dijo que le dejaría porque tiene sobrepeso o bajo peso, la voz interior usará esa línea para distorsionar la realidad. Le hará pensar que otra pareja está notando los mismos defectos y que se marchará por ellos.

Cuando nos sentimos inseguros o ansiosos, algunos de nosotros tendemos a desesperarnos o aferrarnos a nuestras acciones. Otros se vuelven fanáticos del control, queriendo poseer a la pareja. Una gran cantidad de personas comienzan a sentirse apiñadas, como si no hubiera espacio para respirar en la relación, por lo que eligen distanciarse de sus seres queridos.

En casos extremos, nos separamos de los sentimientos de deseo en su relación. Podemos empezar a ser distantes, cautelosos o completamente retraídos. Tales patrones de apego y relación pueden provenir de nuestras primeras experiencias de vida. En los años de la niñez, desarrollamos patrones de apego, inconscientemente, dependiendo de nuestro entorno. Los patrones se convierten en el modelo de nuestra vida adulta. Influyen en cómo evaluamos nuestras necesidades y cómo las satisfacemos. Estos patrones y estilos de apego son los principales determinantes de la cantidad de ansiedad que uno siente en una relación.

Comprender la diferencia entre las sensaciones normales de ansiedad y un trastorno de ansiedad que requiere atención clínica puede ayudar a una persona a identificar y tratar el problema. Todos se sienten angustiados de vez en cuando. Es una emoción normal. Por ejemplo, puede comunicarse preocupado cuando se enfrente a problemas en la oficina, antes de tomar una prueba o antes de tomar una decisión vital.

Sin embargo, las condiciones de estrés y ansiedad son diferentes. Son un grupo de enfermedades mentales, y la angustia que provocan puede evitar que continúe con su vida con regularidad. Para las personas que la padecen, la preocupación y la ansiedad son constantes, frustrantes y pueden resultar discapacitantes.

Sin embargo, con terapia, muchas personas pueden hacerse cargo de esas sensaciones y volver a tener una vida satisfactoria. Cuando una persona se encuentra con factores desencadenantes posiblemente dañinos o angustiantes, los sentimientos de estrés y ansiedad no solo son típicos sino necesarios para la supervivencia.

Desde los primeros días de la humanidad, el método de los depredadores y también la amenaza entrante activa alarmas en el cuerpo y también permite una actividad increíblemente esquiva. Estos sistemas de alarma se notan en forma de latidos cardíacos elevados, sudoración y un mayor nivel de sensibilidad a los entornos. El riesgo provoca una oleada de adrenalina, una hormona y un mensajero químico en mente, que en consecuencia desencadena estas respuestas de ansiedad en un procedimiento llamado reacción de "lucha o huida". Esto prepara a las personas para enfrentar físicamente o dejar cualquier tipo de peligros potenciales a la seguridad y la protección.

Para muchas personas, desde mascotas más grandes hasta una amenaza inminente es un tema mucho menos importante de lo que hubiera sido para los primeros seres humanos. El estrés y las ansiedades actualmente giran en torno al trabajo, el dinero en efectivo, la vida doméstica, el bienestar y también otros problemas importantes que exigen el enfoque de una persona sin siempre pedir la respuesta de "lucha o huida".

La sensación de ansiedad antes de una ocasión importante en la vida o durante una situación difícil es un eco natural de la reacción inicial de "lucha o huida". Todavía puede ser esencial para la supervivencia: la ansiedad por ser atropellado por un automóvil al cruzar la calle, por ejemplo, significa que una persona naturalmente buscará ambos métodos para evitar la amenaza.

El estrés y la ansiedad son la acción natural de su cuerpo contra el estrés y la ansiedad. Es una sensación de preocupación o preocupación por lo que se avecina. El primer día de la institución, ir a una entrevista de trabajo o dar un discurso puede hacer que muchas personas se sientan asustadas y preocupadas. Sin embargo, si sus sentimientos de estrés y ansiedad son severos, duran más de seis meses, además de obstaculizar su vida, es posible que tenga una condición de ansiedad.

El período o la extensión de un sentimiento de angustia puede, en algunos casos, ser desproporcionado con el desencadenante original o el factor de estrés. También pueden aparecer signos y síntomas físicos, como hipertensión arterial y náuseas. Estas respuestas van más allá del estrés y la ansiedad hacia una condición de estrés y ansiedad. La APA define a una persona con un trastorno de ansiedad como "que tiene pensamientos o problemas invasivos persistentes". Tan pronto como el estrés y la ansiedad llegan a la etapa de una enfermedad, pueden obstaculizar la función diaria.

Es típico sentirse angustiado por trasladarse a un área nueva, comenzar un trabajo nuevo o tomar una prueba. Este tipo de ansiedad es desagradable, pero puede inspirarle a funcionar más difícilmente y a hacer un trabajo mucho mejor. La ansiedad ordinaria es una sensación que se repite; sin embargo, no interfiere con su vida diaria. Cuando se trata de una condición de ansiedad, la sensación de miedo puede estar consigo en todo momento. Es intenso y también a menudo paralizante.

Este tipo de ansiedad puede hacer que deje de hacer cosas que aprecia. En casos extremos, podría impedirle entrar en un ascensor, cruzar la calle o incluso salir de su casa. Si se deja de lado, la ansiedad sin duda seguirá empeorando. Los problemas de ansiedad son uno de los tipos más habituales de enfermedad mental y pueden influir en cualquier persona de cualquier edad. Según la Organización Estadounidense de Psiquiatría, las mujeres tienen más probabilidades que los hombres de ser identificadas con un problema de ansiedad.

Capítulo 25: Los diversos tipos de ansiedad

Trastorno de ansiedad generalizada

Imagínese a una persona llamada John, que es el dueño de una empresa de nueva creación. Como empresario recién establecido, siente que siempre está estresado, incluso por las cosas más triviales. Pensamientos como: "¿Será que el negocio generará suficientes ganancias para mantenerse a flote?" ¿Se las arreglarán él y su socia, Jane, para ganar lo suficiente para pagar la universidad de sus hijos? ¿Se siente constantemente cansado simplemente por el trabajo o está enfermo? ¿Qué pasa si se auditan sus impuestos y algo sale mal? ¿Cómo se las arreglarán él y Jane si algo sale mal y la casa requiere una reparación seria? En este punto, John comprende que la mayoría de sus miedos son infundados y es poco probable que se conviertan en realidad. A pesar de este hecho, todavía no puede calmarse y aclarar su mente. Su compañera, Jane, intenta ayudarlo asegurándole que todo irá bien.

John es un caso clásico de trastorno de ansiedad generalizada. Aquellos que sufren de esta dolencia psicológica a menudo viven sus vidas siempre preocupados por algo, incluso cuando no hay una base real para esa preocupación. Las personas como John siempre esperan que ocurra algún desastre. Sin embargo, ya sea que se trate de finanzas, salud o relaciones, nunca se manifiesta fuera de sus pensamientos. La ansiedad generalizada hace que las personas tengan dificultades para dejar de lado las preocupaciones excesivas, incluso si son conscientes de que son en su mayoría producto de su imaginación. Otro trastorno como un trastorno alimentario, depresión o uso excesivo de drogas pueden caracterizarlo.

Trastorno obsesivo compulsivo

Ahora imagina a Joan, una madre de 38 años que tiene dos hijos. Ella siempre parece encontrarse con la incontrolable necesidad de lavarse las manos varias veces después de realizar actividades. Si Joan da un paseo por el parque o expone sus manos a algo que se considera sucio, debe frotarlas exactamente 12 veces para sentirse limpia. La repetición es un consuelo hasta que toca algo más, y tendrá que empezar de nuevo. El lavado constante conduce a problemas físicos como piel irritada y manos sangrantes. Incluso con todo el dolor, no puede detenerse. Su pareja está empezando a preocuparse por Joan, ya que no quiere detenerse a escuchar sus preocupaciones.

Este ejemplo es un caso perfecto de trastorno obsesivo compulsivo, ya que Joan es incapaz de controlar su deseo de lavarse las manos después de tocar algo o alguien. Como su nombre indica, las personas como Joan tienen obsesiones, en forma de pensamientos o creencias, se sienten obligadas a realizarlas como un ritual particular para aliviar la fuente del estrés. Se supone que estos ritos compulsivos ofrecen alivio, incluso si no invocan placer. Las personas que padecen TOC hacen esto como si no hubiera otra opción para reducir sus niveles de ansiedad inducidos por la obsesión.

Este ejemplo extremo de desinfección de manos, así como cualquier otro miedo a los gérmenes, es solo una forma de trastorno obsesivo-compulsivo. Algunas personas pueden estar obsesionadas con la seguridad de su hogar, por ejemplo, y por lo tanto invierten mucho en cerraduras y luego realizan un control de seguridad en todas las puertas y ventanas. Otras personas pueden encontrar alivio para su ansiedad simplemente tocando ciertos objetos en un patrón especial o contando hasta cierto número.

Otra forma común de TOC es experimentar la irresistible necesidad de lograr una simetría perfecta. Establecer el orden "perfecto" puede convertirse en un desafío de por vida que evitará que algunas personas puedan funcionar con regularidad dentro de un entorno de oficina o incluso en casa. El TOC a veces puede acompañar a otros trastornos de ansiedad, depresión y trastornos alimentarios. A menudo, las personas también se sumergen en el uso intensivo de drogas porque descubren que las sustancias reducen la cantidad de ansiedad que experimentan.

Trastorno de estrés postraumático

Imagínese a Mark, un joven de 23 años que ha servido en el ejército durante cinco años y ha completado dos períodos de servicio activo en zonas de guerra. Ahora que ha completado su último despliegue, decidió dejar el ejército y establecerse junto a su prometida, Lisa. Sin embargo, ha estado experimentando graves dificultades para intentar readaptarse a la vida civil y construir un nuevo hogar. Tiene problemas para dormir y cuando finalmente se queda dormido, tiene pesadillas sobre gritos y personas moribundas. Cuando está despierto y continúa con su día, a menudo se asusta con sonidos fuertes e inesperados. Cada vez que Lisa intenta sorprenderlo por detrás, Mark se asusta. También experimenta flashbacks en ocasiones, lo que lo obliga a revivir la ansiedad del combate cuando comienza a recordar el olor y el sabor de todo.

Todos estos eventos están comenzando a romper la relación cuando Mark comienza a perder el control de la realidad. Lisa le tiene miedo ya que a menudo entra en arrebatos de rabia o reacciona de forma exagerada hacia la seguridad, como si todavía estuviera luchando en una guerra. Todo este escenario es un ejemplo típico de trastorno de estrés postraumático.

Es posible que sepa por los medios que lo ha estado cubriendo ampliamente debido a una gran cantidad de veteranos de combate que lo experimentan. Sin embargo, este trastorno no solo se desarrolla debido a una experiencia de combate traumática. La raíz puede provenir de cualquier experiencia traumática, como la víctima de un robo, asalto o incluso intimidación en la primera infancia. El desencadenante de este trastorno de ansiedad puede estar relacionado con un evento traumático que le sucedió directamente o que presenció que le sucedió a alguien que le importa profundamente.

Algunos de los síntomas pueden ocurrir durante un breve período, ya que no todas las personas lo desarrollan directamente después de una tragedia. Para ser diagnosticado, los síntomas estarían presentes durante unas cuatro semanas, e incluso la duración del trastorno varía de persona a persona. No siempre es una forma permanente de ansiedad. Algunas personas logran superar el trauma después de un corto período de tiempo, mientras que otras necesitan aprender a vivir con él. El comportamiento autodestructivo, como el abuso de drogas o alcohol, también es común entre las personas que viven con esto, ya que intentan usar cualquier cosa para embotar los recuerdos traumáticos.

Trastorno de pánico

Thomas es un estudiante universitario a punto de graduarse y se está preparando para tomar sus exámenes finales. Al igual que cualquier otro estudiante, se siente ansioso ya que estos exámenes son importantes y determinarán su futuro. Sin embargo, durante un día aparentemente normal, mientras estudia un tema desafiante, comienza a sentirse extraño. Tiene dificultad para respirar, tiene dolores en el pecho y suda profusamente. El dolor solo duró unos minutos, pero fue agudo y, sin problemas de salud, lo puso nervioso.

Thomas no buscó ayuda al principio, pero su novia demasiado preocupada lo convence de ir a la sala de emergencias para hacerse pruebas. Él cede a regañadientes a sus solicitudes y se dirige a atención urgente para hacerse la prueba. Sin embargo, las pruebas resultaron negativas, y esto solo aumentó la preocupación de ambos de que pudiera estar sucediendo algo más grave.

Esta situación da miedo a cualquiera, ya que puede tener efectos secundarios nefastos en espectadores inocentes en el lugar equivocado en el momento equivocado. Lo que Thomas experimentó fue un ataque de pánico, y ocurrió cuando estaba sentado en su escritorio, estudiando para los exámenes finales. Un ataque de pánico puede ocurrir en cualquier momento sin previo aviso. Se manifiesta repentinamente, acompañado de una sensación extrema de miedo y pavor, junto con sudoración intensa, mareos, dolor en el pecho y náuseas.

Debido a la gran cantidad de síntomas físicos, algunas personas entran en un estado de pánico más profundo una vez que termina el episodio. Piensan que están a punto de desmayarse o de sufrir un infarto fatal. Si bien los ataques de pánico pueden parecerse a los ataques cardíacos debido a los síntomas comunes, generalmente sobrevivirá, sin embargo, si uno ocurriera mientras conduce o trabaja con herramientas eléctricas, puede poner en peligro su vida.

Sufrir un ataque de pánico al conducir o trabajar con herramientas peligrosas puede poner en peligro su vida. Tenga en cuenta que los ataques de pánico son tan impredecibles que pueden ocurrir incluso durante el sueño. Es por eso que se confunden con ataques cardíacos, ya que pueden despertar a una persona de un sueño tranquilo con síntomas dolorosos.

Si bien un ataque de pánico generalmente no dura más de unos minutos, puede provocar síntomas duraderos o incluso permanentes. ¿Por qué? Porque quienes pasan por una experiencia tan aterradora acaban viviendo con el miedo a que vuelva a suceder. Esto es suficiente para que la mayoría de las personas desarrollen otros trastornos de ansiedad e incluso tengan nuevos ataques de pánico como resultado de este miedo.

Desorden de ansiedad social

Imagínese a Emma, una desarrolladora de software líder que trabaja en una gran empresa de tecnología. Ha estado desarrollando su carrera en ese negocio durante más de diez años, pero vive bajo el temor constante de que la despidan. A pesar de que su compañero es positivo, entrega un trabajo excelente y es una gran ventaja para su equipo, Emma se pone tensa cada vez que alguien comenta sobre su trabajo u ofrece críticas. Incluso si el comentario proviene de su compañera de equipo y no es crítico, ella lucha, pensando que su trabajo no es lo suficientemente bueno.

Además de esta reacción, Emma evita bromear con sus colegas y prefiere trabajar durante el día sin interacción. Emma rechaza regularmente las invitaciones a eventos sociales porque teme que a sus colegas no les guste. Ella cree firmemente que, si renuncia o es despedida, nunca encontrará otro trabajo porque sus habilidades no son lo suficientemente buenas.

En muchos casos similares, las personas rara vez tienen éxito en la escuela o el trabajo debido a la dificultad que encuentran para establecer relaciones, así como a la constante duda de sí mismos. Si cree que no es lo suficientemente bueno para ser empleado, podría terminar en una posición que odia, desperdiciando la vida debido a su cerebro socialmente abrumado. La ansiedad social es poderosa y puede controlar muchos aspectos de su vida. Un poco de miedo al dar un discurso es normal, pero la ansiedad es abrumadora y hace que renuncies, entonces es un problema que necesita atención.

Tenga en cuenta que el trastorno de ansiedad social puede manifestarse de una manera muy específica y, a veces, limitada, como encuentros con su jefe o participar en una actividad grupal. Por ejemplo, algunas personas dejarán de realizar una tarea si alguien mira por encima del hombro por temor a que su trabajo sea juzgado y criticado. Teniendo esto en cuenta, aquí hay varias situaciones que provocan miedo paralizante en las personas que padecen este trastorno:

1. Realizar cualquier actividad frente a los demás. Por ejemplo, escribir mientras alguien está pasando cerca.

2. Mantener una conversación informal con un compañero de trabajo o un extraño.

3. Unirse a cualquier actividad, debate o discusión grupal. Esto incluye hacer una pregunta frente al grupo.

4. La mayoría de reuniones y eventos sociales.

5. Entrar en contacto con gente nueva.

6. Interactuar con cualquiera que tenga poder de autoridad. Un estudiante puede experimentar ansiedad social cuando se enfrenta a hacerle una pregunta al maestro. Lo mismo puede suceder al enfrentarse a un supervisor o gerente en el trabajo.

7. Uso de instalaciones públicas.

8. Hacer llamadas telefónicas no planificadas, especialmente a un extraño.

Fobias

Imagínese a Sam, un ejecutivo de ventas trabajador en una firma financiera. Sus funciones le exigen trabajar más de doce horas al día, realizar una gran cantidad de llamadas telefónicas y viajar regularmente para discutir acuerdos con los clientes. A pesar de las largas horas y el cansancio, se convence a sí mismo, así como a los demás, de que ama el ritmo activo y los desafíos que conlleva su puesto. Sin embargo, a veces tiene que hacer vuelos largos para llegar a ciertos clientes, y durante estos vuelos, experimenta un ritmo cardíaco rápido, sudoración excesiva y pensamientos inquietantes. Para controlar esta situación, Sam deja de aceptar clientes de larga distancia para evitar volar. Este es un ejemplo perfecto de alguien que sufre de fobia.

Capítulo 26: Ansiedad en diferentes tipos de relaciones

Todas y cada una de las relaciones son un poco esquizofrénicas. Existe una tendencia natural a estar más cerca de la persona con la que tiene alguna relación, un deseo de acercarse al compartir sus pensamientos, placeres, sueños y deseos. Al mismo tiempo, existe una tendencia natural a querer distanciarse de él. El deseo de independencia, la evitación de la vulnerabilidad, permanece libre y sin cargas.

Ambas inclinaciones son naturales y crean un crepúsculo saludable y fluyen cuando terminan de madurar, lo que ayuda a que las relaciones maduren gradualmente. Ambos poderes de empujar y tirar construyen un tipo de baile interpersonal. No, ni del Congo ni de la Macarena. Aunque permanecen conectados en los extremos opuestos de la pista con la música guiada por la misma rutina coreografiada, la ansiedad puede extenderse fácilmente a nuestras relaciones y crear el mismo tipo de problema.

Algunos de nosotros estamos atormentados por el miedo a ser similares a los demás. Estas ansiedades también se centraban en sentimientos de debilidad, insuficiencia o miedo a asumir responsabilidades. La solución a estos sentimientos suele ser encontrar formas de ganar distancia emocional. Estas conexiones a menudo no cobran impulso: tropiezan, pierden el rumbo y finalmente mueren por falta de respeto profundo.

Un tipo diferente de ansiedad en torno a las relaciones es al revés. Esta inseguridad contribuirá al apego de uno a los demás. La libertad de su pareja, amigo o incluso de su hijo puede parecer aterradora. Estos miedos a menudo llevan a uno a exigir mucha atención, afecto y tiempo de su pareja. Existe una confianza en la tranquilidad constante. La persona que recibe estas solicitudes se agotará rápidamente. Cada intento de mostrar amor y compromiso genuinos nunca es suficiente.

Tales relaciones se rompen bajo presión. La ansiedad tiene capacidades relacionadas con el enamoramiento. Sin embargo, incluso si una relación sobrevive a este estrés, no puede depender de que sea tan completa y satisfactoria como lo estaría la ansiedad. Tenga en cuenta que el tipo de ansiedad en el que nos concentramos tiene una conexión específica con preocupaciones de compromiso e intimidad emocional. Esto difiere de la ansiedad social, el pánico, la fobia y otros trastornos de ansiedad.

Cada una de estas preocupaciones puede tener un impacto importante en las relaciones, pero ninguna de ellas se preocupa específicamente por la intimidad emocional. La distinción está en la diferencia de cómo se supera el miedo.

Señales de que la ansiedad está en su vida

Quizás se pregunte si la ansiedad relacional le causa problemas en la vida. Puede ser difícil saberlo. Después de todo, todo el mundo está nervioso hasta cierto punto, entonces, ¿cómo puede saber si sus relaciones con familiares y amigos se han visto afectadas?

Las siguientes preguntas pueden aclarar si esto es un problema:

- A menudo le preocupa que su pareja le deje por otra persona.
- Si sale con amigos, ¿confía en su pareja?

- ¿Necesita a menudo la seguridad del amor y la devoción de su pareja?

- ¿Debería preocuparse por cómo responderá su pareja a un error que cometió?

- ¿Hay alguna conversación que evite con su pareja porque está preocupado, de que se enojará?

- ¿Todavía tiene miedo de que su pareja le sea infiel?

- ¿Es alguien que se pone celoso fácilmente?

- ¿Tiene que controlar el tiempo de su pareja, saber en detalle dónde estaba y con quién?

- ¿Depende de su pareja?

- ¿Se sentiría incómodo si su pareja dependiera emocionalmente de usted?

- ¿Alguna persona le ha dicho que es difícil conocerle?

Si respondió "sí" a cinco o más de las preguntas, sería bueno tener una conversación muy honesta con su pareja, hablar francamente sobre sus ansiedades. Trate de comprender cómo puede influir en su relación al tratar de hacer frente a estos miedos. Luego, trabajen en equipo para ver cómo se pueden hacer cambios, cómo se conectan y mejoran las relaciones.

Deshacerse de la ansiedad en las relaciones

No creo que ningún ser humano que se sienta atraído por otras personas pueda decir que nunca se sintió preocupado por una relación, pero el miedo a las relaciones lleva las cosas a otro grado. Es el resultado directo de que su relación se sienta insegura. Está preocupado por todo tipo de cosas que podrían tener un efecto negativo o arruinar su relación.

Si ha tenido malas experiencias en el pasado, su cerebro habrá aprendido a responder de alguna manera y a esperar que las tendencias vuelvan a ocurrir. Podría vivir con tasas constantes de ansiedad subyacente acerca de su relación, o podría causar oleadas de cosas pequeñas y aparentemente insignificantes. Dudas de sí mismo y dudas de los sentimientos de su pareja hacia usted.

Cuando piense que lo que siente puede ser ansiedad por las relaciones, estos signos reveladores lo ayudarán a identificar si realmente le preocupa.

1. Cree que el fin está cerca

No importa qué tan bien vaya su relación, no puede superar la sensación molesta de que se va a convertir un poco en 'Titanic' y chocar contra un iceberg antes de hundirse a bordo. Incluso la discrepancia menos significativa entre usted y su pareja tiene el temor de que sus probabilidades realmente muerdan el polvo.

2. Está celoso

Los celos son una emoción bastante común, pero si se salen de control, ninguna relación puede sobrevivir. No necesariamente mostrará signos de celos para que su pareja cambie su comportamiento y puede que eso los aleje. Pero si una cosa es segura, ciertamente le hará sentir miserable. No es de extrañar que se ponga celoso si le engañaron en el pasado, pero definitivamente le pone nervioso y esto no está bien.

3. Está controlando

Controla su ansiedad, lo que significa que controla desesperadamente su relación para que no le lastimen. Siente que, si sabe exactamente lo que está sucediendo, todo estará bien.

4. Está demasiado relajado

Esto puede parecer contrario a la intuición, pero una forma de controlar las cosas es siempre hacer un esfuerzo adicional para satisfacer a su pareja y ser la persona que cree que quiere que sea. De alguna manera, pueden no tener buenas razones para rescatar la relación de esta manera. Después de todo, cada vez que obtienen lo que quieren, ¿de qué hablar?

5. Es reacio a comprometerse

Se trata de autoconservación. Aunque no parezca tan lógico, es posible que se muestre reacio a bajar sus muros protectores y avanzar hacia una relación más seria. Esto puede deberse a que tiene miedo de que la relación termine y no quiere exponerse a sufrir daños. Tal vez haya una experiencia del pasado cuando se comprometió con alguien y esto ahora fomenta sus ansiedades.

6. Cuestionar su compatibilidad

Hace preguntas sobre su relación con su fobia al matrimonio y trata de encontrar excusas por las que usted y su pareja simplemente no son compatibles. A menudo encuentras cosas tan insignificantes que se pueden resolver fácilmente, pero no es así como usted las ve. Las ve como minas a la espera de ser confiscadas. En verdad, su ansiedad también puede centrarse en diferencias reales que pueden resultar demasiado amplias para superar convicciones como la forma en que cree sobre el matrimonio o los hijos, o dónde le gustaría vivir a largo plazo.

7. Enojarse

Siempre está al borde del abismo, por lo que es fácil perder la paciencia si sucede algo que le causa agonía. Espera que algo salga mal, por lo que es difícil no explotar. Pero, debido a que es inseguro en su relación, probablemente le preocupe que su explosión cambie sus sentimientos.

8. Hace muchas preguntas

Nunca se alegra de aceptar una explicación. Hace preguntas e interpreta las respuestas, trayendo sus palabras a su cabeza y tratando de encontrar un significado oculto.

9. No disfruta del sexo

Esto podría ser resultado de su incertidumbre acerca de la relación, lo que le dificulta relajarse en el dormitorio.

10. Ve al otro con frialdad

La ansiedad de su relación puede significar que su pareja piensa que es frío, distante o viceversa. Está a la defensiva, y si entra y luego le dañan, no les gusta exponer ningún agujero en su armadura.

11. Es demasiado pegajoso

Y, en el reverso, la ansiedad de su relación puede significar que vaya completamente al otro lado. Es posible que necesite constantes afectos físicos y verbales y garantías de que todavía se ama a sí mismo y de que no ha cambiado de opinión desde la última vez que lo dijo hace 5 minutos.

Superar la ansiedad de su relación

1. Recuerde siempre que todo saldrá bien

Si se encuentra en medio de una relación que se desintegra, puede sentirse fácilmente como el fin del mundo. Puede ser extremadamente difícil mantener las cosas enfocadas y ver la luz al final del túnel cuando todas esas emociones se apresuran.

Es tan fácil como notar que pase lo que pase, todo está bien. Piense en retrospectiva. Ha tenido angustias antes y simplemente lo superó bien. Cuando conoció a su pareja, estaba perfectamente bien, y la vida continuará después de él si las cosas alguna vez van mal.

Su vida no terminará si su relación lo hace y estar en una relación no lo es todo. Una relación puede ser fantástica, pero nunca le determina. Si alguien no quiere estar con usted, no puede hacer nada al respecto. Merece estar con alguien que mueve cielo y tierra. Sin embargo, cuanto menos tema al final de la relación, más podrá relajarse y disfrutarlo en este momento.

2. Hable sobre cómo se siente con su pareja

La falta de comunicación o las malas comunicaciones también provocan ansiedad sobre las relaciones, por lo que es mejor hablar con su pareja de manera proactiva. Si planean verse, busquen detalles concretos, como cuándo y dónde. Y esto no significa que siempre tenga que decidir él (aunque quiera compartir esta responsabilidad), sí significa que alguno de los dos puede ser el organizador de la relación.

Se podría decir que es solo una extensión de estar demasiado controlado, pero no lo es. Si su relación está más establecida, pero sigue siendo ansiosa, hable con su pareja desde un lugar de honestidad y franqueza, explíquele cómo se siente y recuérdele que no es él, sino sus experiencias pasadas. Trate de proporcionar ejemplos de situaciones que le resulten difíciles y cómo pueden aliviar sus miedos.

3. Construya su independencia

Si está enamorado, puede sentir que está feliz de vivir en el bolsillo de su pareja si puede, pero perderse en su relación seguramente aumentará su ansiedad acerca de su relación. Si comienza a definirse a sí mismo en términos de su relación, ejerce demasiada presión sobre ella para que tenga éxito a largo plazo. ¿Quién sería, después de todo, si terminara la relación?

Asegúrese de hacer las cosas conscientemente por sí mismo y mantenga una vida separada de su pareja. Trate de retener las cosas que lo hacen especial, tal vez por las cuales su pareja se sintió atraída por usted por primera vez. Su compañero no es su 'otra mitad'.

4. Deje de analizar cada uno de sus movimientos conscientemente

La gente comenta de usar y tirar. No reflexiona sobre cada palabra que dice ni evalúa cómo su mente nerviosa puede ver cada mensaje de texto que envía. Por lo tanto, no debe permitir que las pequeñas cosas influyan en su estado mental.

5. Tenga en cuenta que usted controla su mente y ella no lo controla a usted

No está a merced de su mente. Tiene el poder de guiarlo, darle forma y entrenarlo. Es posible que aun experimente miedo una vez que se haya dado cuenta de esto, pero puede reconocerlo por lo que es y permitirlo, en lugar de permitir que lo consuma y guíe su comportamiento.

Capítulo 27: Principales preocupaciones frecuentes

Si alguna vez le han diagnosticado algún trastorno de ansiedad, es probable que sepa lo que es vivir con preocupaciones constantes. Vale la pena señalar que la sensación de malestar y estar concentrado en sus dificultades actuales en la vida, así como en los problemas potenciales, puede causar problemas que afectan la vida de una persona.

Muchas condiciones preocupantes pueden ser agotadoras y pueden aumentar cuando se las acaricia con más ansiedad y miedo por el futuro. El arte de preocuparse es peligroso en el sentido de que hace que uno se preocupe por su seguridad y uno puede tener dificultades para relajarse. Además, la técnica puede contribuir a alteraciones del sueño, así como a condiciones extremas de insomnio. Vale la pena señalar que la preocupación tiene un vínculo directo con la ansiedad. En otras palabras, a las personas asociadas con esta afección se les ha diagnosticado de una forma u otra el trastorno de pánico.

Si sigue preocupándose de vez en cuando, debe prepararse para eventos futuros con anticipación y evitar cualquier confusión que pueda surgir. Por ejemplo, es posible que deba hacer ejercicio o realizar actividades físicas que lo ayudarán a liberar la tensión que tiene sobre los próximos eventos. Necesita organizar su casa y la oficina y ver una película divertida que le ayude a recuperarse de la sensación de malestar. También puede participar en una actividad como dibujar o escribir y tratar de obtener el apoyo de sus colegas.

Por ejemplo, es posible que necesite escuchar la perspectiva de otra persona que podría ayudarlo a cambiar de opinión.

El otro aspecto que vale la pena hacer es compartir. Por ejemplo, puede pasar algún tiempo compartiendo sus preocupaciones con alguien. Un buen amigo le ayudará a superar la situación y le ayudará a olvidarse de las preocupaciones que puedan estar afectándole. Además, es posible que deba conectarse con otras personas que lo ayudarán a tomarse un tiempo y relacionarse con los demás. En otras palabras, el arte de compartir se vuelve más efectivo y eficiente cuando se comparte entre individuos por qué alguna vez han tenido tales experiencias.

Practique técnicas de relajación y cuidado personal

Vale la pena señalar que la mayoría de estos signos de preocupación están relacionados con la mentalidad de uno. Por lo tanto, si necesita liberar la tensión preocupante que podría tener de manera efectiva, es posible que deba practicar algunas de las técnicas de relajación efectivas. Por ejemplo, las técnicas de relajación tienden a tener el propósito de mejorar el arte de pensar y ayudan a reducir la tensión que uno podría estar teniendo.

Algunas de las técnicas de relajación que han demostrado ser efectivas incluyen el yoga, la meditación y la relajación muscular progresiva. Algunas de estas técnicas no requieren de una empresa o, mejor dicho, de muchas personas para que sean efectivas. Algunas como el yoga se pueden practicar en la comodidad de su salón y lograr excelentes resultados. Sin embargo, es bueno determinar algunas de las actividades que debe realizar en la vida.

Ataques de pánico

Vale la pena señalar que el dolor alcanza su punto máximo en unos pocos minutos e involucra varios síntomas. Dichos síntomas incluyen palpitaciones, aceleración cardíaca, así como sudoración profusa. Hay casos en los que una persona puede temblar, en otras situaciones, puede sentirse mareado, inestable o incluso desmayar. El malestar abdominal o las náuseas pueden ser parte de los signos y síntomas de esta afección.

Los estudiosos, así como un psiquiatra, han identificado que muchas personas han desarrollado uno o dos ataques de pánico en toda su vida. Vale la pena señalar que los problemas desaparecen cuando desaparece la situación estresante o la causa de la angustia. Sin embargo, si uno se enfrenta a un ataque de pánico inesperado, el problema parece persistir y puede permanecer por mucho tiempo antes de que uno vuelva a su estado normal. Aunque la afección no pone en peligro la vida, hay casos en los que el miedo tiende a afectar significativamente la calidad de vida. En tal situación, el tratamiento tiende a ser eficaz.

Algunas de las peores situaciones de este ataque de pánico son que existe un miedo intenso que tiende a desarrollarse y afectar la forma de vida de una persona. Hay casos en los que las personas temen desarrollar algunos de estos ataques y terminan mejorando los síntomas de la afección. Uno de los signos alarmantes que son habituales en este tipo de situaciones incluye mareos, dolores de cabeza extremos, así como la sensación de irrealidad o algo alejado del resto de la sociedad.

Causas

No se conocen causas de un ataque de pánico. Sin embargo, hay algunos factores asociados con esta condición. Dichos factores incluyen la genética, el estrés significativo, un temperamento que es más sensible a la presión o algo propenso a algunas de las emociones negativas que uno puede desarrollar. Vale la pena señalar que la afección puede desarrollarse repentinamente sin ninguna advertencia al principio. Sin embargo, la mayoría de estos suspiros son provocados por una situación particular.

En la mayoría de los casos, cuando la situación ataca rápidamente a uno, la frecuencia respiratoria se eleva dulcemente y la frecuencia cardíaca también aumenta. Sin embargo, algunos factores de riesgo pueden exponerlo a uno a frecuentes ataques de pánico.

Dichos factores incluyen antecedentes familiares, estrés vital significativo, un evento traumático como una agresión sexual, así como cambios sustanciales en la vida, como un divorcio o un bebé adicional en la vida. Fumar, así como la ingesta excesiva de cafeína, podría ser una causa importante de esta afección.

Capítulo 28: Señales de que la ansiedad está afectando su relación

¿Qué causa la ansiedad en las relaciones?

Estamos experimentando sentimientos apasionados por los desafíos que nos llegan desde varias perspectivas que no anticipamos. Cuanto más amamos a otro, más perdemos. Tememos ser perjudicados desde numerosos puntos de vista, tanto conscientes como ajenos. En cierto modo, en general, tenemos miedo a la cercanía. Curiosamente, este nerviosismo surge constantemente cuando obtenemos lo que necesitamos, cuando experimentamos el amor como en ningún otro momento o cuidamos de nuevo.

En el momento en que entablamos una relación, no solo estamos ansiosos por las cosas que suceden entre nosotros y nuestro cómplice; son simplemente las cosas que contamos sobre lo que está pasando. La "voz interior sensible" es un término que se usa para describir a nuestro mentor mezquino que nos escudriña, nos ofrece una guía terrible y potencia nuestro miedo a la cercanía. Nos dice:

- "Eres excesivamente monstruoso/gordo/agotador para mantener una relación".

- "Nunca vas a conocer a nadie, así que ¿por qué intentarlo?"

- "No puedes confiar en él. Está buscando a alguien mucho mejor".

- "Ella no te adora. Está buscando a alguien mejor. Sal antes de lesionarte."

Nos traicionamos a nosotros mismos y a las personas cercanas a nosotros a través de esa voz interna esencial. Puede fomentar un razonamiento contundente, negativo y sospechoso, disminuyendo la confianza y ampliando grados desafortunados de duda, renunciando a los celos y al temor.

Básicamente, nos cuida con un flujo constante de consideraciones, lo que socava nuestra alegría y acentúa nuestra relación en lugar de solo sacarle una carga. Si insistimos en lo que concierne a las emociones, nos desviamos de las asociaciones genuinas con nuestro cómplice. Podemos empezar a actuar de manera perjudicial, comentar con severidad o volvernos infantiles o paternales con los demás.

Piense, por ejemplo, en su pareja que se quedó en el trabajo hasta tarde una noche. Sentado solo en casa, el experto interno comienza a decir: "¿Dónde está?" "¿En realidad, confías en ella?" "Tal vez ella necesite estar lejos de ti." "Ella intenta mantenerse alejada de ti y ya no te adora." Tales emociones se acumularán en su cerebro hasta que se sienta inseguro, desconcertado o sospechoso cuando su cómplice regrese a casa.

Puede estar enojado o frío, lo que en ese momento decepciona y asegura a su compañero. Cambió la dinámica entre ustedes demasiado pronto. En lugar de pasar el rato, pueden desperdiciar una noche entera sintiéndose retraídos y molestos. Creó el agujero que al principio le aterrorizó. La deficiencia detrás de esta hipótesis no es simplemente la circunstancia. Esta voz interior crucial afectó su idea, sesgó sus convicciones y lo guio de una manera dañina.

En el momento en que se incluyen todos los problemas que enfatizamos al supervisar a alguien, somos más duraderos de lo que sospechamos. En verdad, podemos gestionar los daños y negativas que tanto tememos. Podemos sentir el tormento y recuperarnos progresivamente. La convincente voz interna, en cualquier caso, en general, amenazará y destruirá la realidad. Puede causar un intenso nerviosismo por elementos inexistentes y peligros que ni siquiera son sustanciales.

En cualquier caso, cuando suceden las cosas, alguien rompe con nosotros o tiene un entusiasmo por otra persona, y nuestra voz interna fundamental nos destruirá de maneras que no merecemos. Torce la realidad y destruye nuestra capacidad y seguridad. Este compañero de piso negativo también ofrece una exhortación horrible. "No puedes vivir así." "No puedes soportar esto." Esto solo sube continuamente a su vigilante y nunca está indefenso ante ninguna otra persona. Tenemos nuestra propia experiencia novedosa y ajustes en los seguros que hacemos y las voces esenciales que escuchamos.

Si estamos ansiosos o temblorosos, algunos de nosotros, en general, nos ceñiremos a nuestras actividades y nos pondremos nerviosos. Podemos sentirnos tenidos o controlados a la luz de nuestro cómplice. En el lado opuesto, algunos de nosotros nos sentiremos rápidamente entrometidos en nuestros lazos.

El ejemplo de conexión se enmarca en las conexiones de los jóvenes y sigue siendo un modelo de trabajo para las relaciones de adultos. Influye en cómo todos reaccionamos a nuestras necesidades y cómo las satisfacemos. Los diferentes tipos de conexión pueden aumentar numerosos grados de nerviosismo acerca de las conexiones.

¿Qué pensamientos perpetúan la ansiedad en las relaciones?

Las sospechas y perspectivas sexuales hacia uno mismo, así como hacia otras personas que son supervisores convincentes, atacarán nuestro reconocimiento actual. Si bien el análisis interno de todo es extraordinario, una parte de las voces internas esenciales y comunes son:

Voces internas esenciales sobre la relación

• Las relaciones nunca funcionan.

• Las personas terminan lesionadas.

Voz sobre su compañero:

• Los hombres son tan poco confiables, infantiles e indiferentes.

• Las mujeres son tan indefensas, sin dinero y aberrantes.

• No le importas y solo piensa en sus compañeros.

• No puedes confiar en ella.

• ¿Qué tiene de extraordinario? ¿Por qué es tan energizado?

• No puede obtener nada directamente en su vida.

• Probablemente te esté socavando.

Voces sobre sí:

• No es tu defecto si se pone furioso.

- Nunca descubrirás a alguien que te atrape.

- No te demores en ello. Trata de no enredarse excesivamente con ella.

- No le importas.

- Ella no es ideal para ti.

- Puedes dejarlo intrigado.

- Estás en una situación ideal sin ella.

- Ella te despedirá cuando se familiarice contigo.

- Debes estar a cargo.

- No sea demasiado frágil ni te lesiones.

¿Cómo nos afecta la ansiedad en la relación?

En el momento en que arrojamos luz sobre nuestra historia, comprendemos rápidamente que nuestro diseño de conexión, protecciones mentales y voces internas convincentes han tenido numerosos impactos iniciales. Cada uno de estos componentes aumenta nuestro dolor y puede, desde múltiples puntos de vista, arruinar nuestras vidas de alegría.

Escuchar nuestro análisis interno y agregar a esta angustia dará lugar a las medidas de acompañamiento:

Aferrarse

Si estamos preocupados, nuestra tendencia podría ser actuar con fuerza hacia nuestro cómplice. Podemos detenernos a sentirnos como los individuos autónomos y estables que éramos en el momento en que nos incluyeron. Por lo tanto, podemos sin mucho esfuerzo separarnos, actuar con envidia o ser peligrosos o dejar de interesarnos por los ejercicios libres.

Controlar

Podemos intentar controlar a nuestro cómplice cuando nos sentimos comprometidos. Podemos y no podemos hacer gobernar solo para facilitar nuestros sentimientos de inestabilidad o malestar. Esto puede distanciar a nuestro cómplice y crear indignación.

Rechazar

Ocurre en la remota posibilidad de que estemos estresados por nuestra relación, y podemos ir al desapego por un guardia. Es posible que nos enfriemos o nos neguemos a asegurarnos o agredir a nuestro cómplice. Estas demostraciones, discretas o sencillas, suelen ser un método exacto para restringir la separación o crear vulnerabilidad en nuestro compañero.

Retener

Regularmente queremos retener a nuestro cómplice, en contraste con la clara renuncia, cuando estamos ansiosos o aprensivos. Tal vez las cosas se acercaron y nos mezclamos a tientas, así que nos vamos a escapar. Tenemos poco amor o abandonamos alguna parte de nuestra relación. Retener puede parecerse a una demostración latente, pero ver a alguien es probablemente el enemigo más tranquilo de la energía y la fascinación.

Amenazar

Nuestra respuesta a nuestro dolor es, en algunos casos, progresivamente viciosa y rechazamos a nuestro cómplice. Podemos gritar o tratar con total desdén a nuestro cómplice. Es fundamental ser cautelosos sobre cómo reaccionan nuestras actividades ante nuestros compañeros y cómo reaccionan ante nuestra esencial voz interior.

Retirar

Cuando tenemos miedo en una relación, podemos entregar demostraciones certificadas de adoración y cercanía y retirarnos a una "relación de ensueño". En este estado de sueño, nos enfocamos en la forma sobre la sustancia. Seguimos asociados con tener un sentido de seguridad; sin embargo, entregamos las piezas fundamentales de la relación. Con frecuencia, en un vínculo onírico, participamos en una gran cantidad de las prácticas dañinas mencionadas como métodos para alejarnos y salvaguardarnos del malestar que es, obviamente, libre y cariñoso.

Señales de que la ansiedad está en su vida

Puede pensar en si el malestar social genera un alboroto en su vida. Tiende a ser un desafío saberlo. Todo el mundo está algo aprensivo, cómo para saber si sus asociaciones con sus seres queridos han influido. Las consultas adjuntas pueden explicar si este es un problema:

- A menudo hace hincapié en que su cómplice lo dejará por otra persona.

- Si la persona sale con compañeros, ¿confía en su cómplice?

- ¿Necesita frecuentemente el consuelo, cariño y dedicación de su parte?

- ¿Debería preocuparse por cómo reaccionará su cómplice ante un paso en falso que haya cometido?

- ¿Hay alguna discusión que evite con él ya que está estresado y podría explotar?

- ¿Sigue temeroso de que su cómplice sea infiel?

- ¿Es usted alguien que se está poniendo envidioso rápidamente?

- ¿No confía en su cómplice?

- ¿Se sentiría incómodo si él confiara en usted interiormente?

- ¿Algunas personas han dicho que es un desafío familiarizarse más con usted?

Si respondió "sí" a al menos cinco de las preguntas, es agradable tener una conversación real con su cómplice, una conversación honesta sobre sus tensiones. Intente ver cómo puede afectar su relación al intentar adaptarse a estos sentimientos de pavor. En ese momento, hablen como pareja para percibir cómo se pueden hacer cambios, cómo se asocian para mejorar las conexiones.

Capítulo 29: Manejo de la ansiedad

Estrategias para aliviar la ansiedad

Cuando sufre de ansiedad, puede volverse fácil quedar tan atrapado en lo negativo que sienta que no hay esperanza de sobrevivir o liberarse de la negatividad. Se queda tan atascado en esa mentalidad negativa que teme estar allí para siempre. Sin embargo, eso no podría estar más lejos de la verdad. De hecho, puede lograr el alivio de la ansiedad.

Pensamiento realista

Este es un método más para controlar sus emociones y pensar de manera razonable cuando se involucra en un pensamiento realista, está identificando qué pensamientos son realistas y, si encuentra pensamientos poco realistas, los está haciendo que se vuelvan razonables de alguna manera. Al hacer esto, esencialmente se está asegurando de poder corregir los pensamientos sobre la marcha.

El primer paso de este proceso es saber en qué está pensando en primer lugar. Aquí es donde entran sus herramientas de atención plena cuando utiliza esas habilidades, puede identificar a dónde va su mente y eso puede ayudarlo a ubicar todo tipo de cabos sueltos y pensamientos que no son realistas. Identifica cuáles de esos pensamientos le hacen sentir mal de alguna manera y enfóquese en ellos.

Por ejemplo, si se siente devastado porque la noche de su cita semanal fracasó, tiene un pensamiento poco realista. Preste atención a cómo le hace sentir eso e identifique el pensamiento detrás de eso. ¿Por qué le importa que no pudo asistir a su cita? Sí, esto es similar a identificar pensamientos automáticos negativos. De hecho, eso es exactamente lo que está haciendo aquí, quiere identificar ese pensamiento negativo para que pueda simplemente corregirlo con una frase corta.

Su respuesta a estar molesto por la noche de la cita tal vez sea que no quiere que su pareja sienta que ya no lo amas porque su pareja siempre le deja y realmente quiere asegurarse de que esta sea la indicada. Cuando se detiene y mira ese pensamiento, puede reconocer que el pensamiento es una reacción bastante exagerada por perderse una sola cita nocturna.

Entonces debe recordarse a sí mismo eso; dígase que, si una relación se destruye en una sola cita, entonces no es una relación que valga la pena en primer lugar. Al corregir ese pensamiento y hacerlo más positivo, esencialmente soluciona el problema en su mente. Es usted capaz de calmarse un poco porque ve la verdad.

Buscar un terapeuta

A veces, lo mejor que puede hacer para tratar la ansiedad persistente es buscar un terapeuta. Es mucho más fácil decirlo que hacerlo, pero incluso si siente que no lo necesita, puede valer la pena considerarlo. Los terapeutas no son malvados ni una pérdida de dinero, en realidad son bastante útiles. Pueden ayudarlo a navegar a través de todo tipo de pensamientos negativos y asegurarse de que pueda manejarse mejor sin importar la situación en cuestión. A través de estos procesos, obtendrá contenido personalizado que no puede proporcionarle cualquier amigo. Recibirá retroalimentación en tiempo real, que le indicará cómo lo está haciendo y si está cometiendo un error en la ejecución de algo que está haciendo.

Si cree que buscar activamente un terapeuta puede serle útil, debe programar una cita con su proveedor de atención primaria para obtener asesoramiento o una derivación. A veces, el seguro no cubrirá ninguna terapia sin una remisión, por lo que esta es una forma de omitir ese paso. Como beneficio adicional, su médico también podrá asegurarse de que no haya causas físicas para los síntomas que está teniendo, particularmente alrededor de su corazón. Después de todo, solo tienes uno de esos.

Cuando haya recibido una derivación para terapia, puede comenzar a considerar qué tipo de terapia funcionaría mejor para usted. ¿Querría un terapeuta cognitivo-conductual? ¿Terapia de conversación tradicional? ¿Algún otro tipo? Hay varias formas diferentes de terapia para la ansiedad y, en última instancia, la que siga será su propia elección. Una vez que haya tomado su decisión, debe verificar cualquiera en su área que acepte su seguro, o si no lo hacen, que sea asequible para usted.

Cuando finalmente conozca a su terapeuta, mantenga la mente abierta, pero también tenga en cuenta que debe hacer clic con la persona. Quiere asegurarse de sentirse cómodo con la persona con la que está hablando. Sin embargo, es difícil juzgar eso después de una sola sesión en muchos casos. Trate de reunirse con un terapeuta al menos dos veces antes de decidir que no es adecuado para usted. Encontrar la combinación adecuada para usted es esencial si desea asegurarse de que su proceso terapéutico sea realmente efectivo.

Juego de roles en el peor de los casos

Otra técnica que algunas personas encuentran útil para controlar la ansiedad es participar en lo que se conoce como un juego de roles en el peor de los casos. En este caso, tiene el desafío de imaginar el peor final posible para lo que le preocupa. Por ejemplo, si está ansioso por divorciarse, entonces puede detenerse y considerar cuál sería el peor de los casos en el que planea exactamente lo que sucedería.

Tal vez teme que su futuro ex obtenga la custodia total de los niños y se quede con la posesión de la casa, lo que le dejará con una enorme factura de manutención infantil para niños que nunca ve, y sus hijos se alienarán rápidamente en su contra, hasta que ya no quieran interactuar consigo en absoluto. Quizás esto vaya un paso más allá y pierda todo contacto con sus hijos, y todo se convierta en una billetera para asumir todas las demás actividades.

Deténgase y juegue esa situación. Entonces, debe considerar qué tan realista es eso. ¿Con qué frecuencia los padres pierden todo contacto con sus hijos a menos que estén haciendo algo malo para ellos? ¿Con qué frecuencia oye hablar de personas que consumen drogas conservando la custodia de sus hijos, o personas que abusan de sus hijos manteniendo la custodia? ¿Qué posibilidades hay de que su ex llegue y se lleve a los niños corriendo? ¿Por qué su ex querría hacer algo que es tan malo para sus hijos, quienes se beneficiarían de la presencia de ambos padres, salvo abuso o negligencia?

A medida que desmantela la situación, comienza a darse cuenta de que las posibilidades de que su peor escenario ocurra son extremadamente escasas, y eso le brinda algunas de las comodidades que necesita para seguir adelante sin más ansiedad sobre el tema.

Representar una situación hasta el final

El último de los métodos que aprenderá para hacer frente a la ansiedad es desarrollar una situación hasta el final. En este caso, estará pensando en considerar su miedo y permitirse pensar en lo que realmente sucederá en esa situación en particular. Por ejemplo, tal vez su temor sea perder su trabajo cuando vaya a trabajar mañana porque estuvo enfermo durante una semana y faltó mucho al trabajo. Su ansiedad lo mantiene despierto y sabe que necesita dormir, pero simplemente no puede lograrlo.

En este caso, lo que debe hacer es detenerse, pensar en ese miedo y luego interpretar cómo cree que irá la situación. Si tiene miedo de ser despedido cuando se presente, imagine lo que cree que sucederá de manera realista. Quizás imagina que llegará y que vendrá su jefe. Sin embargo, en lugar de decirle que necesita hablar en privado, su jefe le dirá que usted lo está haciendo mejor y le dice que lo extrañaron. No dice una palabra de que está enfermo porque es un buen jefe y comprende que la gente se enferma a veces.

Debido a que representa el final realista, puede contrastarlo con el peor de los casos que puede haber desarrollado también para esa situación en particular. Puede mirar a los dos y darse cuenta de que estará bien. Sabe que ser despedido es una posibilidad, pero es sólo eso; una posibilidad. Siempre existe la posibilidad de ser despedido en cualquier trabajo por cualquier motivo. Entonces podrá relajarse un poco y decirse a sí mismo que todo estará bien, lo que le permitirá finalmente conciliar el sueño y descansar lo que necesita.

Estrategias para mejorar la calidad de vida

Ahora, este libro guiará a través de varios pasos para mejorar la calidad de vida. Estas son otras formas que pueden beneficiarlo y que no están necesariamente diseñadas directamente para la ansiedad en particular, pero que pueden ayudarlo a encontrar más disfrute y valor en la vida que tiene. A medida que avanza en este proceso y lee estas actividades diferentes, imagine cómo podría aplicar cualquiera de estas posibilidades a su propia vida para desarrollar la vida que desea llevar. Puede darse cuenta de que hay varias formas diferentes de implementar más positividad en su vida que pueden tener un efecto secundario agradable al disminuir su ansiedad.

Entender el lenguaje corporal

Al aprender a leer mejor el lenguaje corporal de otras personas, se enseña a sí mismo a comprender a los demás, de modo que sepa lo que están pensando en un momento dado. También se asegura de que es capaz de desarrollar las habilidades para actuar de maneras que estén directamente relacionadas con el estado de ánimo en el que le gustaría estar. Recuerde fingir hasta que lo consiga cuando aprenda a leer el lenguaje corporal de otras personas. Puede participar mejor en el lenguaje corporal que usted mismo necesitaría para que su mente desarrolle ciertos modos de pensar. Además, también desarrolla la idea de reconocer su propio lenguaje corporal, aprender lo que significa comprender mejor sus propios estados de ánimo cuando tiene dificultades para leerlos.

Estudiar la inteligencia emocional

Este es un consejo que recibirá para aprender a convertirse en un individuo emocionalmente más inteligente. Al hacerlo, se vuelve más capaz en entornos sociales. Se asegura de saber cómo controlarse a sí mismo y a sus propios comportamientos. Se está asegurando de poder comportarse siempre correctamente porque sabe cuál es la mejor manera de regularse. También está desarrollando la confianza en sí mismo que necesita para obtener las habilidades deseadas para mantener a raya su propia ansiedad.

Al aprender a ser emocionalmente inteligente, está diciendo que quiere mejorarse a sí mismo, reconociendo que siempre puede mejorar y que siempre puede encontrar una luz en una situación oscura, por pequeña que sea esa luz. Esta puede guiarlo hacia una experiencia de aprendizaje que puede encontrar increíblemente beneficiosa para usted.

Capítulo 30: Pasos para superar la ansiedad en las relaciones

¡La clave para lidiar con la ansiedad y encontrar el amor que usted se merece está realmente dentro de sí! Lo que sucedió en el pasado está en el pasado, y puede reconfigurar su cerebro para concentrarse en sus atributos positivos y silenciar ese guion negativo que constantemente corre en su cabeza. Es posible que desee considerar la posibilidad de obtener ayuda de un amigo, socio o terapeuta de confianza, que lo ayude a ver estos pensamientos de la manera más objetiva posible, descubrir qué lo desencadena y cómo detenerse por un segundo y reevaluar antes de responder, y cómo calmarse. Aprenda un nuevo estilo de apego seguro positivo. Hay muchos hábitos que puede adoptar para ayudarlo a lograrlo:

Mate a esos dragones y encuentre amor y satisfacción

No tiene que ser víctima de su pasado. Piense en esta frase, disfrútela, déjela asimilar y luego repítase a sí mismo que ya no quiere ser una víctima, de su infancia, de sus experiencias y relaciones pasadas, de sus heridas y desconfianzas.

En los negocios, al planificar el futuro, debe evaluar cuidadosamente el camino que ha seguido la empresa hasta aquí, qué salió bien y qué salió mal. Entenderá que las decisiones se tomaron en base a la información disponible en ese momento y con las mejores intenciones.

Entendería que, en algunos casos, los cambios catastróficos dejaron al negocio abrumado y en dificultades y que se podrían haber tomado mejores decisiones; sin embargo, ahora son costos hundidos y es hora de cancelarlos y seguir adelante. Sería objetivo y mantendría la emoción al mínimo. Lo mismo se aplica a su vida: si es menos afortunado que algunos y aún no ha desarrollado un estilo de apego seguro que le ayude a navegar las relaciones e interacciones adultas, tiene la oportunidad de desarrollar un estilo seguro con 'seguridad ganada'.

Desarrollar la seguridad en las relaciones desarrollando una relación segura con un amigo o psicoterapeuta, o trabajando con su pareja romántica firmemente apegada, es la mejor manera de encender ese fuego dentro de usted y nutrirlo hasta que pueda florecer por sí solo, en un lugar seguro creando así una relación romántica adulta emocionalmente madura.

La parte más importante de este viaje es reconciliarse con sus experiencias infantiles, comprender cómo las decisiones inconscientes que le ayudaron a sobrevivir, afectaron sus comportamientos y comprender cómo sus relaciones pasadas impactan sus relaciones presentes y continuarán haciéndolo en el futuro a menos que se realicen cambios.

Efectos de la seguridad ganada

Desarrollar un estilo de apego seguro puede conducir a:

- Confianza básica: que se satisfagan sus necesidades, que espere que haya ayuda disponible, lo que le permitirá buscarla.

- Autoimagen positiva y alta autoestima: aceptar comentarios positivos ayuda a desarrollar la forma en que se ve y se trata a sí mismo.

- Conjuntos de creencias positivas y perspectivas de la vida: ver el mundo como no amenazante y como personas bien intencionadas.

- Autonomía, orientación a metas, determinación y buenas habilidades para resolver problemas: crea una sensación de dominio y logro.

- Buen control emocional y flexibilidad de comportamiento: dominar sus emociones y desarrollar la 'resistencia del ego' le ayuda a controlar los impulsos y adaptarse a nuevas situaciones.

- Relaciones fuertes: la intimidad, la confianza y las expectativas positivas se convierten en una segunda naturaleza y fomentan la capacidad de construir y mantener amistades y relaciones románticas sólidas, saludables y duraderas.

¿A qué apuntar?

Si quiere una relación significativa, en las relaciones de apego seguras hay límites apropiados y se basa en la empatía, la comunicación honesta y verdadera y la confianza. Desea sentirse seguro, disfrutar de la compañía del otro y sentirse cómodo compartiendo pensamientos y sentimientos íntimos. Quiere ciertos aspectos de su día en los que hagan cosas juntos, también tienen su propio espacio para hacer las cosas por separado.

Necesita flexibilidad y distancia para crear intimidad. Piense en una nueva banda de goma, se puede estirar sin romperse y se recuperará una vez que se suelte. Si no se estira con regularidad, se vuelve quebradizo y se desmorona, y si se estira demasiado durante demasiado tiempo, se rompe.

Conciencia de sí mismo

Puede ser un desafío abordar el apego inseguro, ya que está profundamente arraigado en nuestra psique, pero la conciencia de uno mismo es el mejor primer paso que puede dar. Tomar conciencia de lo que le dio forma a usted y a sus relaciones puede ayudarlo a identificar qué pertenece al pasado y a qué prestar atención ahora. Se trata de desarrollar la autoconciencia y poder contextualizar tus respuestas emocionales (Leo, 2018).

Esta visión puede brindarle la oportunidad de observar su comportamiento y ver si lo está ayudando y cómo lo acerca a lo que desea. Siempre es mucho más fácil identificar el comportamiento de autosabotaje en los demás; realmente necesita profundizar para mirar el suyo de la manera más objetiva posible.

Reconozca sus disparadores

Piense en los estudios de caso a continuación y vuelva a su diario de emociones, buscando los factores desencadenantes y patrones en los ejercicios que ha completado hasta ahora. Continúe con los ejercicios cada vez que se active. Por lo general, no se encuentran en un estado constante de ansiedad, son pegajosos, exigentes y se involucran en la resolución de conflictos disfuncionales, sino que vuelven allí cuando se activan. Sus respuestas son evocadas por situaciones estresantes que amenazan la calidad o estabilidad de la relación:

- Eventos externos negativos: situaciones peligrosas o amenazantes.

- Eventos relacionales negativos: conflicto de relación, separación y abandono.

- Factores estresantes cognitivos/emocionales: reflexionar sobre eventos negativos.

Si bien estos eventos provocan angustia en prácticamente todas las personas, se magnifica en aquellos con apego inseguro y ansioso. Una vez que se activa, es muy consciente de que está molesto y desea la ayuda inmediata de sus compañeros. Intenta reducir el estrés acercándose lo más posible a su pareja, mediante la proximidad intensa y obsesiva, el apoyo o la búsqueda de consuelo de sus parejas, que a menudo pueden fallar.

El uso de sus estrategias de afrontamiento típicas centradas en las emociones o hiperactivas le lleva a reflexionar sobre los resultados del "peor de los casos" y le impide encontrar una solución racionalmente. Durante el estrés, a menudo subestima el cuidado y el apoyo que le brinda su pareja, y percibe sus intenciones como menos benévolas y verá cualquier frustración con su constante necesidad de tranquilidad como un rechazo.

Si el compañero seguro amortigua (es decir, modula la regulación emocional y conductual) la respuesta de manera adecuada, la reacción disminuye. Esto ayuda a la pareja ansiosa a experimentar menos afecto negativo y a comportarse de manera más constructiva. Una vez que se activa, su modelo de apego de trabajo afectará su comportamiento, su percepción de su pareja y, en última instancia, su calidad de vida y bienestar.

Haga una lista de las cosas que le provocan, según las tres categorías anteriores. Continúe agregando a esta lista en su diario de emociones. Trate de trabajar en cada uno de ellos, utilizando la conciencia de sí mismo y la auto-compasión, y encuentre una solución para cada uno: un pensamiento positivo que pueda decirse a sí mismo cuando suceda el desencadenante.

Capítulo 31: Consejos para ayudar a reducir los niveles de ansiedad mediante el ejercicio

¿Alguna vez se ha preguntado cómo todas esas parejas permanecen enamoradas y pasan por todo juntas? ¿Se pregunta cuál es su secreto? La respuesta ciertamente no es buena fortuna o suerte. Todo se reduce a compromiso y esfuerzo. Tienen una relación feliz porque han descubierto ciertos pros y contras de una relación. No es algo que solo unos pocos tienen, sino que incluso usted puede tener una relación feliz si sabe lo que debe y no debe hacer. No pienso en estos pros y contras como secretos. Son ciertas verdades que la mayoría de la gente parece pasar por alto.

Perspectiva realista

Ya sean películas románticas o cuentos de hadas de su infancia, lo único que tienen en común es un final feliz. Esta noción de un final feliz a menudo trae consigo sus puntos de vista poco realistas sobre de qué se trata una relación comprometida. Bueno, estas películas y cuentos de hadas, y la realidad de la vida son cosas muy diferentes, como habrá descubierto. Si desea una relación feliz, debe tener una visión realista de lo que debe ser una relación.

Si bien el romance es nuevo y el amor está floreciendo, existe un grado de loco enamoramiento. Este enamoramiento se desvanece y, en la mayoría de las relaciones, también lo hace el romance. A medida que la relación crece, debe aferrarse a este romance mientras desarrolla un vínculo más fuerte. Toda relación tiene sus altibajos, pero debe encontrar la fuerza y la resistencia para no rendirse.

Para hacer esto, necesita una perspectiva realista hacia el compromiso y la relación. No siempre hay sol y arcoíris, por lo que es hora de dejar de lado cualquier expectativa poco realista que tenga. En su lugar, trabaje en desarrollar una perspectiva positiva y realista. Aprenda a gestionar sus expectativas.

Trabajo duro

Es poco lo que puede lograr en la vida sin trabajar duro. Una relación feliz requiere mucho trabajo. ¿Qué le pasará a un jardín si no lo cuida con regularidad? Las malas hierbas comenzarán a crecer e incluso las plantas más sanas morirán. Del mismo modo, usted también debe cuidar su relación. Comience a abordar cualquier malentendido o problema que tenga de inmediato.

A menudo me encuentro con parejas que creen que una buena relación simplemente sucede. Si cree que una relación funcionará sin ningún esfuerzo, lamentablemente está equivocado. Si quiere tener éxito en la vida, debe hacer el esfuerzo necesario. Asimismo, debe trabajar para mejorar su relación. Si sigue descuidándola, puede olvidarse de todos los sueños que tenía para una relación feliz.

Tiempo de calidad

Vivimos en un mundo lleno de distracciones, ya sea en forma de trabajo, dispositivos o incluso redes sociales. Tenga en cuenta que no hay nada en este mundo que pueda sustituir el tiempo de calidad. Deben pasar tiempo juntos. Si desea establecer y mantener un vínculo fuerte, pasar tiempo de calidad juntos es esencial. Propóngase estar juntos sin otros a su alrededor. Está bien salir, pasar tiempo con sus seres queridos y socializar.

Sin embargo, no es la clave ignorar la importancia del tiempo de calidad que pasan juntos mientras hacen todo esto. No estoy sugiriendo que tengan que sentarse en casa y mirar televisión porque esto no cuenta como tiempo de calidad. En cambio, estén juntos. Encuentren algunas actividades comunes que puedan realizar juntos y disfruten de ellas.

Tiempo solo

Sé que dije que pasar tiempo de calidad juntos es importante, pero también es importante tener un tiempo a solas para usted. Puede parecer un consejo contradictorio, pero es muy importante dejar espacio para un poco de separación. Cuando están en una relación, es obvio que quieren hacer muchas cosas juntos. Sin embargo, durante este proceso, no debe olvidarse de sí mismo y, sobre todo, de sus necesidades.

Debe cuidarse a sí mismo y cuidar de sí mismo para asegurarse de conservar su individualidad. Hay parejas que pierden su individualidad una vez que están juntas. Si hace esto, puede que esté bien al principio, pero con el tiempo, se frustrará con la relación. Por lo tanto, asegúrese de tener ciertos intereses o actividades que sean diferentes a los de su pareja. Esto puede hacer que extrañes un poco a su pareja, lo cual es sano para la relación.

Las diferencias son buenas

Tómese un momento y responde esta pregunta: "¿Qué le atrajo de su pareja al principio?" Estoy casi seguro de que el único rasgo que indudablemente le atrajo inicialmente es también lo único que le está volviendo loco hoy. Bueno, es hora de dar un paso atrás y tener una nueva perspectiva. Un cambio de perspectiva le ayudará a apreciar los rasgos únicos de su pareja. Ningún ser humano es perfecto y todo el mundo tiene ciertas cualidades negativas.

Empiece a centrarse en sus rasgos positivos y demuestre aprecio por todas aquellas cosas que los hacen diferentes entre sí. Creo que estas diferencias tienden a equilibrarse entre sí y a hacerlos buenos juntos. Las diferencias no significan desacuerdos. Simplemente significan una diferencia de opiniones, y eso es saludable para dos personas.

No intente cambiar al otro

Un error común que cometen muchas parejas es que intentan cambiarse entre sí. Si no es así, uno de los miembros intenta cambiarse por el otro. Ninguna de estas cosas funcionará a largo plazo. Si intenta cambiar a su pareja, eventualmente perderá su individualidad. Para que una relación funcione, ambos deben conservar su individualidad. Está bien hacer ciertos cambios que sean útiles para la salud de la relación.

Sin embargo, intentar cambiarse por completo a sí mismo o a su pareja es una receta para el desastre. No crea que puede eliminar la fuente de todos los desacuerdos cambiando de pareja. Dicho esto, deben concentrarse en darse a los demás más de lo que saben que la otra persona quiere, incluso si no es algo natural para ustedes. Por ejemplo, no se queje de que su pareja nunca descarga la lavadora, intente hacerlo usted mismo sin quejarse. Su pareja sin duda tomará nota del esfuerzo que está haciendo y tratará de desempeñar un papel más activo en casa. Si hace esto, no solo evitará confrontaciones desagradables, ¡sino que también tendrá una relación más saludable!

Aceptación

A veces, la mejor solución es estar de acuerdo en no estar de acuerdo. No es posible que dos seres humanos estén de acuerdo en todo. Una diferencia de opiniones es bastante natural, y si no es en una cosa, habrá algo en lo que ambos nunca parecen estar de acuerdo. En tales casos, no intente cambiar a la otra persona y no se convenza de hacer cambios irracionales. En cambio, simplemente acepte el hecho de que no puede estar de acuerdo y algunos problemas no se pueden resolver.

Una solución simple es llegar a un compromiso para solucionar el problema. La verdadera prueba de una relación es cómo lidiar con estos problemas irresolubles. Se trata de llegar a un compromiso o de comprender el hecho de que no vale la pena pelear por algunas cosas. Por ejemplo, si su pareja sigue quejándose de que usted nunca hace la cama por la mañana, entonces, ¿por qué no empezar a hacer la cama por la mañana? Ciertamente es una solicitud razonable y no requiere mucho esfuerzo.

Aprenda a comunicar

Una de las razones más comunes por las que varias relaciones fracasan se debe a la falta de una comunicación adecuada. Los seres humanos no son lectores de mente y esperar que su pareja lo entienda sin comunicarse es un gran error que debe evitar. Si quiere algo, debe comunicarse lo mismo. Para hacer esto, debe convertirse en un oyente activo y eficaz. Empiece por escuchar lo que dice su pareja sin interrumpirla. Solo escuche, y una vez que haya terminado, podrá resumir rápidamente el problema. Si es posible, no esté en desacuerdo con ella inmediatamente y en su lugar trate de sentir empatía. Está bien si no está de acuerdo con lo que sienta su pareja.

Sin embargo, al seguir este consejo, efectivamente está sacando a su pareja de la defensiva. Una vez que ambos estén tranquilos, pueden hablar sobre el tema y expresar su desacuerdo con amabilidad. Siempre hay una manera de hablar de las cosas sin que se convierta en una pelea o una discusión en toda regla. Al hacer esto, puede llegar fácilmente a una solución de mutuo acuerdo en lugar de una discusión que los deje a ambos arrojándose enojo el uno al otro.

Sea honesto

Es posible que haya ciertas cosas que desee compartir con su pareja y que sepa que no estarán de acuerdo o que quizás no quiera escuchar. Siempre es mejor compartir esas cosas en lugar de no hablar de ellas. Es mejor ser honesto que permitir que su pareja comience a dudar de su honestidad. Ser honesto asegura que existe confianza en la relación. Uno de los principales factores que rompen los acuerdos en las relaciones es la desconfianza. Una vez que se pierde la confianza, recuperarla es casi imposible.

Piense en la confianza como un espejo; una vez que el espejo se rompe, no puede volver a armarlo y las grietas siempre permanecerán. Entonces, comience a ser honesto. No estoy diciendo que deba ser brutalmente honesto, pero siempre puede expresar su honestidad de una manera fácilmente comprensible y no amenazante. No lastime a su pareja y sea consciente de sus sentimientos también.

El respeto importa

Ambos pueden comenzar a darse por sentado. Nunca haga esto. Quiero decir, nunca debe dejar de respetar a su pareja o darla por sentado. Un recordatorio casual de lo mucho que significa para usted sin duda fortalecerá la relación. Una vez más, esta es una calle de doble sentido. Debe respetar a su pareja y su pareja debe corresponderle. Una relación en la que un socio no respeta al otro no es una relación saludable. Y casi siempre terminará en angustia.

Decir algo tan simple como "Te amo" o "No puedo creer lo afortunado que soy de tenerte", seguramente hará que su pareja se sienta feliz y hará que sonríe. No se necesita mucho para decir esto, ¿verdad? Entonces, ¿por qué no decirlo? Sea respetuoso, agradecido y nunca le dé por sentado. Honestamente, mucha gente no se da cuenta del valor de sus relaciones hasta que ya no las tienen. No deje que esto le pase a usted. No se retenga y sea genuino cada vez que se exprese.

Bueno, muchas parejas suelen pasar por alto estas sugerencias obvias. Al principio, puede requerir un poco de esfuerzo, pero considérelo como una inversión que sigue dando y seguirá dando frutos. Si mantiene su esfuerzo, su inversión se verá recompensada a pasos agigantados.

Capítulo 32: Cultivar relaciones nuevas y saludables

Permitir vulnerabilidad

Uno de los primeros signos de estar enamorado es cuando de repente se vuelve muy vulnerable. Esta vulnerabilidad está presente en sus sentimientos, anhelos y miedos. Cuando empiece a enamorarse, su corazón se abrirá a su pareja. Empieza a confiar su corazón a su pareja y a mostrarse a ella, como lo hace solo con personas muy cercanas.

Es posible que le preocupe ser vulnerable, especialmente si ha tenido malas experiencias en las relaciones. Cuando está abierto y vulnerable, esos problemas que de otro modo hubiera reprimido pueden entrar en su conciencia en nuevas relaciones. Ahí radica el miedo que a menudo se justifica, pero no permita que le asuste. Las nuevas relaciones son solo eso: nuevas. Juzgarlas basándose en experiencias pasadas no es justo para usted ni para ellas.

La verdadera belleza viene de dentro

Otro signo seguro de enamoramiento es la capacidad de ver la belleza interior de una persona. Al comienzo de una relación romántica, se presta mucha atención al exterior. Con el tiempo, a medida que florecen los sentimientos de amor, verá la verdadera personalidad de su contraparte: su verdadera belleza interior. Ante este pensamiento, se confirma el dicho "el amor te ciega".

La familia

Si está en una relación con alguien que un día le pregunta si puede conocer a su familia, puede estar seguro de que esa persona se está enamorando de usted o incluso ya está profundamente enamorado. La familia es muy importante y conocer a la familia de su pareja deja en claro la seriedad de la relación. Si le han presentado tanto a la familia como al círculo de amigos, puede estar seguro de que los sentimientos de su pareja son genuinos.

Desinterés

El último y más claro signo de enamoramiento es el puro desinterés. Esto sucede cuando usted o su pareja ponen las necesidades de ambos en primer plano y subordinan sus propias necesidades. Una relación unilateral no le ayuda. Incluso si siente que no puede vivir sin su pareja y la ama sin medida, si ambos no están en la misma página, la relación no llegará a ninguna parte.

Formas de cultivar relaciones significativas

Sea claro sobre lo que necesita

En su primera cita, antes de que sus platos principales hayan tocado la mesa, ambos deben examinar lo que realmente quieren de una relación. Sea claro sobre lo que busca. De esta manera, ambos estarán en la misma página desde el principio. La idea de esto puede ser alarmante, pero, en cualquier caso, aprenda a esperar lo inesperado. Simplemente podrían revelar deseos similares.

Hable de sus sueños y deseos

¿Le gustaría construir una casa pequeña y vivir fuera de la red? ¿Le gustaría tomarse un año libre para viajar por los confines del planeta? Comparta estos sueños con un compañero potencial. Descubra si sus objetivos complementan los de otra persona y si tiene intereses superpuestos. Es mucho más divertido conocer a alguien cuando se habla de sueños que de pasatiempos generales.

Tenga una comunicación abierta

Si algo le preocupa, no lo guarde en su interior debido al miedo paranoico de lo que pueda ocurrir si lo menciona. Aborde los problemas y tenga discusiones tranquilas y afectuosas para ver los dos puntos de vista. Es un repaso muy necesario saber que ambos quieren cooperar para discutir cualquier cosa antes de que algo se convierta en un problema importante. No se trata de tener razón o no, se trata de que las dos personas trabajen juntas.

Acepte cada aspecto de sí mismo

Si no se acepta a sí mismo por lo que es, ¿por qué debería hacerlo otra persona? Puede haber aspectos de sí mismo que no le gusten o que cambiaría si pudiera, pero no son importantes. Cuanto antes pueda mirarse a sí mismo y ser feliz con todo lo que ve, mejor estará en la vida y en el amor.

Manejen el estrés juntos

El estrés nunca se irá: lo que importa son los medios con los que lo manejamos. Cuando su pareja se sienta perturbada o estresada, esté ahí para que se desahogue. No intente arreglarlo todo; más bien, permítales resolver el problema como lo deseen. Todo lo que necesita es saber que usted está ahí.

Ofrezca gracias regularmente

Tener un aprecio mutuo es enormemente beneficioso. También es importante dar gracias por otros aspectos de su vida. Las personas agradecidas son personas felices, y una pareja que se agradece el uno por el otro está en mejores condiciones de construir una relación sana.

Hablen de las grandes cosas

Hable de todo, desde mudarse juntos hasta construir una casa, desde los niños hasta los fondos y los viajes familiares. No espere hasta que estos eventos estén aquí: comience con ventaja y comience a discutir sus expectativas temprano. Muchas parejas temen este tipo de conversaciones por temor a que su pareja no esté de acuerdo con ellas. Pero cuanto antes descubra las diferencias, antes podrá empezar a trabajar para llegar a un compromiso.

Cenen juntos

Las personas se unen por la comida compartida, ¡así que aprovéchenla al máximo! Ponga música romántica, vístase bien y conéctese. La comida casi no importa tanto como la atención completa e indivisa de ambos.

Esten disponibles

Cuando necesite a su pareja, ¿quiere que esté disponible o podrá lidiar con ella dando prioridad a algo más que a usted? Si desea ser el primero, comience poniéndolo primero. Esté preparado para acudir en su ayuda si lo necesita. No tiene que dejar todo por capricho, pero asegúrese de saber lo que va a hacer si alguna vez le informa que está atravesando una crisis y que necesita su apoyo. Sus acciones en su momento de necesidad marcan la pauta para el futuro.

Trabaje para ser un mejor compañero

Si usted es como la mayoría de las personas, hay cosas que desea cambiar de sí. Algunos de estos cambios deseados pueden afectar positivamente su relación. Al esforzarse por ser la mejor persona que puede ser para la persona que ama, también se está volviendo mejor para usted. Una relación sólida es la cooperación de dos personas para construir una vida juntos. Una relación sólida es algo similar a una trinidad, dos personas hacen algo más profundo y superior a ellos mismos, pero siguen siendo ellos mismos. Para que se desarrolle una relación, usted también debe desarrollarse como individuo y no perderse.

Disfrutar de estar enamorado

¿Está recién enamorado? ¡Entonces probablemente se esté sintiendo muy bien ahora mismo! Tengo algunos buenos consejos para que aproveche al máximo su amor y lo mantenga fuerte durante mucho tiempo.

Además, las conversaciones no deben descuidarse a pesar del romance. Celebre su romance compartido, porque le da fuerza para los momentos menos buenos y crea un gran terreno común. Sin embargo, las conversaciones son tan importantes como las experiencias. Comparta sus sentimientos con su pareja y dele la oportunidad de conocerle también.

Consejos para una relación larga y feliz

Los siguientes consejos le ayudarán a mantener su relación sana durante mucho tiempo.

Evite regañar

Cualquier tipo de crítica a la idiosincrasia de su pareja conduce a peleas o molestias. Los psicólogos opinan que criticar a su pareja en muchos casos es una proyección de sus propias deficiencias. En lugar de frustrar a su pareja con quejas, podría pensar en lo que le hace sentir incómodo acerca de sus rasgos y trabajar para reformular su punto de vista.

Entienda que su pareja es su propia personalidad

Debe aceptar el hecho de que su pareja es un individuo con una personalidad única. No obstante, tratamos a nuestra pareja de forma inconsciente y, en ocasiones, consciente como si fuera una extensión de nosotros mismos. Acepte que su pareja es un ser con carácter propio, con sentimientos, percepciones, opiniones y experiencias adecuadas.

Acepte los errores de su pareja

Errar es humano. Su pareja no es un ángel, por lo que es probable que cometa errores. Cuando eso suceda, aprenda a perdonar y no capitalice los errores de su pareja. Sobre todo, hay muchas cosas que no podemos cambiar de nuestra pareja, así que en lugar de quejarnos o regañar, ¿por qué no aprender a vivir con ellos? Los pequeños errores no son cuestión de vida o muerte. Si le resulta difícil lidiar con la idiosincrasia de su pareja, llámelo a la atención y explíquese de manera educada. No culpe ni acuse, simplemente dialogue.

No tolere el comportamiento destructivo

Aprenda a tolerar a su pareja siempre que su comportamiento no sea destructivo ni ponga en peligro su vida. Si descubre que su cónyuge o pareja es muy agresivo, no pinte la situación y aprenda a "sobrellevar la situación". Su seguridad es importante. Si alguna vez se siente amenazado, no se quede para tratar para mantener la paz. Aléjese.

Tómese un descanso emocional

Nuestra piel necesita luz solar para la producción de vitamina D. Sin embargo, los baños de sol prolongados y frecuentes pueden causar cáncer de piel potencialmente mortal. Entonces, la dosis correcta es importante. Esto también se aplica a las relaciones.

Por supuesto, nos necesitamos unos a otros para llenar nuestras vidas de felicidad. Pero también necesitamos descansos emocionales en los que uno no piense en la otra persona o participe en la planificación de actividades conjuntas. Reúnase a solas con amigos o únase a un club solo para desarrollarse como persona. Si ambos experimentan algo diferente el uno del otro, también hay algo de qué hablar en la mesa.

No vincule las condiciones a los regalos

Un regalo es un regalo. Y un favor es un favor. En un matrimonio o en una relación íntima, nunca debe imponer ninguna condición a un regalo o favor. Si quiere hacer algo bueno por su pareja, hágalo sin ningún motivo oculto. No haga un juego como: "Te daré un masaje si me das uno". Lo mismo se aplica a los precios de los regalos. El hecho de que le haya regalado un ordenador a su pareja no significa que tenga que expresar su cariño con algo igualmente caro.

Acepte favores y regalos por lo que son: gestos y símbolos del amor. Por cierto, esto también se aplica a los cumplidos. A menudo tendemos a no tomarnos en serio los cumplidos y elogios de nuestros compañeros. Pero solo porque su pareja le ama, eso no hace que su opinión sea inútil. Si su pareja le dice que está bonita, por ejemplo, acepte el cumplido y no la decepcione rechazándola con un "Oh, eso lo dices porque me amas".

Sea fiel y sincero

A menos que haya hecho otros arreglos, comparta un edredón exclusivamente con su pareja romántica y con nadie más. Ser engañado por una persona cercana es una de las experiencias más crueles que le pueden pasar a cualquiera. Si realmente ama a su pareja, le ahorrará esa experiencia. En última instancia, la fidelidad genera una confianza tan profunda que no se puede reemplazar ni reparar una vez que se rompe.

Problemas de dirección

Ninguna asociación está en completa armonía. Ustedes son dos personalidades diferentes con pensamientos y sentimientos. Una relación, no importa cuánto amor y dedicación sientan el uno por el otro, siempre es el resultado de muchos compromisos.

Por lo tanto, enfrente los asuntos críticos de frente en lugar de esperar a que el otro aborde el problema. Los terapeutas de pareja están de acuerdo unánimemente en que la comunicación es la clave para una relación larga, saludable y satisfactoria.

Aprecie lo que ve en su pareja

El primer enamoramiento no desaparece para siempre, la mayoría de las veces solo da paso a otro sentimiento, el de profundo apego y amor. Ha descubierto que puede confiar en su pareja, que él piensa en usted y de muchas maneras se convienen perfectamente. Sientan que ustedes como pareja armonizan y les guste estar el uno con el otro.

Capítulo 33: Construya una relación sana, duradera y amorosa

Usted ya aprendió de dónde viene una pareja saludable y cómo comunicarse. Pero hay más en la relación, especialmente si quiere construir una fuerte conexión. Todas las relaciones necesitan cuidados. Usted y su pareja deben poder caminar juntos por la vida. Esto solo se puede lograr si confían el uno en el otro y saben cómo comunicarse de manera efectiva.

Incluso cuando su relación está en su peor momento, para poder sobrevivir, ambos deben invertir en ella. Pero las relaciones también necesitan que comprenda que usted y su pareja son personas separadas que tienen sus propias diferencias. Nunca intente cambiar a su pareja. Relación significa compromiso no opresión.

Cambie naturalmente

Todos cambiamos a lo largo de nuestras vidas debido a nuevas experiencias, y no podemos ser la misma persona que éramos antes de esta relación. Pero ese tipo de cambio es natural y la gente ni siquiera lo nota. Pero no fuerce el cambio, no insista en ello y no lo espere en su pareja. Observe las cosas que le pasa, son lecciones importantes y necesitan hacernos mejores personas.

Por ejemplo, antes de conocer a su pareja, nunca pensó en hacer ejercicio. A su pareja le encanta ir de excursión y para pasar más tiempo con él decide unirse a él. Esta nueva actividad que comparte con su pareja le hizo darse cuenta de cómo su cuerpo va mejorando, llega a la conclusión de que su salud mejoró gracias al senderismo y decide darle aún más. Empieza a ir al gimnasio de vez en cuando y se cuida más. Esto le está influenciando; ha cambiado algo de usted mismo de una manera positiva, y eso les están haciendo felices tanto a usted como a su pareja.

Este es un ejemplo de un buen cambio que sucedió de forma natural y provino de una experiencia. El cambio forzado sería que su pareja le obligue a ir de excursión con él incluso si usted no quiere. Le obliga a ir al gimnasio condicionándole con varias cosas. No le gusta, pero se siente obligado a hacerlo por su pareja. Con el tiempo suficiente, sus inseguridades se dispararán y comenzará a discutir al respecto. Después de todo, está haciendo algo que no quiere. Generará ansiedad entre usted y la relación se verá afectada.

Mantenga viva la conexión

Los compañeros se alejan el uno del otro a veces debido al estrés diario. Puede estar relacionado con el trabajo, la familia o los amigos. Nuestros estilos de apego, los mismos que provocan inseguridades, pueden darnos una alerta temprana y tenemos la ventaja de tener tiempo para reaccionar y trabajar para reconectarnos con nuestra pareja. Mantener la conexión construida por usted y su pareja requiere trabajo. Hay cosas que puede hacer para no permitir que su relación sufra una pérdida de conexión:

Establezca un ritual diario

Al final del día, pase un rato con su pareja hablando de las experiencias que tuvo ese día. Escuche cómo pasó el día su pareja e involúcrese haciendo preguntas. Sea un oyente activo y pregúntele cómo se sintió. Si fueron malos, muestre compasión y afecto.

Cuéntele sobre su día, lo que hizo o a quién conoció. Hable sobre su familia y amigos compartidos. Si no tiene ganas de hacer esto, considere hacer planes con su pareja para el futuro. Dediquen tiempo a ustedes dos y compartan ideas sobre el futuro. Pueden ser cosas individuales que quiera hacer o algo que quiera compartir con su pareja.

Las conversaciones al final del día a menudo brindan apoyo y la sensación de regresar a algo seguro: su relación. Le ayudará a compartir momentos difíciles o compartir sus momentos felices. No es necesario que dedique un tiempo específico a hablar, hágalo siempre que se sienta cómodo, pero hágalo todos los días. La rutina de estas conversaciones le dejará con la sensación de que hay algo por lo que estar feliz al final del día, y hay seguridad en casa.

Pasen tiempo de calidad juntos

Se trata de experimentar lo mismo juntos. Sin esta parte, la relación podría no existir. Las parejas quedan atrapadas en sus vidas personales y olvidan que necesitan pasar más tiempo de calidad con su pareja para ser felices. Vivimos en una época en la que tenemos que trabajar la mayor parte de nuestro tiempo y trabajamos cuando estamos en casa. En lugar de pasar nuestro tiempo libre para nosotros y nuestra pareja, a menudo lo usamos para ponernos al día con el trabajo o la escuela.

Es importante pasar tiempo de calidad con su pareja. Puede ser ir a un concierto, cenar, disfrutar de un deporte juntos o tener una noche de cine. Eso no es tiempo de calidad. Es simplemente estar en la misma habitación. ¿Recuerda lo emocionante que fue al comienzo de su relación pasar cada momento del día juntos? Puede revivir esos momentos si se da un poco de tiempo para compartir actividades con su pareja.

Compartan un proyecto

Muchas parejas dicen que el mejor tiempo de calidad que pasan con su pareja es cuando comparten una tarea. Desde volver a pintar la casa y jugar con sus hijos, hasta ser voluntarios juntos por la misma causa, las parejas encuentran útil volver a conectarse si tienen un objetivo común. Trabajar juntos en un proyecto revelará el verdadero significado de la palabra "compañeros" y arrojará luz sobre cómo planificar su vida juntos, cómo comunicarse mejor y cómo concentrarse el uno en el otro. Es una excelente manera de combinar obligaciones y tiempo de calidad.

Muestre amor a través de acciones

En una relación, tanto usted como su pareja se hacen cosas agradables el uno por el otro. Cuando esto sucede, se sienten desconectados, solos e incluso rechazados. Cuando hay una falta de acciones afectivas al comienzo de la relación, es posible que deba preguntarse si él o ella es realmente el indicado para usted. ¿La atracción va en ambos sentidos o eres el único interesado? Tal vez sean solo tus inseguridades de rechazo o fracaso las que le hagan querer seguir viendo a esta persona o tal vez él esté desencadenando sus inseguridades y su estilo de apego le haga sentir afecto por su pareja.

Algunas personas esperan de sus parejas saber qué los harán felices y creen que, si es necesario decir en voz alta lo que quieren, invalidan la acción que tomó su pareja para complacerlos. Pero, ¿es realmente justo esperar que su pareja le lea la mente? Nadie puede conocerle tan bien como para poder predecir cosas sobre usted. Tiene que preguntarse si la acción es realmente más importante que la intención de su pareja de hacerle feliz.

Después de todo, si está obsesionado con la acción en sí, o con el regalo en sí, está perdiendo por completo el sentido de la relación. Demuestre sus habilidades comunicativas recién adquiridas en situaciones como estas. Sea consciente y dígale abiertamente a su pareja lo que le haría feliz. Incluso puede pedirlo, solo sea inteligente al respecto.

En lugar de decir "Quiero que me compres este cuadro para mi cumpleaños", diga algo como: "Sabes, mi cumpleaños se acerca y vi esta pintura realmente asombrosa..." Es una pista que nadie puede perderse. Es obvio lo que usted quiere, sin embargo, está dejando espacio para que su pareja lo piense y tal vez venga con su propia idea que le sorprenderá.

Sea honesto

La confianza y la honestidad son ingredientes clave muy importantes para una relación exitosa. También son probablemente los más difíciles de mantener. Se necesita mucho trabajo tanto de usted como de su pareja para poder mantenerlos y evitar que su relación se desmorone. Hay guías sobre cómo mantener la honestidad en la relación a un nivel satisfactorio, y tanto usted como su pareja deben seguirlas para que puedan hacerse felices mutuamente.

Promover la honestidad

Es esencial para construir una relación sana. La atracción y el amor fueron solo los componentes que hicieron que la relación sucediera, lo que la mantendrá en marcha y la hará durar es la honestidad. Olvídese de las pequeñas mentiras piadosas que ha estado practicando con sus parejas anteriores, amigos y familiares. Si quiere que esta relación realmente funcione, sea completamente honesto. Usamos mentiras piadosas principalmente para hacer que nuestra pareja se sienta mejor o feliz, pero si descubre la verdad, puede aplastarla, desencadenar sus propias inseguridades y hacer que no crea en usted en el futuro.

Detectar deshonestidad

Use su intuición para detectar si alguien le está mintiendo. La intuición es una gran arma y trabaja a nuestro favor. Observe el lenguaje corporal, las expresiones faciales y la entonación de una persona si sospecha que le está mintiendo. Si pilla a su pareja mintiendo, no sea dramático al respecto. Tal vez no se dé cuenta de lo mucho que significa la verdad para usted. No inicie peleas y discusiones, use sus habilidades de comunicación para hacerles saber que está consciente de la mentira y cuánto significaría para usted saber la verdad.

Hágales saber que comprende por qué podrían pensar que mentir es la opción correcta, pero también deje en claro que valora la verdad incluso si le duele. Nuestros seres queridos nos mienten con buenas intenciones, quieren que evitemos sentir dolor o creen que es aceptable decir una pequeña mentira para hacernos sentir felices.

No guardar secretos

A menos que sean sorpresas de cumpleaños, regalos de Navidad o simplemente actos de afecto sorpresa, no guarde secretos o cualquier otra cosa puede hacer que su pareja ya no confíe en usted. Es lo mismo que con las mentiras piadosas; mantener el secreto puede lastimar a su pareja y comenzar la caída de su relación. La mayoría de las personas descubren si la pareja mantuvo un secreto, entonces, ¿cuál es el punto? Evite cualquier situación incómoda y vea que solo es beneficioso para su relación si no le guarda secretos a su pareja.

Una vez que se rompe la confianza, se necesita fortalecer la relación desde el principio para recuperarla. Es un proceso muy difícil y largo, pero se puede hacer. Comuníquele a su pareja qué salió mal y por qué se rompió la confianza. Solo a través de la comprensión puedes seguir adelante. No se limite a encogerse de hombros porque volverá y le morderá. La confianza rota es la razón número uno para una ruptura.

La clave para reconstruir la confianza es vivir en el presente. Si hizo las paces con el hecho de que su pareja le mintió, no crea que siempre mentirá. No evalúe todas sus acciones para ver si está siendo sincero. Eso significa que no puedes dejarlo ir. Observe sus acciones en el presente y no las asocie con mentiras pasadas. Confía en usted mismo para poder detectar si está siendo falso, no vaya más allá de la búsqueda de mentiras. Si usted miente, no hay ninguna acción que pueda probar entonces su honestidad hacia su pareja.

Capítulo 34: Crear conexión

Conexión

Como hemos aprendido, el viaje de sanación desde la búsqueda de tranquilidad es un proceso muy personal e individual. Los problemas no son de nuestra pareja, sino que son internos y debemos resolverlos nosotros. Sin embargo, su compañero puede ser una parte integral de la solución. Puede ser un recurso asombroso para obtener apoyo, amor y paciencia (¡pero no tranquilidad!) a medida que avanza en el proceso. Pero primero, tiene que entender lo que está pasando con usted.

Hágale saber por lo que está pasando

En mi caso, me considero afortunado porque tengo un compañero que también ha lidiado extensamente con la ansiedad. Esto significaba que era muy comprensivo y tolerante con mis propias ansiedades, incluso si se manifestaban de manera diferente a la suya.

Asegúrese de sentarse con su pareja y hablar de esto. Elija un momento en el que se sienta menos ansioso para que pueda abordar el tema con claridad. Explique las emociones que rodean sus ansiedades y miedos. Comparta cómo la tranquilidad ha llegado a ofrecerle una solución temporal.

Definitivamente puede ser difícil tener este tipo de conversación. Los temas son extremadamente sensibles y personales, y hablar de ellos exige una tremenda vulnerabilidad. Eso puede dar mucho miedo. Pero también es asombroso. Cuando están en una relación sana y productiva, deben poder experimentar esa vulnerabilidad entre ustedes. Es la clave para crecer juntos en amor y confianza.

Para aquellos que no tienen problemas de apego ansiosos o tendencias de búsqueda de consuelo, este tipo de ansiedad puede ser misterioso. Al principio, puede ser difícil para ellos entender por lo que está pasando, pero abrir la conversación es un gran primer paso.

Establezca límites: describa sus expectativas

Ahora que le ha dicho a su pareja con qué está lidiando, ¿cómo pueden ayudarlo? Si bien este proceso depende principalmente de usted, su pareja puede hacer algunas cosas para ayudarlo. El más esencial de estos es establecer juntos algunas expectativas razonables sobre cómo se comunican y cómo muestran amor y afecto de forma regular. Pero para establecerlas correctamente, primero debe examinar las expectativas a través del lente de sus comportamientos de búsqueda de consuelo. Lo que quiero decir es esto:

- ¿Qué expectativas (realistas) tiene con respecto a cómo su pareja le mostrará amor a diario?

- ¿Qué expectativas tiene cuando busca tranquilidad?

Examine ambos para profundizar en lo que necesita cambiar. Por ejemplo, cuando estoy en un estado normal, no ansioso, me gusta que me digan que soy amado todos los días y espero una cantidad pequeña o mediana de intimidad física con mi pareja. Esto es suficiente para satisfacer mis necesidades de sentirme amada y apreciada.

Pero cuando estaba en un estado de necesidad y ansiedad, mi expectativa era que mi pareja hiciera todo lo posible para demostrar cuánto me amaba. En mi estado basado en el miedo, un simple "te amo" o un simple abrazo no era suficiente. Me dije a mí misma que necesitaba escuchar palabras muy emotivas de mi pareja: fuertes afirmaciones de que me amaba, que iría hasta los confines de la tierra por mí, etc.

Claramente, mi ansiedad estaba elevando mis expectativas a un nivel francamente excesivo. Estaba probando a mi compañero (sin que él lo supiera) y "calificándolo" en su respuesta. Si sus respuestas coincidían con mis expectativas, encontraría la tranquilidad que buscaba; él "pasaría" la prueba.

Esta no es una forma de abordar una relación romántica, y cuando no se está en un estado de ansiedad, probablemente también se puede ver eso. En primer lugar, si tiene expectativas muy específicas y exigentes de su pareja, casi siempre se sentirá decepcionado. Su pareja no lee la mente y no conoce el guion imaginario que ha escrito en su cabeza. No importa cuán amable y cariñosa sea su respuesta, no parecerá lo suficientemente buena. Para mí, este fue el meollo de mis comportamientos de búsqueda de consuelo.

En segundo lugar, no es realista pensar que las relaciones siempre implicarán una mayor emoción. Esta expectativa se basa en ideas falsas (quizás basadas en parte en ver demasiadas comedias románticas) y conduce a la insatisfacción en las relaciones. Junto con su pareja, puede tener una conversación continua sobre qué expectativas son apropiadas y saludables.

Aprenda los lenguajes del amor

En las relaciones, cada individuo experimenta mejor el amor de cierta manera. Los medios por los que nos gusta recibir amor y dar amor son una fuerza impulsora importante en las expectativas que establecemos para nuestros compañeros. Estos medios se denominan lenguajes del amor, un concepto acuñado por Gary Chapman en su éxito de ventas '5 lenguajes del amor'. Los cinco lenguajes del amor son los siguientes:

Palabras de afirmación

Las personas que se identifican con este lenguaje del amor se sienten más amadas cuando reciben amor verbalmente. Estas personas disfrutan de las palabras, ya sean habladas o escritas. Los cumplidos, las frases cariñosas y esas dos palabras importantes: "Te amo", son como música para sus oídos. Estas personas nunca se cansarán de escuchar lo especiales que son para usted. También es probable que encuentren fácil la comunicación verbal y prefieran mostrar amor a los demás verbalmente.

Actos de servicio

Para quienes hablan este lenguaje del amor, ser servido generosamente significa mucho para ellos. Se trata de acción. Se sienten atesorados y adorados cuando su pareja se toma el tiempo de encargarse de una tarea por ellos, prepararles una comida o de otra manera dar su tiempo y energía por el bien de su pareja.

Tiempo de calidad

La acción también es importante para estas personas, pero lo que más importa es la calidad. Estas personas quieren su atención genuina e indivisa. Quieren sentir que son la persona más importante para usted. Valoran profundamente el tiempo significativo que pasan juntos.

Toque físico

El contacto físico es el más fácil de entender de los lenguajes del amor. Aquellos que hablan principalmente este idioma están locos por la interacción física. Esto puede ser de naturaleza sexual o íntima, pero también puede significar que aprecian los abrazos o simplemente sentarse uno al lado del otro. Si hablas este idioma, te encanta estar cerca de su pareja y nada se siente tan bien como un abrazo o un beso.

Recibir regalos

Las personas que hablan el quinto lenguaje del amor experimentan el amor a través de los regalos que reciben de su pareja. Esto no solo significa que les gustan las "cosas"; lo que importa es la consideración que entra en el proceso de entrega de regalos. Estas personas se sienten adoradas cuando saben que ha dedicado tiempo a seleccionar el regalo perfecto solo para ellas.

Si bien cada persona tiende a disfrutar todos los lenguajes del amor en algún nivel, generalmente hay uno o dos que le hablan más. ¿Cuál es el suyo? ¿Cuál es el de su pareja? Una vez que aprenda sus lenguajes del amor, puede resultar mucho más fácil establecer expectativas de relación que sean significativas para ambos.

Genere confianza

La confianza puede ser difícil de lograr en una relación, especialmente si ha sido herido en el pasado. En las relaciones de adultos, abundan los problemas de confianza. Casi todos hemos pasado por rupturas dolorosas o nos han roto el corazón de alguna manera. Es posible que una pareja infiel o deshonesta nos haya traicionado. Es posible que tengamos mensajes interiorizados de que no se puede confiar en las personas y que la vulnerabilidad es peligrosa.

Si bien generar confianza en una relación puede ser un gran desafío, es vital para una relación amorosa y duradera. Tenga en cuenta que crear esta confianza puede llevar mucho tiempo y probablemente será un proceso continuo a lo largo de su relación. Pero es absolutamente un esfuerzo que vale la pena. Cuando está con una pareja en la que confía plenamente, su relación se abre a un crecimiento asombroso (y se abre al crecimiento personal).

Entonces, ¿cómo se genera confianza? La confianza lleva tiempo. Necesitamos tiempo para ver que, una y otra vez, nuestro compañero está ahí para nosotros. Que sus acciones coincidan con sus palabras y que sus palabras sean veraces.

Necesitamos ser pacientes con este proceso y con nosotros mismos. Si tenemos problemas con la confianza, debemos ser más pacientes y recordarnos que lo que estamos haciendo no es fácil y que la confianza no se construirá de la noche a la mañana. Necesitamos paciencia con los defectos y debilidades de nuestra pareja. Necesitamos saber que nadie es perfecto y que incluso una persona de confianza puede equivocarse a veces. Debemos permanecer abiertos. La mejor manera de generar confianza es simplemente hacer eso: confiar.

Sea directo

La franqueza es un sello distintivo de una gran comunicación. Ser directo en las cosas que dice, con una intención directa y sin jugar ni andarse con rodeos, ahorra tiempo y frustración. Para una persona que tiende a buscar tranquilidad, ser directo es vital. A través de la comunicación directa, puede transmitir su punto de vista y satisfacer sus necesidades.

Piense a largo plazo

Al interactuar con un compañero, especialmente durante un conflicto, tenga presente su objetivo final. Con suerte, ambos comparten el mismo objetivo: una relación feliz, satisfactoria y llena de respeto que durará muchos años.

Si tiene en cuenta este objetivo general, podrá dirigir sus conversaciones de forma más eficaz. Recordar que usted y su pareja están en el mismo equipo es de gran ayuda durante una situación tensa, ayudándole a mantener sus palabras alineadas con su objetivo y permitiéndole escuchar mejor lo que dice su pareja. De esta manera, a menudo se pueden prevenir heridas innecesarias y se pueden mantener fuera de la conversación los puntos extraños e irrelevantes. (Por ejemplo, podría renunciar a mencionar la pelea de la semana pasada, sabiendo que sería contraproducente).

Manténgase enfocado

Hablando de contraproducente, mantenerse enfocado en el tema en cuestión juega un papel importante en la comunicación efectiva. Es muy fácil traer "extras" a la conversación: sacar a la luz desaires y discusiones pasadas, comparar un problema con otra cosa que su pareja hace mal o hacer amplias generalizaciones sobre el comportamiento de su pareja son formas en las que puede descarrilar una conversación.

Si bien es posible que desee introducir esa púa hiriente durante la discusión, sabe que no es relevante para el tema actual y sabe que probablemente causará dolor y malentendidos (y, por lo tanto, va en contra del componente de "pensar a largo plazo" de una buena comunicación). Mantenga su enfoque y mantenga esa comunicación funcionando eficazmente.

Escuche verdaderamente

La cuarta clave para una comunicación eficaz implica escuchar. Para nosotros, quienes buscamos tranquilidad, esto puede ser la más importante de todas. Debemos aprender a escuchar verdaderamente lo que nos dice nuestra pareja.

Si ustedes dos están practicando estos principios de comunicación, pueden estar seguros de que están intentando transmitir lo que significan para cada uno. Haga su parte escuchando real y verdaderamente. Tenga en cuenta las palabras que está diciendo y considere la intención del hablante (pista: se preocupa por usted y tiene buenas intenciones). De esta manera, puede absorber completamente su mensaje y responder con autenticidad y veracidad.

Recuerde que sus necesidades son válidas

Quiero dejar este punto importante: no olvide que sus necesidades son totalmente válidas al 100%. Sí, incluso como persona que busca tranquilidad con frecuencia, sus necesidades son válidas.

Atención, amigos. Por alguna razón, usted y yo tenemos necesidades emocionales que requieren más sensibilidad y cuidado. Necesitamos una seguridad fuerte y específica sobre nuestros miedos y ansiedades. Necesitamos que se nos muestre con claridad que somos amados, apreciados y cuidados. ¿Y sabe qué? Eso está bien.

Claro, estamos trabajando para encontrar un mayor equilibrio en nuestra vida amorosa porque queremos sentirnos más seguros e independientes, pero esas necesidades son reales y las tenemos satisfechas. Entonces, incluso mientras se esfuerza por curarse, sepa que sus necesidades son válidas.

Capítulo 35: Citas, relaciones y encontrar el amor

"Hay alguien para todos"; lo sé. También quiero golpear a alguien cada vez que escucho eso. Pero al igual que cualquier otro cliché, es irritantemente preciso. En nuestro marco monógamo para el amor y el matrimonio, el amor es un juego de números: hay un conjunto relativamente infinito de posibilidades y todo lo que necesita es un resultado exitoso.

Reforcemos su valía y confirmamos que tiene un valor inherente que puede ofrecer a otra persona. Ahora que no es tan frágil, vamos a ponerle a prueba un poco. Nuestro objetivo es ayudarle a comprender que el amor, el juego final de las citas y las relaciones románticas, es binario. Puedo ayudarle a llegar a la cima de la montaña, pero solo usted puede decidir si está dispuesto a saltar.

Una cultura de paciencia

Según la evidencia reciente, colectivamente somos mucho más cuidadosos al seleccionar un socio. En los Estados Unidos, las personas generalmente esperan más tiempo para casarse. Según el *Pew Research Center*, el número de estadounidenses mayores de 18 años que estaban casados se había mantenido estable durante años, pero en 2017, la cifra se redujo un ocho por ciento (a aproximadamente la mitad) en comparación con 1990.

La edad promedio para contraer matrimonio en 2018 era 28 para las mujeres y 30 para los hombres, en comparación con 20 y 23, respectivamente, en 1960. Las personas permanecen solteras por más tiempo, lo que significa que el grupo elegible de posibles parejas permanecerá más grande durante más tiempo. En el "juego de números" que es el grupo de citas, esta es una noticia alentadora.

El miedo al rechazo: practicar el fracaso

Ahora que tenemos noticias alentadoras, le voy a dar algunas noticias no tan alentadoras. Le guste o no, la comunicación debe ocurrir. Afortunadamente, tiene opciones, pero tenga cuidado: la interacción cara a cara es la más efectiva.

Encontrar una pareja no se trata solo de usted y sus necesidades. También se trata de otra persona. Como cualquier otra cosa en la vida que sea gratificante, no es gratis. No importa cuán cómoda sea la tecnología moderna para nosotros, en última instancia, tendremos que hacer cosas que pongan a prueba los límites de nuestras zonas de confort, hacer sacrificios, ser vulnerables y, lo que es más importante, fallar, y mucho. Porque ¿adivine qué? Cualquiera con quien queramos conectarnos a un nivel más profundo tendrá que hacer lo mismo.

La "chispa" se basará no solo en la alegría compartida, sino también en el dolor compartido. Es el carácter común de la lucha y la doblez lo que hace que el amor sea tan poderoso, y sin comprender esos sentimientos, no podrá forjar y mantener una relación amorosa. Su pareja será su sistema de apoyo durante toda su vida, y eso es lo más hermoso de las relaciones.

Como introvertidos, estamos constantemente librando una batalla perdida contra el miedo al rechazo. En gran parte, es por eso que dudamos en dar el primer paso en una conversación. Vemos a alguien que encontramos atractivo y luego esa persona abandona nuestras vidas para siempre. Otra oportunidad perdida. Pero esta ansiedad no es exclusiva de los introvertidos, ya que los extrovertidos también luchan con esto. Además, el miedo al rechazo no solo aparece en otros tipos de personalidad, sino que también aparece en otras facetas de nuestra vida, incluidos nuestros negocios, entrevistas de trabajo y amistades.

La investigación moderna sugiere que el miedo al rechazo se debe en gran parte a un mecanismo de supervivencia que hace que uno se concentre solo en el dolor que surge del peor de los casos. Este es el mismo mecanismo de supervivencia que gobierna nuestra reacción de "lucha o huida". Nuestra respuesta al miedo comienza en una región de nuestro cerebro llamada amígdala. Ubicada en la parte del lóbulo temporal del cerebro, el trabajo de la amígdala es detectar cosas que son inusuales o que se destacan. Cuando la amígdala detecta una amenaza, como un depredador, procesa el posible daño físico que podría derivarse de un encuentro con el depredador.

Esto finalmente desencadena una respuesta de miedo en la amígdala, que, a su vez, activa las áreas del cuerpo responsables de las funciones motoras involucradas en la lucha o la huida. También desencadena una liberación de hormonas del estrés en nuestro sistema nervioso simpático.

Curiosamente, el cerebro humano no distingue el dolor físico del dolor emocional. Según un estudio, en lo que respecta al cerebro, un ataque cardíaco se siente tan doloroso como un corazón roto. Algunos argumentarían que esto explica por qué tomar Paracetamol puede aliviar o reducir la ansiedad social de una manera similar a como alivia el dolor físico.

La forma más eficaz de superar el miedo al rechazo es acostumbrarse. Al familiarizarse con el riesgo del peor de los casos, pronto se dará cuenta de que aquello por lo que temía con tanta intensidad no valía la pena su ansiedad. Si está buscando comenzar con algo pequeño, intente algo con apuestas más bajas. Limpie una casa desordenada comenzando por la habitación más desagradable primero. Solicite un trabajo que está fuera de su alcance. Cuando esté en el trabajo, haga el proyecto más difícil y aburrido al final de su pila a primera hora de la mañana. Practique sumergirse en las tareas más abrumadoras primero y hágalas de frente.

El día 1 del plan de rechazo de 100 días de Jiang comenzó con una solicitud para pedir prestados $100 a un extraño. Sorprendentemente, el extraño estuvo de acuerdo. La mayoría de sus otros esfuerzos fueron hilarantemente infructuosos, que incluyen:

- Pedirle a un comensal una recarga de hamburguesa.

- Jugar futbol en el patio trasero de un extraño

- Pedirle a un policía que conduzca su coche.

A Jiang le dijeron que no. Muchas, muchas, muchas veces. Pero a partir de todas estas experiencias de rechazo, comenzó a notar un patrón: cada "no" tenía la posibilidad de ser rehabilitado en un "sí". En las primeras fases del experimento, respondía al rechazo alejándose, con la cabeza gacha y el rabo entre las piernas. Hacia el final, se encontró persistiendo, permaneciendo comprometido y creyendo que podía cambiar la opinión de su contraparte. La lección aquí: manejar y combatir el rechazo de un extraño es una habilidad que se puede aprender, practicar y desarrollar.

Ser social no es lo suyo; lo entiendo. Tampoco es lo mío. Y es exactamente por eso que tiene que hacer lo que le voy a pedir que haga, aunque suene a tortura española medieval, o cualquier tipo de tortura que suene peor que la española.

Manejo de expectativas

Su reacción inicial puede ser "¿¡Qué!? ¿Golpear a un completo extraño? ¿Has perdido la cabeza?" Esta es una reacción perfectamente comprensible y razonable, y también es completamente infundada y pierde el punto por completo. En el ejercicio anterior no está golpeando a alguien, lo que necesariamente connota un objetivo ulterior. Si bien "lucha o huida" puede tener el beneficio colateral no intencionado de iniciar una conversación de beneficio mutuo con un extraño, ese no es su objetivo. Además, sí; he perdido la cabeza. Si desea resultados en su vida social que sean diferentes de los que está experimentando actualmente, sería bueno que se liberara también de las limitaciones convencionales de su propia mente.

Entonces, ¿cuál es el propósito de este ejercicio? Practicar la toma de iniciativa. Sin duda, ese es uno de sus beneficios, pero no el objetivo. No es exactamente para desensibilizarse al rechazo. Si bien el sentimiento de rechazo es simplemente uno de los múltiples resultados posibles, a diferencia de un juicio fatal sobre la autoestima, el rechazo en sí mismo no puede ser un resultado posible de este ejercicio porque no está proponiendo nada que esté sujeto a rechazo. ¿Qué hay de eliminar el miedo? Más cerca, pero esa no es la imagen completa.

El propósito de este objetivo es aprender a amarse a sí mismo y a los demás. La mayoría de nosotros, incluyéndome a mí en algún momento, tenemos la impresión equivocada de que el amor es intuitivo, simple y un hecho fortuito que "simplemente nos sucede". Ese es un hermoso pensamiento. Realmente lo es. Desafortunadamente, también es una locura pura y sin adulterar.

Si bien la fortuna puede manipular el tiempo y el lugar para convertirse en un factor que atraiga a dos personas en el mismo lugar al mismo tiempo, sugerir que uno puede encontrar y mantener el amor únicamente a través de la esperanza y la inercia es ingenuo. Para amar verdaderamente a alguien y ser digno del amor de otra persona, tiene que hacer sacrificios, tomar riesgos, navegar fuera de su zona de confort y cambiar el enfoque de su propia felicidad a la de otra persona.

Esta no es diferente a cualquier otra actividad que valga la pena en la vida. El empresario rico no se hizo rico persiguiendo dinero y el músico famoso no se hizo famoso persiguiendo la fama. Ser rico y famoso es una consecuencia de trabajar duro para crear algo que otras personas valoren y que haga del mundo un lugar mejor. Atrapar y soltar le enseña a cambiar el enfoque de sus propias necesidades y deseos a las necesidades y deseos de los demás. Le permite practicar la observación de lo bueno en otra persona, hacerse sentir incómodo para hacer que alguien se sienta hermoso y dar sin pedir ni esperar nada a cambio.

Ahora, solo puede controlar hasta cierto punto, y la reacción de otra persona no es una de esas cosas. Lamentablemente, nuestra sociedad nos ha enseñado a ser egoístas, superficiales e inseguros. No por casualidad, y tal vez algo comprensible, a menudo consideramos con sospecha cualquier acto de bondad al azar de otra persona. ¿Qué quiere esta persona realmente? ¿Por qué está siendo tan amable conmigo? ¿Está tratando de venderme algo o meterse en mis pantalones?

El peor escenario que surge de este ejercicio es que alguien reaccione de manera desfavorable y que esa reacción hiera sus sentimientos. Lo que debe recordar es que, si ocurre el peor de los casos, no es un reflejo de su valor. De hecho, no tiene nada que ver con usted y todo que ver con la otra persona. La otra persona está reaccionando basándose en un instinto de supervivencia que le ha enseñado que cualquier extraño es un lobo con piel de oveja.

No se sienta enojado, culpable o herido. Todo lo que ha hecho es ofrecer una muestra de bondad a un extraño con la esperanza de que pueda hacer que esa persona se sienta feliz, amada, admirada o apreciada. Es caridad incondicional, y eso sigue siendo cierto independientemente de cómo reaccione la otra persona. No tiene nada de qué avergonzarse.

Mejorando la comunicación en situaciones sociales

La causa más común de ruptura, divorcio o terminación de cualquier relación, dentro o fuera del entorno romántico, es una interrupción en la comunicación. C. Ni Preston, profesor, asesor de comunicaciones, ex ejecutivo de Microsoft y otras compañías de *Fortune* 500, y autor de numerosas publicaciones sobre comunicación, incluidos artículos en *The Oprah Magazine y Psychology Today,* identificó la comunicación como una de las principales razones por las que fracasa una relación. Ya se trate de problemas de confianza, diferentes expectativas y prioridades o aburrimiento, mantener la comunicación es vital para la salud y el éxito de una relación. Algo tan simple como una pequeña pelea puede generar un efecto dominó mayor debido a la falta de comunicación.

Las palabras mágicas

Antes de continuar por este camino, quiero dejar algo indudablemente claro para que mis detractores puedan sentarse en silencio durante unos minutos: la introversión no es colindante con la timidez, que es una sub-faceta de la condición clínica relacionada y mucho más amplia de la "situación de ansiedad social" y a la que nos referiremos para nuestros propósitos como "SAS". Ahí lo dije.

Ahora, con eso fuera del camino, también quiero dejar igualmente claro que un estrato significativo de la población de introversión, de hecho, lucha con algún elemento de SAS. Sí, eso es correcto. En el diagrama de Venn entre el universo de introvertidos y el universo de individuos afectados por SAS, ¿adivinen qué? Hay una intersección. Si eres el tipo de lector que quiere aprender más sobre la introversión en un nivel más amplio, le animo a que se quedes unos pocos párrafos más.

Capítulo 36: Desacuerdos y argumentos

Es fácil para los compañeros caer en un patrón recurrente de conflictos y desacuerdos cuando no comprenden completamente el comportamiento y la personalidad del otro. Esto no significa que su relación sea defectuosa, simplemente muestra que para que los compañeros reduzcan la tasa de discusiones, desacuerdos y conflictos entre ellos, los compañeros deben tratar de entenderse y empatizar entre sí.

¿Por qué no estamos de acuerdo?

Hay una cantidad infinita de causas para los desacuerdos en las relaciones que van desde las principales razones como la incompatibilidad en el comportamiento de la pareja, los métodos de crianza, los métodos de comunicación, las finanzas, etc.

Pero generalmente hay razones específicas por las que los compañeros se involucran en conflictos y desacuerdos entre sí. Comprender estas razones ayuda a ambos compañeros a comprender por qué su pareja se comporta de cierta manera o reacciona a ciertos comportamientos y por qué resulta en conflictos y desacuerdos. Algunos de estos problemas son:

Expectativas y demandas poco realistas

Cuando las expectativas y necesidades de la relación de pareja no se cumplen, tienden a volverse gruñones, frustrados, enojados, insatisfechos, infelices e incluso pueden desarrollar sentimientos de resentimiento hacia su pareja. Estos sentimientos negativos pueden afectar la relación del individuo con su pareja, haciéndolo sarcástico y despreocupado con su pareja.

Se espera que los compañeros en las relaciones tengan ciertas expectativas el uno del otro, pero para que esta expectativa se cumpla, los compañeros deben expresarlas claramente. No es razonable guardar silencio sobre las expectativas y necesidades propias de la relación y esperar que se aborden tales necesidades.

Aunque los compañeros con una conexión profunda entre ellos pueden comunicarse a través del lenguaje corporal, las expectativas de las relaciones deben expresarse. Si no hay una comunicación clara de estas necesidades y expectativas, es imposible que se cumplan.

La expresión de las necesidades y expectativas de cada uno de los demás y su relación debe hacerse de una manera amigable y conversacional; exigir que se cumplan las expectativas de uno solo pondrá a su pareja en un estado defensivo y conducirá a otra discusión entre compañeros.

Independientemente del nivel de conexión entre los compañeros, no pueden estar completamente de acuerdo en todos los temas. Son dos individuos diferentes; por lo tanto, se espera que tengan diferentes opiniones y puntos de vista sobre el mismo tema.

En las relaciones, las parejas tienen una sociedad que estipula que estarán emocional y físicamente disponibles el uno para el otro en momentos de necesidad. Sin embargo, la idea de que la pareja de uno estará disponible todo el tiempo es un poco irreal.

Los individuos tienen su propio sentido de sí mismos fuera de sus relaciones, tienen sus propios intereses personales, amigos, familia extendida, carrera, etc. Aunque los compañeros deben tratar de estar disponibles el uno para el otro tan a menudo como sea posible, es ridículo que un individuo espere para ser el único enfoque de su pareja.

Crítica constante

De la misma manera que un individuo tiene expectativas de su relación, también puede haber agravios y deficiencias. Los seres humanos tienen defectos genéticos, por lo que no se puede ni se debe esperar un comportamiento perfecto de la pareja. Sin embargo, el método utilizado para transmitir las deficiencias a la pareja es muy importante.

Cuando los compañeros comienzan a acusarse y culparse mutuamente (quién hizo qué, quién no hizo qué, quién dijo qué, quién no dijo qué), el punto que están tratando de transmitir se pierde en la traducción a medida que las emociones comienzan a manifestarse. Los sentimientos se hieren y los compañeros comienzan una pelea de gritos. Sin embargo, esto podría evitarse si los compañeros comparten sus quejas de una manera sencilla y conversacional sin quejarse ni culpar.

Comparación, proyección y estereotipos negativos

Las relaciones pasadas de un individuo pueden afectar e influir en su comportamiento y actitudes hacia nuevas relaciones y la formación de vínculos emocionales. Los conflictos pueden surgir cuando los compañeros permiten que las experiencias pasadas regulen sus actitudes y la percepción de su relación actual.

Comparar a su pareja con otras personas reduce su autoestima y les da la ilusión de que sus parejas no los aprecian.

Por ejemplo, un hombre que siempre compara a su pareja con otras mujeres más esbeltas, tendrá en su pareja la idea de que no la encuentra atractiva y quiere cambiarla, lo que puede hacer que desarrolle sentimientos de inseguridad y resentimiento hacia él.

Para prevenir conflictos y desacuerdos, las personas con relaciones pasadas tóxicas deben tener cuidado de no proyectar sentimientos negativos de las relaciones en la relación actual. Esto podría dar lugar a desacuerdos y conflictos entre compañeros actuales.

Las nuevas relaciones deben iniciarse de nuevo y las parejas con un pasado emocionalmente doloroso deben dejar de lado los sentimientos negativos, darle a su nueva pareja la oportunidad de construir intimidad y confianza, sin retratar los sentimientos de inseguridad y resentimiento de las relaciones pasadas en la actual.

¿En qué temas no estamos de acuerdo?

Comprender los problemas específicos que causan desacuerdos en las relaciones puede ser un primer paso hacia la reconciliación de conflictos y desacuerdos. Los compañeros en una relación comprometida tienen una asociación equitativa y deben tomar todas las decisiones que afecten su convivencia.

Debido a que son dos personas completamente diferentes, tienen diferentes opiniones y puntos de vista sobre los problemas y si los compañeros no saben cómo comunicar de manera efectiva su opinión y escuchar y respetar la opinión de sus compañeros también, incluso cuando no estén completamente de acuerdo con ellos, habrá constantes discusiones y conflictos entre ellos.

Hay un millón de problemas que pueden causar conflictos y desacuerdos entre los compañeros y las soluciones a estos problemas son igualmente numerosas. Los compañeros pueden tener desacuerdos sobre una serie de cuestiones que van desde qué cenar hasta dónde comprar una casa.

Los desacuerdos son una parte normal de las relaciones. Se alienta a los compañeros a tener diferentes opiniones sobre ciertos temas, lo que les ayuda a mantener su propia identidad separada de la relación, sin embargo, esta diferencia de opinión podría conducir a un conflicto entre los compañeros cuando ambos son implacables en dicho tema.

La forma más eficaz de resolver los conflictos entre compañeros es mediante un sistema de compromiso. El compromiso implica un sistema de solución de diferencias por consentimiento alcanzado mediante concesión mutua. El compromiso implica que ambos compañeros acuerden un punto medio entre sus diferencias en el que la decisión tomada por igual les sirve a ambos y a ninguno.

El compromiso implica resolver las diferencias de una manera beneficiosa para todos, donde se satisfacen las necesidades de ambos compañeros. Por ejemplo, una pareja compra un automóvil en conjunto y no pueden ponerse de acuerdo sobre quién puede llevarlo al trabajo, ya que trabajan en extremos opuestos de la ciudad. La opción obvia de compromiso en este caso es que pueden llevar el automóvil al trabajo en turnos semanales. De esta manera, ambos compañeros pueden estar satisfechos.

Es ideal resolver las diferencias en una relación mediante el compromiso porque cuando los compañeros se comprometen en los problemas y llegan con éxito a un punto medio que satisface, si no todas las necesidades de un individuo, sino parte de ellas, no hay secuelas de resentimiento.

Durante los desacuerdos, la pareja que siempre "pierde" puede comenzar a generar sentimientos de resentimiento hacia su pareja. Independientemente de la causa de la discusión o quién tiene la culpa y quién no, la pareja siempre querrá ganar la pelea. No hay medallas que uno espera ganar al ganar peleas o una discusión con su pareja, sino por la satisfacción y el derecho a presumir de tener razón (ya te lo dije).

No todas las discusiones entre compañeros son hostiles. A algunas personas les gusta discutir para escuchar la perspectiva de su pareja sobre un tema y es posible que no quieran preguntar directamente, por lo que incitaría una discusión. Los compañeros se vinculan a diferentes niveles. Algunos compañeros se vinculan por intereses compartidos, otros se vinculan por intelecto y otros se vinculan como resultado de la atracción física, mientras que algunos se vinculan por los argumentos que tienen.

Es importante notar que este tipo de argumentos no tienen malicia y son más conversaciones argumentativas que desacuerdos. También hay desacuerdos entre compañeros que podrían ser un factor decisivo para ambos. En este caso, no hay compromisos entre compañeros; es todo o nada. En casos como este, ambos compañeros son implacables en sus posiciones y la incapacidad de los compañeros para resolver estas diferencias entre ellos podría llevar a la terminación de la relación.

Los problemas que podrían llevar a que los compañeros tengan un argumento intransigente en el que ambos compañeros no estén dispuestos a retroceder de sus posiciones, incluso a riesgo de terminar su relación, generalmente son decisiones que cambian la vida. Algunas de estas decisiones pueden incluir decidir si comprometerse por completo y casarse (en estos casos, uno de los miembros de la pareja siente la necesidad de llevar la relación al nivel y comprometerse por completo mientras que el otro todavía no lo ha logrado).

La pareja que defiende el compromiso total podría darle al otro miembro un argumento en contra o un ultimátum para casarse o terminar la relación, ya sea para tener hijos o no. En este caso, una de las parejas puede no querer tener hijos debido por razones financieras o problemas de salud subyacentes o por temor a la responsabilidad que traen los niños o porque cree que tener hijos interferiría con su plan de carrera, mientras que la otra pareja quiere centrarse en formar una familia y quiere niños.

Para resolver esta diferencia entre ellos, uno de los compañeros debe estar dispuesto a dejar de lado su objetivo para el éxito de la relación. La adopción no puede verse como un punto de compromiso en este caso porque la persona que quiere un hijo todavía gana incluso si no es el padre biológico, ya sea para tener una carrera o no. En este caso, las parejas pueden tener diferentes opiniones sobre roles específicos de género, donde el hombre piensa que el lugar de la mujer está en la casa construyendo la familia, mientras que el hombre proporciona y protege.

La mujer en el caso podría oponerse fuertemente a eso y querer construir su propia carrera y tener su propia fuente de ingresos. En este caso, la probabilidad de compromiso es considerablemente baja y los compañeros; si no encuentran un terreno común para el compromiso, pueden terminar la relación. Algunos incluso argumentan que, en casos como este, lo razonable es terminar la relación. Esto se debe a que para que los compañeros resuelvan el conflicto y lleguen a algún tipo de solución, es posible que uno de los compañeros tenga que renunciar a sus valores fundamentales, lo que puede conducir a la pérdida de la identidad propia.

¿Cómo nos reconectamos y mantenemos la intimidad después de resolver un conflicto?

Mantener la intimidad es fundamental para el éxito de toda relación a largo plazo. La intimidad existente entre la pareja ayuda a ambos a entenderse, a identificar más rápidamente los sentimientos de dolor no expresados y a empatizar mejor entre sí. Es relativamente más fácil identificar a los compañeros con un fuerte sentido de intimidad entre ellos, generalmente hay una sincronización de comunicación entre ellos, comprensión sin explicación, muestra constante de afecto como tocarse con la mayor frecuencia posible, tomarse de la mano y un sentido de unión entre ambos. ellos.

Crear y mantener intimidad emocional requiere un interés genuino, transparencia, vulnerabilidad y reciprocidad. El grado de intimidad en una relación está determinado por la capacidad de escuchar y comprender a la pareja. Las parejas en una relación íntima deben desarrollar un interés genuino por crear intimidad y estar dispuestas a reducir sus barreras emocionales y ser vulnerables entre sí. Es importante que los compañeros tengan intimidad entre sí y se conozcan íntimamente para coexistir sin problemas.

Esto no quiere decir que los compañeros con intimidad emocional entre ellos no experimenten la desconexión emocional ocasional, el desacuerdo sobre los problemas y los conflictos. Tanto el vínculo emocional como la conexión y el vínculo físico y las conexiones sufren cuando hay un conflicto entre las parejas. Existe una elasticidad en las conexiones emocionales entre los compañeros que está determinada por el nivel de intimidad emocional entre ellos.

Cuanto más profundo sea el nivel de intimidad emocional entre los compañeros, mayor será la elasticidad de su conexión emocional. La elasticidad de la conexión emocional es el grado en que la relación de la pareja íntima podría resistir el desgaste. La banda de elasticidad de la conexión emocional de los compañeros, eventualmente se contrae y vuelve a unir a los compañeros a la deriva en armonía e intimidad.

Capítulo 37: Reconstruir la confianza una vez que se rompe

A lo largo de todo esto, hemos hablado sobre los celos, la ansiedad y la inseguridad y cómo estas tres cosas a menudo conducen a problemas de confianza. Como ya sabe, la confianza es una parte importante de cualquier tipo de relación, si no tiene confianza, no tendrá una relación por mucho tiempo. Como hemos hablado a veces, los problemas de confianza no son culpa de su pareja, se basan en sus relaciones. Sin embargo, a veces es culpa de su pareja; hacen o dicen algo que rompe la confianza que les ha dado.

Una vez que su confianza en su pareja se ha roto, su relación a menudo comienza a ir cuesta abajo. Literalmente, está cuestionando todo lo que dice y hace su pareja, y la razón es la falta de confianza. Una vez que la confianza desaparece, también desaparece la sensación de seguridad que tenía en su relación. Una vez que se rompe la confianza, los sentimientos de amor, respeto y amistad a menudo son reemplazados por ira y miedo.

Los problemas de confianza pueden surgir de todo tipo de escenarios, ya sean mentiras o infidelidades, la razón no importa, solo los resultados finales. Una vez que se ha roto esa confianza, puede parecer que toda esperanza está perdida. Quiero decir después de todo; ¿Cómo puede esperar razonablemente volver a confiar en esa persona cuando nunca se ha sentido tan violado en su vida? Ahora, incluso si su vida en este momento está llena de nada más que argumentos y todo parece desesperado, hay algunas cosas que se pueden hacer para ayudar a reconstruir la confianza que ustedes dos alguna vez tuvieron.

Paso uno: venga limpio

El primer paso que tendrá que dar cuando intente reconstruir la confianza en su relación es aclarar lo que ha hecho. Nadie puede ir más allá del dolor y la ira, si niega continuamente que sucedió. Tiene que dar un paso adelante y asumir la responsabilidad de lo que hizo, lo que incluye admitir lo que ha hecho. Asumir la responsabilidad no significa necesariamente incluir todos esos pequeños detalles, a veces compartir los detalles solo causa más dolor y enojo, así que sea honesto, pero no comparta demasiado.

Paso dos: esté consciente de cómo actúa

Debe prestar mucha atención a cómo está actuando. Estar a la defensiva o incluso actuar con indiferencia sobre el problema en cuestión puede tener resultados desastrosos. Si actúa como si lo que hizo realmente no importará, su pareja no estará muy dispuesta a resolver las cosas. Debe hacer un esfuerzo muy sincero para demostrarle a su pareja que se siente mal por lo que sucedió. Esto se reduce a la forma en que se comunica.

Existe la comunicación verbal, por supuesto, donde sus disculpas por el error que se ha cometido y tratan de compensarlo. Luego también está su comunicación no verbal que revela mucho más que las palabras que dices. Con su comunicación no verbal, puede expresar su remordimiento por haber roto la confianza o puede revelar una actitud que demuestre que realmente no le importa.

Paso tres: hable de ello

Una vez que haya aclarado lo que ha hecho, querrá encontrar tiempo para hablar con su pareja sobre lo que le impulsó a hacerlo.

No recomiendo hacerlo de inmediato, espere unos días a que las cosas se calmen un poco. Hablar sobre por qué lo hizo, cómo podría necesitar ayuda y cómo planea arreglar las cosas para que no vuelva a suceder es una excelente manera de demostrarle a su pareja que se toma en serio la solución de las cosas y que podría convencerle para que pueda volver a confiar en usted.

Antes de decidirse a hacer esto, tómese el tiempo para llevar a cabo un autoanálisis intenso, de modo que pueda determinar qué sucedió que rompió la confianza. A menos que haya algo mal en su personalidad, como, por ejemplo, que tenga un trastorno de la personalidad, es poco probable que haya salido deliberadamente para romper la confianza de alguien. Habrá algo que le faltará, un vacío que debía llenar o algo en el fondo que le impulsó a hacer algo incorrecto.

Cuando se siente a hablar con su pareja de todo lo que ha pasado es importante que lo haga correctamente. Cuando hable, debe sentarse de manera que se miren uno frente al otro y, como aprendimos de los ejercicios de fomento de la confianza, lo más cerca posible para ayudar a restablecer esa confianza. Proceda a decirle a su pareja toda la verdad, no entre en detalles hirientes, pero sea honesto acerca de cómo se siente exactamente. Si hace que las cosas parezcan mejores de lo que son, no se está haciendo ningún favor a usted ni a su relación. La honestidad es realmente la clave para reconstruir la confianza.

Paso cuatro: sea gentil

La comunicación es vital para reconstruir la confianza, siempre que se haga correctamente. Si bien quiere ser perfectamente honesto y abierto con su pareja, no quiere ser duro. Salir y confesar puede hacerle sentir mejor, pero no es así como su pareja merece ser tratada. Hablar abierta y honestamente no significa que tenga que olvidarse del tacto, aún puede expresar su punto de vista sobre cómo se siente mientras tienes tacto. Y, pase lo que pase o quién confiese qué, lo peor que puede hacer cualquiera de los dos es atacar al otro.

También asegúrese de no poner a su pareja en un error, o de culparla de cualquier manera por los errores que ha cometido en la relación para romper la confianza. Esta será la forma más fácil de asegurarse de que se sujeten. Es muy importante asumir la responsabilidad del papel que tiene en romper la confianza, y es por eso que este es un punto que se plantea una y otra vez.

Paso cinco: deje que su compañero hable

Parte de comunicarse libremente implica dejar que su pareja hable. Esto puede ser especialmente difícil si su pareja ha herido sus sentimientos recientemente, pero no podrá resolver nada si no escucha lo que tiene que decir. Al escuchar lo que tiene que decir, incluso si no es algo que necesariamente quiera escuchar, es algo que deben hacer. También puede ayudarlo a decidir si vale la pena intentar reconstruir la confianza, pero no tome esa decisión tan dura mientras todavía se siente enojado.

Existe una diferencia entre oír lo que tiene que decir y escuchar lo que tiene que decir. Oír lo que tiene que decir es fácil, ya que esto significa que realmente no lo asimila y considera las implicaciones de lo que se dice. Cuando escucha lo que su pareja tiene que decir, son más las palabras las que está asimilando. También está absorbiendo las emociones que rodean estas palabras, la ira y la tristeza que puede estar sintiendo, el desafío que puede surgir. Y todo lo demás. Puede que no sea lo que quiere experimentar, pero su relación será mucho mejor si elige ponerse en el lugar de su pareja escuchando de verdad.

Cuando deja que su pareja hable, eso significa que también tendrá preguntas. Lo peor que puede hacer es evitar responder las preguntas de su pareja. No importa qué pregunta tenga, debe responder a las preguntas, evitarlas le hace parecer culpable de algo. Y recuerde, al responder sus preguntas, debe ser honesto, pero discreto. Menospreciarlos o atacarlos solo funcionará en su contra. La forma en que hace estas preguntas también es importante, al igual que la forma en que responde. En el fondo de su mente, debe recordar que debe venir de un lugar de amor todo el tiempo.

Paso seis: sea transparente

Para demostrar que está haciendo todo lo posible para que vuelvan a confiar en usted, tendrá que ser completamente transparente con su pareja. Ser transparente para su pareja incluye darle acceso a todo, correos electrónicos, mensajes de voz, etc. Si bien esto puede parecer fácil, en realidad no lo es porque simplemente está renunciando a su privacidad y eso puede poner nerviosa a una persona. Estar nervioso a menudo significa que termina poniéndose a la defensiva con su pareja, lo que puede causar aún más problemas. Solo recuerde que es su privacidad o su relación, solo usted puede decidir cuál es más importante.

Además de ser transparente con su pareja, también debe compartir información de buena gana. Si siente que tiene que ocultar información a su pareja, se está preparando para problemas de confianza en el futuro. Si es algo que tiene que ocultar, no debería hacerlo o no debería estar en la relación. Ser abierto y honesto con su pareja significa que tiene menos motivos para dudar de usted cuando le dice algo.

Paso siete: renovación de los votos

La mayoría de la gente piensa que para renovar sus votos tienen que estar casados, pero eso está lejos de la verdad. Si simplemente está en una relación, usted y su pareja deben sentarse y hablar sobre lo que sintieron por primera vez cuando comenzaron la relación. Hable sobre los valores que ambos consideraron sagrados. Necesita tener una discusión seria sobre lo que quiere y cómo quiere que sean las cosas en el futuro. Cada socio puede escribir sus propios votos e incluso puedes realizar una ceremonia frente a tus amigos para ayudar a que sea aún más oficial.

Lo único que debe recordar cuando se trata de reconstruir la confianza en su relación es que no es algo que sucederá de la noche a la mañana. Aunque la confianza se perdió de la noche a la mañana, las acciones que condujeron a la pérdida de confianza probablemente se llevaron a cabo durante un período prolongado. Si realmente desea reconstruir su confianza en su pareja o desea comenzar a creer en ella nuevamente, tendrá que hacer el esfuerzo requerido. No puede rendirse solo porque no es fácil.

¿Es seguro volver a confiar?

Una vez que se ha roto su confianza, puede ser muy difícil volver a confiar en esa persona. Seremos perfectamente honestos aquí, no hay forma de garantizar que su pareja no volverá a romper su confianza, pero al mismo tiempo tampoco hay nada que diga que alguna vez harán algo para romper su confianza nuevamente. Esto le pone en un aprieto 50 y 50, y solo usted puede decidir si está dispuesto a correr el riesgo y confiar nuevamente.

Una vez que decida volver a confiar en su pareja, se verá invadido por varias emociones. Se preguntará si volverá a ser traicionado por su compañero. No se preocupe, estos miedos son 100% normales, pero ser consciente de ellos es algo bueno. Estos miedos, si se dejan en la cabeza, pueden ser la ruina de su relación, ya que pueden obstaculizar la reconstrucción de la confianza y volver a encarrilar las cosas.

Termina siendo cauteloso porque tiene miedo de ser lastimado nuevamente, pero ser cauteloso puede trabajar en su contra y en su objetivo de salvar su relación. Intentar superar la ansiedad y las inseguridades puede ser muy difícil. Sería más fácil si tuviera una forma segura de saber que nada como esto volvería a suceder en el futuro si tan solo hubiera alguna forma de saber con certeza que su pareja está diciendo la verdad y ha cambiado. La respuesta es: tiene que confiar.

Capítulo 38: Cómo apreciar a su pareja y aceptarla

En cualquier relación, debemos ser capaces de aceptar a nuestros compañeros tal como son, nadie es perfecto y algo importante a recordar es que la perfección es un mito. Nadie en este mundo es perfecto y todo el mundo tiene defectos. Si entra en su relación pensando que su pareja es perfecta y que no tendrá ningún problema, entonces se está preparando para expectativas muy poco realistas, es porque no se dieron cuenta de que perseguir la perfección no lo lleva a ninguna parte. En lugar de intentar que todo sea perfecto, acepte a su pareja como es y ámele incondicionalmente.

Cuando decidimos compartir nuestra vida con alguien más, ya nos hemos tomado el tiempo de conocerlos, y nos tomamos el tiempo para entender quiénes son y de qué se tratan cuando damos el paso de unir nuestras vidas con ellos. Siempre les hemos dicho que los aceptamos por lo que son. Después de haber entablado una relación, descubre que esto ya no es cierto, ya que su relación necesita trabajo. Una relación no puede funcionar si no acepta a su pareja por lo que es. Esa misma lógica ha de aplicarse en todos los aspectos y descubrirán que si no puede comunicarse tan eficientemente como le gustaría porque siente que su pareja no lo entiende, los puede llevar a sentimientos de negligencia.

Recuerde que no quiere que su pareja tenga expectativas poco realistas de usted, por lo que tampoco debe tener expectativas poco realistas para ella. Si desea que su relación funcione, deberá comprender la importancia de poder asegurarse de que está pensando de manera realista.

Cuando se sienta frustrado con su pareja, debe retroceder y reconocer qué es lo que está pensando. ¿Lo que está pensando es algo que su pareja realmente necesita cambiar o es algo que ha usted construido en su mente porque tiene expectativas poco realistas sobre lo que deberían ser o lo que quiere que sean? ¿Es algo que necesita cambiar con su proceso de pensamiento, o es algo que realmente necesita cambiar en su pareja?

Otra pregunta que debe hacerse es ¿por qué es el trabajo de su pareja estar a la altura de expectativas poco realistas? En el lado opuesto a esto, ¿por qué es su trabajo estar a la altura de las expectativas poco realistas de su pareja? Debe darse cuenta de que tener las expectativas correctas de sí mismo, su pareja y relación son las mejores formas en que puedes fluir en armonía.

La flexibilidad es otra cosa que le ayudará a apreciar a su pareja y a asegurarse de que la acepta tal como es. Es muy fácil pensar en el mundo como solo blanco o negro y pensar que esto está mal, o que esto es correcto, y no hay intermedios, pero eso no es realista. Las cosas no tienen por qué ser de una forma u otra. En lugar de etiquetar su camino como el camino correcto o el camino de su pareja es el camino correcto, recuerde que debe comprometerse y comprender cómo son las cosas en realidad.

El pensamiento negativo es mucho más fácil para algunas personas que el pensamiento positivo porque ser negativo no requiere la mitad de esfuerzo que ser positivo. Cuando una persona es negativa y piensa negativamente, es un comportamiento muy autoimpuesto y egocéntrico. Cuando pensamos negativamente, no aceptamos a nuestra pareja por lo que es y, en cambio, vemos lo negativo en ella porque estamos enfocados en ser negativos con nosotros mismos.

Ser positivo en lugar de enfocarle en por qué su pareja es como es hará que pueda enfocarse en lo que es asombroso de él y por qué le gusta en primer lugar. Esto, a su vez, le llevará a aceptarlo por lo que es, y esto también le llevará a apreciarlo por lo que es. Así como usted necesita el amor de su pareja para sentirse feliz y completo, su pareja necesita su amor para ser feliz y completo también. Él también necesita que esté ahí para él.

Otro consejo útil para apreciar a su pareja es obligarse a ver las cosas de otra manera y enfocarte en sí. Lo que queremos decir con esto es que debe preguntarse cómo se sentiría si su pareja le estuviera juzgando de la forma en que usted lo está juzgando. Otra pregunta que debe hacerse es que, si no le aceptaran de la manera en que usted no los acepta, ¿cómo se sentiría si pensara que su pareja no le entiende o no le ama de la forma en que necesita ser amado y respetado? Teniendo esto en cuenta, será mucho más flexible y podrá comprender por qué no debe tratar a su pareja de esta manera.

También debe esforzarse por recordar que el pasado se ha ido y no hay nada que pueda hacer al respecto. Puede recuperar el pasado. Esa parte es posible y no estamos diciendo que no lo sea. Lo que estamos diciendo es que, pase lo que pase en el pasado, no puede retroceder en el tiempo y hacer que eso no sucediera. No hay repeticiones o un botón de reinicio en las cosas que haces porque la vida no es un videojuego. Está aquí y ahora y debe aprender que, si comete un error, no puede deshacerlo, pero puede intentar solucionarlo y seguir adelante. Solo necesita recordar que lo que sea que haya sucedido ya sucedió y no hay nada que pueda hacer para cambiar eso.

Todos cometemos errores, así que, en lugar de concentrarse en el pasado, intente vivir en el presente y dele a su pareja el regalo de comprenderlo. Si usted está siempre comparando las cosas con cómo eran antes o siempre está comparando cosas con el pasado y sacando argumentos del pasado junto con cosas que no se pueden cambiar, lo único que está haciendo es obstaculizar la aceptación de su pareja y su aceptación el uno del otro. Si esto continúa con el tiempo, en realidad podría terminar destruyendo su relación porque no se está enfocando en el futuro de la manera en que debe estar.

La razón principal por la que este es un problema que puede ser tan dañino es porque cuando hace esto, trae resentimiento y dolor pasado a la relación. Esto, a su vez, trae peleas y palabras duras. Para evitar esto, debe concentrarse en el presente y en lo que puede hacer en el presente para cambiar las cosas y mejorarlas para su pareja y para usted.

Cuando juzgamos a los demás, a menudo es el resultado de nuestras propias críticas personales que hemos tenido que soportar nosotros mismos, pero no debemos presionarnos a nosotros mismos para hacer las cosas de cierta manera, y no debemos presionar a nuestra pareja para que haga las cosas de esa manera tampoco. Dejar que lo que otros le hayan dicho o hecho puede afectarlo a usted y a su proceso de pensamiento y la forma en que trata a los demás, incluida su pareja. Es por eso que la gente dice que su pasado da forma a quiénes son hoy.

Si le maltrataron cuando era más joven o si tuvo malas relaciones, puede llevarlo sin querer a sus relaciones futuras, aunque no sea su intención. La forma de superar esto es comprender que eso es lo que tiene este problema en primer lugar y luego trabajar para tratar de cambiar. A la larga, esto asegurará que su corazón y su espíritu estén más felices y satisfechos. Esto hará que el trato a su pareja mejore y se asegurará de que el espíritu y el corazón de su pareja también sean más felices.

Cuando ejerce una presión innecesaria sobre su pareja, lo único que está haciendo es alejarla. Ahora toda relación tiene presión, y toda relación tiene áreas en las que su pareja estará bajo presión, pero lo que estamos diciendo es que en lugar de juzgarse a sí mismo y juzgar a los demás, comprenda que todos tienen limitaciones y no puede presionar demasiado a alguien porque se agrietará. Es posible que esto no suceda de inmediato, especialmente si su pareja es fuerte, pero eventualmente, incluso la persona más fuerte puede romperse si sigue presionándola demasiado. Si hace que su pareja se rompa, entonces su relación va a fallar de inmediato porque va a sentir resentimiento hacia usted por hacerlo. Cuando esté feliz y satisfecho como individuo, será menos crítico y grosero con su pareja.

Algo para recordar es que, aunque su pareja puede satisfacer sus necesidades, usted también puede satisfacer sus propias necesidades. También puede satisfacer las necesidades de su pareja a medida que satisfacen las suyas. Para apreciar plenamente a su pareja y aceptarla por lo que es, debe recordar que cuando esté feliz consigo mismo, será feliz con todo lo que le rodea. Lo mismo ocurre si no está contento. Si no está satisfecho con todo lo que le rodea, será demasiado crítico con su pareja y no la apreciará por lo que es.

Cuando reconozca que es infeliz, al menos podrá comprender que necesita decirle a su pareja de una manera amorosa y respetuosa que no está feliz. Luego, pueden trabajar juntos para ser más felices, de modo que puedan apreciarse y aceptarse de la manera que necesitan. La negatividad en una relación es una de las principales razones por las que una relación puede fallar porque cuando eso sucede, genera inseguridad, discusiones dolorosas y dolor en la relación.

Cuando sea capaz de comprender que usted y su pareja pueden satisfacer sus necesidades y que deben aplicar el pensamiento positivo en lugar de la negatividad, podrá ver a su pareja como su pareja. Así es como debería verle en lugar de simplemente como alguien que se supone que debe satisfacer cada una de sus necesidades.

Algo para recordar es que una relación feliz ocurrirá cuando dos personas estén felices y contentas. Cuando dos personas están felices y contentas con unirse y estar juntas, se dan cuenta de que su relación tiene menos problemas y se aprecian mucho mejor. Mucha gente ha escuchado la expresión de que su pareja los completa, y para muchos, esto es cierto. Para muchos, se sienten completamente solos y les encanta que ese sentimiento crezca con su pareja. Muchas parejas felices, comprenden que ya se sienten completos con su pareja y consigo mismos; entonces, tienen lo mejor de ambos mundos.

Cada uno de nosotros tiene que ser responsable al menos en parte de nuestra propia felicidad y debido a que esta persona feliz en una relación es capaz de aumentar la flexibilidad y la felicidad que tienen juntos como pareja en su relación. La flexibilidad es muy importante a la hora de aceptar a su pareja por quien es. Esto se debe a que cuando es capaz de ser flexible, tiene la capacidad de ver que puede conversar con su pareja libremente y sin juzgar. También ayuda a su capacidad para poder comprometerse en su relación.

Nunca querrá herir a su pareja o ser cruel con ella, y debe recordar los consejos del diálogo empático y escuchar de la misma manera. La forma en que hablamos con nuestros compañeros puede afectar cada parte de nuestra relación, y si desea que su pareja sienta que los aprecia por lo que es, entonces deberá asegurarse de observar sus palabras.

Capítulo 39: Curación de una relación tóxica

Si su cónyuge fue su abusador, no necesariamente lo pensaría dos veces antes de cortar el contacto. De hecho, probablemente sería lo mejor que podría hacer por su vida en el futuro. Esto no cambia simplemente porque su abusador sea su madre. La misma dinámica está involucrada en ambos casos: ella no puede hacerle daño si no puede contactarle. La pregunta es, ¿qué significa eso realmente?

Significa exactamente lo que dice, ni más ni menos. Significa que no ve a su madre. Además, significa que no habla por teléfono, correo electrónico, mensajes de texto o Skype. Significa que no hay mensajes a través de terceros. Significa que no hay acoso en las redes sociales. Significa que los elimina de su vida y lo hace con el menor sentimiento o simpatía que le han dado a lo largo de los años.

Suena frío, ¿no? Es, y será difícil, quizás lo más difícil que hará en su vida, pero debe entender que hay una muy buena razón para hacerlo. Como hijo de una madre narcisista, fue condicionado para tolerar cosas terribles y eso le afectó de manera duradera y paralizante emocional y socialmente. A medida que se recupera, a medida que reconstruye su identidad, lo último que necesita es volver a ser absorbido por ese vórtice de locura narcisista. Si, es tan simple como eso. Este es su momento. Puede volver a conectarse en algún momento en el futuro cuando usted y sus límites sean más fuertes y haya muchas menos posibilidades de volver a ser absorbido. Por ahora, sin embargo, debe cuidarse.

Retroceso

Volvamos con el ejemplo anterior. Debe usted recordar que su madre narcisista es como una drogadicta. Ella siempre está en busca de su solución emocional. Hasta ahora, le ha tenido por eso. Era su conexión, su proveedor narcisista, y ahora que ha cerrado la tienda, su suministro se ha ido y, como cualquier buen adicto, va a reaccionar. Aquí hay algunas cosas de las que querrá estar atento:

Ella no respetará su decisión de no contacto. Ir sin contacto es establecer un límite, y si ella fuera capaz de respetar los límites en primer lugar, usted no lo estaría haciendo. Como resultado, ella se comunicará con usted sin importar lo que diga. Después de todo, ella le ve como una extensión de ella misma, no como un ser humano plenamente realizado con derechos y necesidades propios. Como resultado, puede ser imposible para ella entender por qué está haciendo esto.

Entonces, ella le llamará, enviará mensajes de texto, correos electrónicos e incluso le acosará en las redes sociales. Esto se puede manejar filtrando sus llamadas y correos electrónicos. Permita que deje mensajes de voz, filtre sus correos electrónicos en una sola carpeta que pueda revisar en su tiempo libre y bloquee sus redes sociales. Si aparece en su puerta y responde, que siempre es una opción, no la deje entrar. Sea cortés y profesional, no se deje arrastrar por un debate y no permita que ella le amenace. Dígale de nuevo por qué se ha alejado de ella y finalice la conversación. Después de todo, por mucho que ella esté en desacuerdo, ahora se trata de usted, no de ella.

Ella buscará otros medios. Anote quién de los miembros de su familia y amigos está tratando de que vuelva a estar en contacto con su madre. Se quejarán de que nunca habla con mamá, exigirán saber por qué y tratarán de convencerle de que restablezca el contacto. Estos son sus monos voladores y no importa cuán bien intencionados puedan parecer, e independientemente de si entienden lo que realmente están haciendo, estos monos voladores han venido a hacer sus órdenes y, en última instancia, son perjudiciales para usted. Es posible que deba aceptar el hecho de que probablemente también tendrá que soltarlos. Podrá reconocerlos por la forma en que parecen simpatizar consigo sin querer realmente escucharle. En cambio, intentarán hacerle sentir culpable para que ceda.

Recurrirá al asesinato de personajes. Los narcisistas que no pueden llegar a sus víctimas directamente, ya sea por sí mismos o a través de su bandada de monos voladores, lo harán indirectamente mediante el uso de campañas de difamación y el asesinato de personajes. Se encontrará en el centro de un torbellino de acusaciones e insinuaciones, y las personas que lo confronten serán aquellas que pensaba que estaban de su lado o que no estaban involucradas. Peor aún, cuando se defienda, es probable que descubra que mamá ya ha envenenado el pozo pintando un retrato convincente de ella misma como su víctima y usted como una especie de monstruo caricaturizado. Entonces, después de años de abuso psicológico, será visto como un mentiroso.

La triste verdad es que, al no tener contacto con su madre narcisista, es posible que muchos amigos y miembros de la familia lo rechacen, personas que se han puesto de su lado en el conflicto. Dolerá. Eso es inevitable y está bien dejarlo. Estas personas en realidad le están haciendo un favor, al clasificarse en el campo de su madre, le hacen saber que son parte del problema y que querrá evitar de todos modos hasta que esté listo para volver a comprometerse. Su objetivo número uno es seguir adelante, y mientras esto continúe, nada ha cambiado. "No puede controlar eso, pero puede controlar cuánto le llega". (Lee, 2018)

Otros desafíos del no contacto

Su plan es tan bueno como su determinación, y todo, desde su familia, la cultura en la que vivimos y su propia educación, desafiará esa determinación. Por ejemplo, la gente no entenderá por qué le ha dado la espalda a su madre. Nuestra cultura, después de todo, venera la maternidad. Hacer lo contrario es reconocer que la base de la familia no es tan sólida como nos gustaría creer que es. Después de todo, de una manera casi religiosa, mamá se erige como el epítome de todo lo que es bueno y cariñoso, abnegado y protector, y las personas que tuvieron la suerte de no haber tenido su experiencia le juzgarán con dureza.

No importa el hecho de que no tomó esta decisión por capricho, y que requirió años de lucha personal para finalmente tomar medidas, todo lo que verán es que le dio la espalda a su propia madre. Más que eso, no tener contacto con su madre implica una gran disonancia cognitiva porque ha pasado toda la vida en esa cultura de veneración de la madre, le educaron para creer en ese ideal y todavía hay una parte de usted que desearía que mamá pudiera haber vivido a la altura. Como resultado, tendrá problemas que harán que mantener su resolución sea mucho más difícil.

Es probable que se cuestione. Dejando a un lado la desaprobación cultural que puede enfrentar, el costo de alejarse de su madre narcisista podría ser mucho mayor de lo que piensa porque también se aleja de las personas que la aman y se ponen del lado de ella, y eso le hará cuestionar la sabiduría de lo que está haciendo, le hará preguntarse si ha hecho lo correcto. Incluso puede terminar haciendo algunas pruebas, sacándola de su vida por un tiempo y luego regresando.

Está bien, es parte del proceso de aprendizaje, parte de tomar lo que sabe y comprende intelectualmente, que su madre no le ama, o al menos no le ama de la manera que merece ser amado por una madre y aplicar ese nuevo conocimiento emocional a sus emociones. Necesita creer en sí mismo, que después de una vida de abuso narcisista es una tarea difícil. Es esencial que comprenda que está haciendo lo correcto para usted.

Es probable que se sienta muy en conflicto. Aquí está esa disonancia cognitiva nuevamente, el conocimiento de que es un sobreviviente del abuso y la autocrítica y la autoculpa por no poder evitar de alguna manera esta decisión arreglando la relación. Incluso puede sentir la vergüenza de tener que tomar esta decisión, agravada por la forma en que el resto de la familia lo está tratando mientras se reúnen en torno a su madre.

Esto nos lleva a una pregunta interesante: ¿Qué hace usted, como sobreviviente adulto de una madre narcisista, cuando mamá envejece y enferma? Después de todo, ¿no se supone que los hijos deben cuidar de sus padres ancianos? ¿No es esa la expectativa social? ¿No se les debe algo aquí?

Al igual que con muchas de estas preguntas, la respuesta sería fácil si hubiese sido criado por una madre normal que le enseñó bien y le hubiese dejado convertirse en su propia persona. Sin embargo, no fue criado por una madre normal con instintos maternos normales y esperados. Fue criada por una narcisista patológica que usó sus años de formación para convertirle en un recipiente para su voluntad, que se convirtió en un hirviente vórtice de necesidad cada vez que tenía algo propio y exhibía una rabia monstruosa cada vez que la cuestionaba.

El problema es que ella realmente le necesita ahora. Ella está vieja y probablemente enferma, y el niño dorado, su hermano que resultó igual que ella, no ve ninguna razón para ensuciarse las manos. Él tiene su propia vida para vivir, sus propias conquistas que hacer, por lo que la responsabilidad cae sobre usted con una gran cantidad de culpa para asegurarle de que hace "lo correcto".

Mamá hizo un esfuerzo por cuidarle durante sus primeros años. Ese esfuerzo puede haber sido mínimo, ya que ella era la especie de madre narcisista, negligente y absorta en sí misma, pero todavía piensa que le debe, sin importar lo mal que haya satisfecho sus necesidades. Si ella era del tipo envolvente, se asegurará de que usted sepa cuánto hizo por usted, todas las formas en que hizo que su vida fuera mejor y también cómo le debe todo. Independientemente, en lo que a ella respecta, le debe una y es culpable de hacerla pasar por la molestia de criarle.

¿Ella tiene razón? No. Ella es la que condicionó el amor. Ella es quien le dejó con una visión sesgada de las relaciones. Ella es la que se entrometió en áreas que no tenía derecho a entrar, que abusó de usted verbal y emocionalmente, que le hizo cuestionar su propia cordura y le negó la autoestima y asertividad para tomar realmente el control de su propia vida y ahora piensa que va a entrar y estacionar su andador en su casa, donde puede dirigir sus atenciones tóxicas hacia su familia, infligiéndoles el mismo daño que le hizo a usted. ¿Todo porque de alguna manera retorcida se siente con derecho a eso por simplemente expulsarle a usted de su canal de parto? Es hora de que empiece a comprender que no es así como funciona el mundo.

Las relaciones, si aún no ha aprendido esto, son opcionales. Eso va para todos ellos. La familia es un concepto, no es algo escrito en piedra. Así como una casa no necesita ser una casa, la biología no dicta quién es su familia. No importa lo que diga la sociedad. No importa lo que diga el pastor de la iglesia. No importa lo que diga el terapeuta. No importa lo que digan los amigos. No importa lo que diga la familia, y ciertamente no importa lo que diga un narcisista arrugado y abusivo. Ella no tiene ningún derecho familiar sobre usted.

Capítulo 40: Cómo curarse de la ansiedad emocional

Cómo curar las cicatrices

Una de las cosas más difíciles que alguien tendrá que hacer es terminar una relación. Ya sea una relación familiar, un matrimonio o incluso simplemente una amistad, cada relación es sagrada ya que ocupa un lugar especial en el corazón de una persona. Por eso las relaciones codependientes son tan devastadoras. Desgarran el corazón de una persona día a día hasta que no queda nada más que dolor y miseria. Desafortunadamente, para escapar de ese dolor y miseria, una persona puede tener que terminar una relación, sin importar cuán íntima o duradera sea. Aunque la decisión de terminar una relación puede ser dolorosa, el acto en sí no tiene por qué ser demasiado devastador.

Reconozca que la decisión es suya

Cuando se trata de terminar una relación, quizás lo más importante a recordar es que la decisión es suya. Solo usted ha elegido permanecer en la relación, y solo usted ahora está decidiendo ponerle fin. Si bien esto puede parecer agregar una carga significativa de culpa sobre sus hombros, especialmente en el caso de que la otra persona parezca devastada por la decisión, también agrega un elemento de control que es de importancia crítica.

La mayoría de las veces, la otra persona en la relación luchará por mantener la relación, manteniendo así el control sobre usted. Sin embargo, al reconocer que la decisión de irse es suya, puede evitar que ellos le quiten la decisión. Una vez que permite que la otra persona le disuada de su decisión, vuelve a caer en la codependencia de la que se esfuerzas por escapar. Por lo tanto, es importante tomarse el tiempo para sopesar cuidadosamente todos los factores involucrados al llegar a esta elección final.

Sin embargo, una vez que haya decidido terminar una relación, lo importante es confiar en la decisión que está tomando. Si se permite adivinar las cosas, especialmente a la luz de cualquier argumento que la otra persona pueda tener, o de cualquier simpatía que pueda sentir hacia ella, su resolución comenzará a ceder, creando dudas, confusión e incluso culpa en su corazón y mente.

Estas son las herramientas que utilizará una persona codependiente para hacerse con el control de otra, por lo que debe protegerse de ellas a toda costa. Después, una vez que toma la decisión de terminar una relación, debe confiar en que está tomando la decisión correcta y debe llevar el proceso hasta el final. Solo entonces podrá recuperar el control sobre su vida que es necesario para construir la vida sana y feliz que tanto desea como merece.

Conversar

Por un lado, sugiere que la otra persona no merece una conversación cara a cara en la que pueda hablar. Después de todo, una carta es esencialmente una conversación unilateral, por lo que fuerza la opinión de una persona sobre la otra. Por lo tanto, para ser justos, es mejor tener una conversación en la que ambas partes puedan opinar.

Elegir la ubicación correcta para tal conversación es absolutamente fundamental, ya que este detalle por sí solo puede afectar significativamente la naturaleza de la conversación en sí. Si lo tiene en un lugar donde la otra persona se siente en control, intentará hacerse cargo de la conversación, cambiando así el curso de los acontecimientos a su favor. Alternativamente, si los coloca en un entorno extraño donde se sienten fuera de control, puede hacer que se pongan demasiado a la defensiva, cerrándose a usted en todos los sentidos.

Si bien esto puede no ser lo peor, especialmente en el caso de terminar una relación, aún puede agregar dolor y sufrimiento que se pueden evitar. La mejor opción es elegir un lugar que sea familiar para ambas partes pero que no les dé ninguna ventaja. Un lugar que sea público, pero algo privado, como un rincón tranquilo en un parque o en una playa, puede ser la elección perfecta. Aquí puede tener una conversación privada sin sentirse intimidado, atrapado o expuesto.

Esto es importante ya que la naturaleza emocional del evento será tan fuerte que puede confundir fácilmente la mente de cualquiera. Lo último que quiere hacer es tropezar con los puntos que quiere hacer, o peor aún, olvidar muchos de ellos por completo. Por lo tanto, es vital que anote esos puntos para poder consultarlos en caso de que su mente comience a nublarse. Dicho esto, no tiene que escribir un discurso como tal, leer palabra por palabra como si estuviera dando una conferencia de prensa.

En su lugar, enumere los temas que desea cubrir como si estuviera escribiendo una lista de compras. Incluso puede marcar cada elemento a medida que lo cubre para realizar un seguimiento del progreso de la conversación. Además de garantizar que se mantenga al tanto de las cosas que desea discutir, tener esta lista también eliminará el estrés que puede causar el intentar recordar todo. Ahora, en lugar de tener que memorizar sus líneas para una actuación, puede tener una conversación flexible, una que permita una discusión sincera de todos los lados y que aun así garantice que transmita sus puntos.

Evite incriminar o culpar

Nadie termina una relación por buenas razones. No terminaría un matrimonio porque se estuviese divirtiendo demasiado o se sintiera demasiado amado. Tampoco terminaría una amistad porque su amigo fuera demasiado amable con usted. En cambio, elige terminar las relaciones con personas que traen dolor, sufrimiento y miseria a su vida.

Como resultado, puede ser demasiado tentador llenar la conversación que termina la relación con acusaciones, culpas y culpa, atacando así a la otra persona como si estuviera siendo juzgada. Si bien esto puede parecer una buena manera de lograr un cierre al liberar toda su ira y frustración, en realidad puede ser contraproducente y hacer que se sienta culpable mucho después de que termine la relación. Por lo tanto, para evitar causar más dolor del necesario, tanto para usted como para la otra persona, una buena forma de lograr este objetivo es evitar centrarse en el pasado.

Si bien puede parecer lógico centrarse en las razones para terminar una relación, como las acciones y los comportamientos de la otra persona que le causaron dolor y sufrimiento, esto solo resultará acusatorio al final. Un mejor enfoque es centrarse en el futuro. Después de todo, no está terminando la relación solo para alejarse de los comportamientos codependientes que le están causando daño, está terminando la relación para comenzar una vida nueva, saludable y feliz. Por lo tanto, en lugar de concentrarse en el pasado oscuro del que se está liberando, debe concentrarse en sus esperanzas y sueños futuros, esas cosas hacia las que se está moviendo. Esto le dará un giro positivo a la conversación, evitando los aspectos negativos de la ira, la culpa y la culpa.

Puede tratarlo como lo haría si estuviera poniendo su aviso en el trabajo. Cada vez que renuncia a un trabajo, generalmente es porque no está satisfecho con el trabajo que tiene. Cuando publica su aviso, puede despotricar y elogiar lo mal que lo han tratado, o puede optar por decirle a su jefe que está listo para nuevos desafíos o que un trabajo que siempre ha querido está disponible.

Al final, siempre es mejor vivir y dejar vivir. Una vez que termine la relación, quedará libre de los comportamientos e influencias codependientes que le causaron dolor, y eso es todo lo que cuenta. Por lo tanto, concéntrese en el futuro positivo en lugar del pasado negativo. Si bien el proceso de terminar una relación será doloroso, no tiene por qué ser traumático.

Mantenga la calma y la compasión

Una vez más, esto puede no ser algo fácil de hacer, especialmente si la otra persona reacciona de una manera muy emocional. Y dado que son codependientes por naturaleza, esta es probablemente una apuesta muy segura. Afortunadamente, hay un par de trucos que pueden ayudarte a mantener la calma incluso en el peor de los casos. Uno es tratar la conversación como un trato hecho. En otras palabras, esta no es una negociación en la que un lado o el otro saldrá ganador. Esta es una decisión que ya ha tomado, por lo que ya ha ganado. El resultado ya está decidido. El futuro ya está escrito. Por lo tanto, no tiene nada de qué preocuparse.

No se le puede atar de nuevo a la relación, ni se le puede obligar a hacer nada que no quiera hacer. Esos días quedaron en el pasado. Aquí y ahora tiene el control de su vida, su destino e incluso sus emociones. No tiene que involucrarse en una discusión, ya que no hay nada que probar o ganar como resultado. En cambio, solo tiene que transmitir el mensaje de que está avanzando con su vida.

Otro truco que le ayudará a mantener la calma y la compasión es reconocer que el comportamiento agresivo suele ser un signo de dolor. Por lo tanto, si la otra persona vuela por la tangente, despotricando y delirando sobre todas las cosas que ha hecho o lo malo que es como persona, en lugar de discutir, simplemente reconozca que están llorando de dolor.

Si reacciona de una manera cargada de emociones, solo aumentará ese dolor y sufrimiento, convirtiéndose en un monstruo en el proceso. No es un monstruo, por eso quiere terminar con sus relaciones codependientes. Por lo tanto, actúe como la persona cariñosa y decente que es y sea siempre compasivo sin importar nada. Vea este acto de amor y compasión como el primer paso hacia su recién descubierta vida feliz y saludable.

Sea firme

Finalmente, cuando se trata de terminar una relación, es absolutamente vital que sea firme. Respete su decisión, sin importar cuánto discuta, suplique o incluso amenace la otra persona. Ha decidido seguir adelante con su vida y nada debería socavar su convicción de hacerlo. Por lo tanto, sea fuerte, tenga confianza y, lo más importante, sea firme en su decisión de terminar la relación.

Ser firme no significa que tenga que ser mezquino o agresivo, simplemente significa que ha tomado una decisión y debe ceñirse a la elección que ha hecho. Si se deja disuadir de su decisión, puede encontrarse deslizándose por la pendiente resbaladiza que conduce de nuevo a la codependencia. El hecho es que ha llegado a la conclusión de que para estar sano, feliz y fuerte necesita estar fuera de esta relación en particular.

Si bien permanecer en la relación puede beneficiar a la otra persona, no le beneficiará a usted, y debe comenzar a ponerse en primer lugar para crear la vida que se merece. Por lo tanto, mantenerse firme no se trata de ser terco o incluso inflexible, sino de hacer lo correcto por usted mismo. A estas alturas ya sabe que no puede arreglar a otras personas, sin embargo, puede arreglarte sí mismo y eso es lo que tiene que hacer.

Capítulo 41: Manejo del estrés y la ansiedad para prevenir los brotes de ira

A menudo, una de las principales razones por las que está ansioso y se enoja fácilmente es porque está estresado. Cuando está ansioso y estresado, sus receptores nerviosos son ultrasensibles. Las cosas triviales le irritan y le vuelven loco. Por lo tanto, primero debe manejar el estrés para poder prevenir los brotes de ira y la ansiedad innecesaria. A continuación, se muestra la lista de pasos que puede implementar.

Identifique sus factores estresantes

Piense en las veces que ha estado estresado. ¿Cuáles son los agentes causantes de sus incidentes estresantes? Se específico. A continuación, se muestran algunos ejemplos:

- Se le encomendó enviar el informe de ventas semanal de su empresa y la fecha límite es el día siguiente.

- Se le asignó para dar los comentarios de apertura en una reunión durante el fin de semana.

- Un amigo le pide una cita, pero no le agrada.

- Su hija adolescente se ha quedado fuera hasta altas horas de la noche y usted no sabe por qué.

Es posible que estos ejemplos no estresen a otras personas, pero para muchos, son factores estresantes que seguramente los pondrán ansiosos. Y durante el transcurso del día, se irritan con cosas insignificantes debido a estos factores estresantes.

Si analiza los ejemplos dados, no serán factores estresantes si los mira con un estado de ánimo positivo. Aunque son estresantes genuinos, puede reducirlos a tareas ordinarias simplemente cambiando su forma de pensar. Sí, nuevamente se basa en su forma de pensar. ¿No es la mente una herramienta poderosa que puede optimizar?

Conocer este hecho lo ayudará a enfrentar sus factores estresantes. Se recomienda que los enfrente de frente y no los evite, excepto en circunstancias extraordinarias en las que podría sufrir lesiones graves. Un ejemplo específico es cuando se enfrenta a agresores violentos.

Evite o enfrente sus factores estresantes

Los expertos recomiendan que se enfrente a sus factores estresantes o que se exponga al factor estresante hasta que pierda la sensibilidad. Pero tenga cuidado al enfrentar sus factores estresantes sin una planificación adecuada. Debe planificar sus acciones alternativas en caso de que ocurra algún "accidente". Tenga en cuenta que su mente tiene el poder de reducir un factor estresante a un estímulo motivador o irrelevante. Utilice su poder mental para abordar esta preocupación. Por lo tanto, piense en sus factores estresantes como preocupaciones menores que puede resolver fácilmente.

Cambie el pensamiento de sus factores estresantes

Tiene que pensar todos los días que no son factores estresantes, sino desencadenantes para desarrollarle. Deje que la idea penetre en su cerebro. Sus pensamientos pueden convertir los eventos en una situación estresante o en una experiencia de aprendizaje motivadora. Depende completamente de usted.

Céntrese en pensamientos positivos

Después de calificar los eventos (factores estresantes) como experiencias de aprendizaje, debe continuar haciéndolo. Percíbalos de forma positiva. Una vez más, todo está en su mente. Su forma de pensar afecta la forma en que reacciona ante los incidentes. Encuentra lo positivo en lo negativo y se volverán positivos. Sea optimista y cambie su forma de pensar, y se deshará de sus factores estresantes.

Pase un tiempo de relajación

Necesita una actividad relajante que le ayude a desestresarse. Lo mismo ocurre con la ira. Estas actividades relajantes incluyen meditación, ejercicios de respiración y similares. Mientras se relaja, puede seguir desarrollando su optimismo sobre las cosas que le rodean. Esto le ayudará a mantener su enfoque y redirigir sus pensamientos hacia resultados más positivos. Una vez que pueda relajarse y aliviar su estrés, sus episodios de ira y ansiedad disminuirán o desaparecerán para siempre.

Maneje sus pensamientos

Sus pensamientos son el poder más inspirador que posee como ser humano. A través de sus pensamientos, procesa nuevas ideas y cubre nuevos horizontes en un período menor. Alcanzar hitos y alcanzar la grandeza siempre ha sido una función del pensamiento, más razón por la que la observación es un elemento primordial de toda investigación científica.

Identifique su pensamiento

Lamentablemente, la mayoría de la gente ignora sus pensamientos. Podemos conocer nuestros pensamientos solo que la mayoría de la gente no le ha prestado atención. Para gestionar su pensamiento, necesita conocerlo; entender su componente.

Cambie sus pensamientos negativos

Una vez que haya identificado sus pensamientos, el paso es cambiarlos. Sin duda, habrá pensamientos equivocados en su mente si siempre está involucrado en expresar mal su enojo.

Sea agradecido

Cuando los eventos a su alrededor no funcionan de la manera que espera, puede estar agradecido por otras cosas que están funcionando como esperaba. Cuando alimenta su mente con razones por las que tiene que estar agradecido, desvía su atención de lo que está perdiendo y la lleva a lo que ha disfrutado. Más aún, tiene menos razones para sentirse ofendido por las personas incluso cuando le ofenden; recordará las cosas buenas que todavía pueden hacer, o probablemente hicieron.

Capítulo 42: Superar el miedo y la ansiedad

El miedo es una de nuestras emociones más fuertes. Tiene un efecto asombrosamente fuerte en su mente y cuerpo. De vez en cuando, pueden apoderarse de su vida y afectar su capacidad para comer, descansar, concentrarse, viajar, disfrutar el día, salir de casa o sobresalir en el trabajo o la escuela. Esto puede evitar que logre las cosas que necesita hacer o adquirir las cosas que necesita y, además, puede afectar su salud.

¿Qué le pone ansioso o inquieto? Dado que la ansiedad es similar al miedo, las estrategias mencionadas anteriormente también funcionan bien para la ansiedad. La ansiedad ocurre cuando el miedo es debilitante y perdura durante un período de tiempo prolongado. Está conectado a algo que podría suceder o sucederá en el futuro, en lugar de lo que está sucediendo ahora.

¿Cómo se sienten el miedo y la ansiedad? Cuando se siente asustado o nervioso, su mente y su cuerpo reaccionan rápidamente. Su corazón puede latir más rápidamente. Puede inhalar respiraciones superficiales y extraordinariamente rápidas. Sus músculos pueden sentirse débiles. Puede sudar mucho. Su estómago puede sentirse mareado. Puede que le resulte difícil concentrarse en algo. Puede sentirse congelado, pegado al lugar. Es posible que no pueda comer. Puede tener sudores fríos y calientes. Puede tener la boca seca. Puede que los músculos se tensen asombrosamente.

Con el tiempo, puede deprimirse, experimentar problemas para dormir, desarrollar dolores de cabeza, tener dificultades para trabajar y prepararse para el futuro, tener problemas para tener relaciones sexuales y perder la confianza en sí mismo. Estas cosas suceden porque su cuerpo, al detectar el miedo, lo está preparando para una emergencia, por lo que hace que la sangre de su cuerpo fluya hacia sus músculos y le brinda la capacidad mental para concentrarse en lo que su cuerpo ve como una amenaza. Además, puede elevar el azúcar en sangre.

¿Por qué me siento así cuando no estoy en peligro real? Los primeros seres humanos necesitaban las respuestas rápidas y alucinantes que causa el miedo porque estaban expuestos rutinariamente a condiciones físicamente peligrosas; Independientemente, normalmente no enfrentamos peligros comparables en la vida moderna.

Aparte de esto, los cuerpos de nuestra mente todavía funcionan de manera bastante similar a los de nuestros primeros antepasados, y tenemos reacciones comparables a nuestras preocupaciones modernas sobre facturas, viajes y condiciones sociales. Sin embargo, ¡no podemos escapar o atacar físicamente estos problemas!

Las evaluaciones físicas del miedo pueden ser alarmantes en sí mismas, especialmente si las está experimentando y no tiene la más remota idea de por qué, o en caso de que parezcan, según todos los informes, desproporcionadas con la situación. En lugar de advertirle sobre un peligro inminente y prepararlo para responder a él, su miedo o ansiedad pueden aparecer cuando se percibe como muy peligroso o ligeramente peligroso. Estas situaciones pueden ser imaginarias o menores.

¿Por qué no desaparece mi miedo? ¿Cuándo volveré a sentirme normal? Un poco de miedo es normal cuando se enfrenta a algo nuevo. O podría ser un miedo leve y ligeramente intuitivo sobre alguien o algo, aunque no sepa por qué. Algunas personas sienten miedo y ansiedad constantes, sin un desencadenante particular.

Entender los ataques de pánico

Las personas que tienen ataques de nerviosismo a menudo se quejan de que tienen dificultad para respirar y les preocupa que estén teniendo un ataque cardíaco o perderán el control de sus cuerpos.

¿Qué es una fobia/miedo?

Una fobia es un miedo exagerado a un animal, cosa, lugar o situación en particular. Las personas con miedos tienen una necesidad asombrosa de evitar cualquier contacto con una explicación específica detrás de la causa o el miedo. Entrar en contacto con la explicación detrás del miedo hace que esa persona con fobia se sienta inquieta o con pánico.

¿Cómo puede ayudarse a sí mismo?

Enfrente sus miedos

Si usted, en general, evita las condiciones a las que tiene miedo, es posible que deje de lograr las cosas que necesita o desea hacer. No tendrá la oportunidad de determinar si sus miedos con respecto a la situación son válidos, por lo que puede perder la oportunidad de aprender a manejar sus miedos y disminuir su ansiedad. Como resultado de ser demasiado cauteloso, su ansiedad puede aumentar, enfrentar sus emociones de miedo y atacar las causas subyacentes puede ser una técnica adecuada para vencer su ansiedad.

Conózcase a sí mismo

Familiarícese con su miedo o ansiedad. Lleve un diario de ansiedad anotando sus pensamientos de miedo y ansiedad cuando ocurran. Puede intentar fijarse metas pequeñas y alcanzables para hacer frente a sus miedos. Puede escribir una lista de cosas que puede mirar de vez en cuando es más probable que se sienta asustado o ansioso. Esta puede ser una técnica factible para observar las creencias que están detrás de su ansiedad. Mantenga un registro de cuándo sucede y describa lo que sucede.

Ejercicio

El ejercicio requiere algo de concentración y esto puede hacer que su mente deje de pensar en el miedo y la ansiedad.

Relajación

Dominar las técnicas de relajación puede ayudarlo a lidiar con los sentimientos de miedo mentales y físicos. Estas técnicas pueden ayudarlo a relajar los hombros y ayudarlo a mejorar su respiración. Puede imaginarse en un lugar relajante. También puede probar métodos alternativos de relajación, como yoga, meditación y masajes en la espalda.

Evite la ingesta excesiva de alimentos

Coma muchas frutas y verduras y evite consumir demasiada azúcar o alimentos azucarados. El consumo excesivo de azúcar aumenta el azúcar en sangre; esto puede provocar sentimientos de tensión. Trate de no beber una cantidad excesiva de té y café, ya que la cafeína puede aumentar los niveles de ansiedad.

Evite o limite su consumo de alcohol

Es normal que algunas personas beban cuando sienten miedo. Algunas personas llaman al alcohol "agallas holandesas", pero el alcohol puede hacerte sentir progresivamente ansioso o tenso.

Medicamentos complementarios o estrategias alternativas

Algunas personas encuentran que los medicamentos o ejercicios complementarios, por ejemplo, las estrategias de relajación, la meditación, el yoga o el Thai Chi, les ayudan a lidiar con su ansiedad. Puede seleccionar cualquiera de estas estrategias que prefiera para vencer su ansiedad.

El vínculo entre fantasías excesivas y pensamiento excesivo

¿Cuál te interesa más? ¿Fantasía o realidad? Para empezar, deberíamos mirar con más cautela el "sueño" y la "realidad" de la palabra. Cuando un adulto dice que entiende la diferencia entre sueño y realidad, ¿cómo define cada palabra? Por medio del sueño, podría inferir ficción. "Ficción" tiene una variedad de sugerencias. La ficción puede significar una mentira. Cuando alguien dice que los medios no le impactan porque entiende la diferencia entre sueño y realidad, creo que infiere por "realidad" que las personas y las condiciones en la televisión están hechas o compuestas a una medida específica. Sabemos, por ejemplo, que el programa de televisión *Friends* fue una historia sobre las asociaciones y vivencias de un evento social de jóvenes de 20 años. ¿De qué manera la historia es más ficticia que verdadera? Considerando todo, los observadores adultos se dan cuenta de que las personas en la televisión son artistas a los que se les paga por interpretar papeles.

Cuando vemos un programa de televisión, esencialmente estamos imaginando que se trata de personas reales y que estas condiciones y eventos realmente están sucediendo a medida que los vemos desarrollarse. En la medida en que reconocemos a estos personajes y sus condiciones y asociaciones son posibles y significativas, los investigamos. En la medida en que estemos atados a la fantasía, nos atraemos hacia el espectáculo.

Entonces, ¿dónde entra la realidad y cuál es el significado crítico de la "realidad" en esta circunstancia particular? La realidad de una historia contada no se trata de si es un sueño o una creación; se trata de si es posible y podría suceder realmente en la vida real. Paradójicamente, el mejor tipo de sueños son los que nos parecen, de ninguna manera u otra, reales o creíbles. Reflexionamos sobre cuánto nos gustaría manifestar sueños increíbles en la vida real, y la ficción es una representación de esa misma realidad; nos da poder para imaginar una situación y sentir que una historia particularmente cautivadora o satisfactoria podría ser legítima.

Una vez encontré a dos mujeres mirando a sus seres queridos de ensueño tomando un café. Hablaban de sus "celebridades" favoritas: celebrando su "atractivo", lo que aman de ellas, por qué serían amantes desconcertantes y lo increíble que sería conocerlos en persona. Hace algún tiempo, en las noticias, leí el artículo de un periodista sobre un joven púber que le pedía a una supermodelo de *Sports Illustrated* (que probablemente tenía la edad de su madre) que lo acompañara al baile de graduación. Estaba admirando la iniciativa del joven y cómo se arriesgaba a la humillación pública para atraer a la mujer de sus sueños.

Vivimos en un mundo en el que la gente se imagina que se ha "enamorado" de estrellas de cine y televisión, estrellas del entretenimiento erótico y supermodelos. Están fascinados desde la distancia. Hay algo en estas relaciones ficticias que se sienten seguras para estas personas. Hay algo que muchas personas encuentran atractivo en conectarse con personajes famosos en sus propias salas de observación oscuras.

Estas relaciones ficticias, por supuesto, también pueden ocurrir en nuestra vida real; las personas pueden fantasear con ese individuo en el trabajo con el que nunca han conversado realmente. Parte del atractivo es que pueden proyectar de manera segura (sin consecuencias) las características y rasgos de personalidad que desean en esta persona. Pero de alguna manera, mantener una distancia estratégica de otras personas hace que los necesitemos más. En cualquier caso, reverenciar realmente, como dice CS Lewis, es estar desprotegido.

Sin embargo, esto no se trata solo de enamorarse de las celebridades de *Hollywood*; la fantasía puede infiltrarse en grandes partes de nuestra vida. Sin embargo, soñar es vivir en lo que no es en lugar de vivir en lo que es. De esta manera, fantasear puede llevar a pensar demasiado: desde la diversión sugerente hasta los efectos destructivos.

Por ejemplo, un hombre casado que fantasea constantemente con su joven secretaria de oficina y se imagina constantemente en una relación con ella puede descuidar su propia relación. Una mujer soltera que se enamora locamente de un hombre con el que apenas habla puede imaginar cómo podría ser su vida, elegir nombres para sus dos hijos o amueblar mentalmente la casa de sus sueños, solo para que su desinterés le rompa el corazón. Una ama de casa atrapada en la fantasía y la pasión de sus novelas románticas puede renunciar a su propia realidad en lugar de trabajar para mejorarla.

Un joven que pasa todo su tiempo fantaseando con su carrera futbolística después de verse obligado a dejar de hacerlo debido a una lesión está escapando del momento presente en lugar de buscar opciones profesionales igualmente satisfactorias, pero más realistas. Un estudiante universitario miserable, que navega por Internet en busca de mujeres de fantasía, puede evitar las oportunidades sociales que le permitirían conectarse con mujeres de la vida real y experimentar relaciones satisfactorias.

Fantasear con alguien que es inalcanzable en la vida real puede parecer, según todos los relatos, una indulgencia inofensiva, pero puede llevar a las personas a la infidelidad y evitar que las personas busquen relaciones reales y significativas. Estas fantasías también podrían convertirse en una fuente de estrés e inferioridad ya que, por su propia naturaleza, nuestras fantasías son inalcanzables; podrían convertirse en una fuente de rumiación y pensamiento excesivo para alguien que se pone ansioso o deprimido cuando la vida real no cumple con sus expectativas alimentadas por la fantasía.

Estas expectativas también podrían llevarnos a proyectar ciertas cualidades en nuestros compañeros potenciales que no son realistas y nos preparan para una decepción perpetua. Los estudios han demostrado que, si se mezcla la realidad con la ficción, es más probable que la gente crea información falsa.

Por ejemplo, en una evaluación, los estudiantes alemanes leyeron una historia episódica llamada "El secuestro", en la que se había implantado información evidente o falsa. Un grupo de control leyó una historia idéntica sin los anuncios implantados. Una insistencia certificable fue que la acción fortalece el corazón y los pulmones. La afirmación falsa fue la afirmación opuesta: que la acción debilita el corazón y los pulmones. Los resultados mostraron que los participantes en el estudio estaban interesados en la información que se les proporcionó, pero prestaron poca atención a si la información era verdadera o falsa.

Capítulo 43: Efectos de las emociones en su vida diaria

Estos son los principales tipos de emociones y cómo construyen nuestras vidas al construirnos o romper.

Temor

El miedo es una emoción poderosa que experimentan todos los seres humanos. Nos alerta sobre la presencia de peligro en nuestro entorno. Implica reacciones químicas que afectan a nuestro cerebro cuando nos encontramos con determinadas situaciones. Las personas tienen diferentes tipos de miedos con respecto a las personalidades. Otros miedos son causados por traumas, experiencias pasadas o miedos a algo más como la pérdida de control.

El miedo arruina a la gente. Ha matado las ambiciones de los jóvenes, ha destruido las relaciones, ha matado a las empresas, ha destruido la fe, ha destruido las negociaciones y ha matado vidas. Se convierte en nuestra obligación comprender nuestros miedos y encontrar formas de enfrentarlos y reducirlos.

Felicidad

Ser feliz no es solo una sensación de sentirse bien. Varias investigaciones han demostrado que la felicidad no solo nos hace sentir bien, sino que también nos hace más saludables, más amables con nosotros mismos y con otras personas, y más productivos en nuestras actividades diarias. Por lo tanto, todos necesitan sentir la emoción de felicidad para vivir una vida cómoda. Vivir una vida feliz no es difícil. No implica negar las emociones negativas o tratar de fingir la felicidad siendo alegre en todo momento.

Amor

El amor es la emoción del corazón. Es una buena emoción. A veces nos hace hacer cosas locas que nos ayudan a construir nuestra vida, pero en otros casos, puede hacer que hagamos cosas de las que no estamos orgullosos y como resultado, terminar rompiendo nuestras vidas. Todo el mundo quiere ser amado o estar enamorado. Es una emoción de compasión y plenitud que recibimos de nuestros seres amados. El amor por uno mismo también es un factor crucial. Conduce a la aceptación de nosotros mismos a pesar de nuestra inferioridad.

La emoción amorosa juega un papel importante en nuestras vidas, tanto positiva como negativamente. Tiene un gran impacto en nuestros sistemas de salud. El amor también crea lazos más estrechos con nuestros amigos y familiares, lo que crea relaciones más sólidas, construyendo así nuestras vidas en gran medida.

El amor también puede romper enormemente nuestras vidas. Actualmente, es una de las principales causas de suicidios entre la generación joven por el sentimiento de no ser amado y no aceptarse a sí mismo. Contribuye a las depresiones entre individuos, lo que resulta en estrés personal, problemas psicológicos y enfermedades mentales. De los puntos anteriores, la emoción del amor no debe ser un lecho de rosas. Siempre ten cuidado con el corazón de otras personas con respecto al amor que ofreces, ya que les afecta en gran medida positiva o negativamente al construir o romper sus vidas.

Enfado

La ira es una emoción poderosa caracterizada por sentimientos de antagonismo, hostilidad, frustración y agitación hacia otras personas. Desempeña un papel importante en la gestión a bordo. Los sentimientos de la emoción de la ira se notan fácilmente en un individuo. Por ejemplo, uno puede mostrar la emoción frunciendo el ceño, hablando con una postura fuerte, gritando y respuestas fisiológicas como sudar y enrojecerse o mediante comportamientos agresivos como arrojar objetos. La mayoría de las personas perciben la ira como una emoción negativa que solo arruina las relaciones y arruina nuestras vidas.

Orgullo

Cuando pensamos en pecados capitales, el orgullo es posiblemente uno de ellos. Sin embargo, el orgullo no es tan malo como la gente piensa. A veces, el orgullo nos ayuda a construir nuestra vida y también a mejorar la vida de los demás. Es natural que una persona sienta la emoción.

El cumplimiento de determinadas metas y objetivos tiende a hacernos sentir orgullosos de nuestro propio esfuerzo. Es desde el orgullo que nos sentimos motivados y deseosos de lograr más metas, que nos ayuden a construir nuestra vida. Por otro lado, la emoción ha llevado a la caída de muchas personas, familias y dinastías. Las personas orgullosas suelen ser arrogantes y no siguen las instrucciones dejadas de lado. Incluso hay un dicho que el orgullo viene antes de una caída.

Culpa

El sentimiento de culpa es único de la emoción de la tristeza. Combina sentimientos de humillación, ansiedad, vergüenza y frustración. La emoción nos afecta enormemente al afectar nuestro sentido de autoestima y autoestima.

El sentimiento de culpa en un individuo puede afectar negativamente a una persona. Nos hace evitar a otras personas por miedo a hacerles daño, lo cual no es necesario. Algunas personas se sienten motivadas a castigarse por pecados que no cometieron. Disminuye nuestra autoestima cuando tratamos de descubrir cómo nos percibe la otra parte, lo que resulta en estrés y eventualmente depresión. Por lo tanto, es bueno que uno se abra a la otra parte y pida perdón en lugar de quedarse con la emoción dañina.

Tristeza

La tristeza es una emoción que todas las personas experimentan de vez en cuando. Se caracteriza por sentimientos de decepción, dolor, desesperanza y cambios de humor. Se expresa en diferentes métodos y los más comunes son el llanto, el alejamiento de los demás, el silencio y la baja moral. Es normal que uno se sienta triste. Sin embargo, la tristeza excesiva destruye nuestra vida ya que conduce al estrés, que es la madre de muchas depresiones. La tristeza también es una emoción importante que le ayuda a construir su vida. Cuando estamos tristes, tendemos a alejarnos del factor que contribuye a la tristeza, que puede ser un peligro inminente.

Cómo las emociones le ayudan a sobrevivir y prosperar

Las emociones guían su vida de muchas maneras. La mayoría de ustedes no comprende hasta qué punto las emociones impulsan sus pensamientos y comportamientos. Tienen un impacto en sus vidas de un millón de formas, ya sea positiva o negativamente. Según una investigación reciente, la inteligencia emocional es más importante que el cociente de inteligencia, ya que predice más del 54% de la variación en el éxito, la calidad de vida, la salud y las relaciones. Desempeñan un papel importante para ayudarlo a sobrevivir y prosperar, como se muestra en los párrafos siguientes.

Ayudan a construir relaciones más sólidas

Al comprender sus emociones, cómo manejarlas y expresarlas, puede construir relaciones más sólidas con sus amigos. Esto se debe a que puede expresar sus sentimientos de manera positiva a la otra parte. Las emociones también lo ayudan a comunicarse de manera efectiva sin miedo tanto en el trabajo como en la vida personal, lo que ayuda a construir relaciones sólidas con otras personas. Uno debería tratar de descubrir las emociones de otras personas.

Afectan la toma de decisiones

Las emociones son la raíz de sus decisiones diarias. Afectan no solo la naturaleza de la decisión, sino también la velocidad a la que la toma. Tomemos, por ejemplo, la emoción de la ira. Conduce a la impaciencia en la mayoría de las personas, lo que resulta en una toma de decisiones apresurada. En otros casos, si está emocionado, es más probable que tome decisiones rápidas, sin considerar sus implicaciones, que podrían ser peligrosas. Cuando tiene miedo, las decisiones que toma pueden verse empañadas por la incertidumbre y pueden ser malas decisiones.

Mejoran su salud

Existen muchos beneficios físicos asociados con su bienestar emocional. Tomemos, por ejemplo, la emoción de enamorarse conduce a la relajación y la alegría y también estimula el crecimiento de nuevas células cerebrales, que mejoran su capacidad de memoria. Las emociones positivas también lo ayudan a reducir las posibilidades de contradecir enfermedades relacionadas con las emociones como la depresión y la presión arterial alta, que son algunas de las principales fuentes de muerte. Por lo tanto, se vuelve vital para las personas cuidar sus emociones para aumentar sus posibilidades de supervivencia y prosperar en la vida.

Le motivan a tomar medidas

Cuando se enfrenta a una situación, las emociones le ayudan a tomar medidas. Tomemos un ejemplo cuando esté a punto de presentarse a un examen, usted podría sentir mucha ansiedad al saber si aprobará el examen y también cómo afectará la calificación final. Es por la emoción que uno se ve obligado a estudiar mucho para aprobar, lo que conduce al éxito. Considere siempre tomar acciones positivas hacia las emociones para que pueda vivir una vida cómoda y exitosa.

Le ayudan a evitar el peligro

Según el naturalista Charles Darwin, se cree que las emociones son adaptaciones que permiten a los humanos sobrevivir y reproducirse. Sirven como un papel de adaptación al motivarlo a actuar con rapidez y tomar acciones rápidas para aumentar sus posibilidades de supervivencia y éxito. Un buen ejemplo es cuando experimenta miedo como resultado de un peligro inminente, como un animal peligroso o una posible amenaza. Es más probable que se libere de la amenaza corriendo, lo que aumenta sus posibilidades de supervivencia. Cuando está enojado, es más probable que se enfrente a la fuente de la irritación que aumenta la tasa de supervivencia.

Le ayudan a comprender a otras personas

La vida sin amigos puede ser muy aburrida y con muchos problemas. Necesita la ayuda de uno de sus amigos, ya que ninguna persona puede sobrevivir de forma independiente. Las emociones le ayudan a comprender a las personas con las que interactúa a diario, lo que juega un papel importante en la determinación de las posibilidades de éxito. Al comprender a otras personas, aprendes sobre sus debilidades y, por lo tanto, al interactuar y tratar con ellas, evitas situaciones que las lastimarían. Al comprender a otras personas, puede responder de manera apropiada y construir relaciones sólidas y mutuas con amigos, familiares y seres queridos. Esto conduce a su éxito y también le ayuda a prosperar en situaciones difíciles.

Mejoran la comprensión

Sus emociones actúan como un medio de comunicación con la sociedad. Cuando interactúa, siempre es bueno expresar sus emociones para ayudar a comprenderse mejor. Por ejemplo, el lenguaje y las señales de alguien, como la expresión facial y los movimientos corporales, ayudan a otros a comprenderlo mejor. Este es un aspecto importante que aumenta sus posibilidades de supervivencia y éxito.

Le construyen como un líder fuerte

Se sabe que los grandes líderes mundiales y los empresarios tienen un rasgo en común: comprenden las emociones de otras personas. Comprender las opiniones de los demás no solo ayuda a un individuo a influir en los demás, sino que también es una herramienta que ayuda a inspirarlos. Por lo tanto, es posible generar confianza entre sus trabajadores y también desarrollar el trabajo en equipo entre ellos que conduzca al éxito de sus organizaciones.

Le ayudan a disculparse cuando se equivoca

Muchas personas no comprenden la importancia de disculparse cuando fallan. Cuando se equivocan sus emociones de culpa hacia la parte afectada le hacen pedir disculpas. Al disculparse, puede restablecer su dignidad hacia aquellos a quienes lastimó; le ayuda a reparar la relación rota con sus amigos y también ayuda a que otras personas sepan que no está orgulloso de sus acciones, sino que lamenta sinceramente sus acciones. Es por sus emociones que se disculpas. Las disculpas son un gran catalizador para su éxito en la vida mediante la restauración de sus ataduras y familias rotas.

Le ayudan a afrontar situaciones difíciles de la vida

Sus emociones le ayudan a lidiar con situaciones difíciles de la vida. Cuando una situación como la muerte golpea a uno de sus seres queridos, la emoción de tristeza y rabia cae sobre usted, las emociones le hacen expresar sus respuestas a través de métodos como alejar a los demás, llorar o incluso culparse a sí mismo por situaciones difíciles.

Aumentan su creatividad

Las emociones suelen estar conectadas con sus pensamientos. Cuando se encuentra en una situación difícil, sus emociones hacen que su cerebro tome acciones rápidas para contrarrestar la situación. Tomemos un ejemplo cuando es atacado por un animal peligroso; la emoción del miedo hace que el cerebro busque cualquier arma con la que pueda defenderse. Además, cuando está en una entrevista, la emoción de la ansiedad por conseguir el trabajo le motiva a pensar mucho para que pueda adquirir los puestos. En muchas situaciones, la creatividad de sus emociones conduce a su éxito en el lugar de trabajo y también en sus hogares con sus familias.

Le ayudan a aceptarse y apreciarse a sí mismo

Cuando logra sus metas y objetivos en la vida, las emociones de alegría, felicidad, orgullo tienden a abrumarle. Las emociones le ayudan a apreciarse más por el trabajo bien hecho. Reconocerse a sí mismo le motiva a hacer más, lo que resulta en éxito en la vida. Sin autoestima, a otras personas les resulta difícil apreciarle o recomendarles a otras personas que le habrían ayudado.

Capítulo 44: Cómo romper el ciclo de ansiedad

La ansiedad se describe como el acto de tener una preocupación excesiva y persistente. Sin embargo, el problema de la ansiedad va más allá de una sola preocupación. Si una persona solo tuviera que lidiar con una preocupación, probablemente no parecería tan importante. Desafortunadamente, las personas que tienen trastornos de ansiedad, más específicamente un trastorno de ansiedad generalizada, tienden a estar abrumadas por una preocupación que luego conduce a otra preocupación, luego a otra, y así sucesivamente. Esto explica por qué la ansiedad es en realidad un ciclo.

Las preocupaciones también son lo que mantiene ese ciclo dando vueltas y vueltas. Aunque una persona pueda estar experimentando una preocupación que en realidad podría resolverse, la preocupación continúa por múltiples razones. La primera razón es que hay algunas de las preocupaciones de una persona que pueden caer en la categoría de pensamiento sesgado. Esto podría significar que una persona está dando demasiado peso a la probabilidad de que se produzca un resultado negativo. El pensamiento sesgado también puede significar que una persona está exagerando lo malo que terminará siendo el resultado negativo.

Algunos tipos de preocupaciones en realidad se ven reforzados por los pensamientos negativos que una persona tiene sobre sí misma, como que la persona no es capaz de hacer frente a ningún tipo de resultado negativo que pueda ocurrir.

La segunda razón por la que una persona puede encontrar que sus preocupaciones continúan ocupando la mayor parte de sus pensamientos se debe al hecho de que algunas preocupaciones persisten debido a cómo se procesa cierta información en un entorno. Alguien que sufre de trastorno de ansiedad generalizada a veces optará selectivamente por buscar la información que respaldará sus preocupaciones mientras ignora cualquier información que refute sus pensamientos preocupantes.

Los recuerdos también pueden ser selectivos al igual que las preocupaciones de una persona. En algunos casos, las personas que tienen problemas de ansiedad tienen dificultades para recordar cualquier dato que muestre una contradicción con la preocupación particular con la que están lidiando actualmente.

La tercera razón posible por la que las preocupaciones de un individuo pueden ser persistentes se basa en cómo la persona está respondiendo a esas preocupaciones. Alguien que tiene un trastorno de ansiedad no tratado puede responder a sus miedos probando una de tres cosas. Es posible que intenten reprimir sus preocupaciones, buscar la seguridad de que no sucederá nada negativo, o podrían terminar evitando una situación que desencadena su miedo.

La mayor desventaja de elegir cualquiera de esas respuestas es que cualquiera de esas estrategias hará que una persona se sienta horrible, lo que hará que sus preocupaciones se vean reforzadas. Sin embargo, con la mentalidad adecuada y el uso de algunos cambios útiles en los pensamientos y comportamientos de una persona, es posible que alguien rompa su ciclo de ansiedad. Un simple ejemplo de un pensamiento negativo puede ayudar a preparar a las personas para comenzar el proceso de romper el ciclo de ansiedad. El pensamiento "Sé que mi novio va a romper conmigo" es en realidad un pensamiento impulsivo que es extremadamente normal que una persona tenga cuando está en una relación con alguien. La respuesta podría pertenecer a una situación particular que ocurre, o podría parecer que surgió 'de la nada'.

Aunque ese pensamiento pueda ser normal para una persona, alguien que sufre de ansiedad extrema le daría demasiado peso y significado a ese pensamiento. Esto termina llevando a la persona a reflexionar sobre todas las posibles razones por las que su pensamiento podría volverse cierto y la persona intentará disminuir su ansiedad a corto plazo. Desafortunadamente, cuando una persona intenta reducir su ansiedad a corto plazo, esto solo hace que esa misma ansiedad sea más fuerte a largo plazo.

La creencia, que en este caso es que el novio de una persona va a romper con ella, se vuelve mucho más significativa y se vive con mucha más regularidad. La creencia también será mucho más intensa de lo que sería para alguien que no tiene un problema de ansiedad.

Los puntos anteriores son algunas de las principales razones por las que una persona debería buscar superar su ansiedad rompiendo su ciclo. La primera estrategia para hacerlo es que la persona aprenda a aceptar que no todos los pensamientos de una persona justifican una razón real para preocuparse. Básicamente, no todos los pensamientos que tenga una persona serán ciertos.

Dicho esto, en lugar de tratar de luchar con las creencias negativas de uno, deben comenzar a centrarse en técnicas basadas en la aceptación que involucran a una persona que identifica el pensamiento negativo que está teniendo y le pone una etiqueta. La etiqueta podría ser que el pensamiento es una preocupación o un juicio. La persona también debe estar tratando de mostrar atención al momento en que la creencia surge por primera vez, así como en el momento particular en que la creencia comienza a desvanecerse de la conciencia de la persona.

Puede ser difícil e intimidante para una persona aprender a aceptar y alterar los pensamientos negativos de una persona para que pueda ser consciente de cuándo surgen esos pensamientos. Es por esa razón que es posible que una persona desee considerar buscar algunos grupos de apoyo, ya sea en persona o en línea, que puedan ayudarlos a trabajar en el proceso.

La forma en que una persona lo hace es que tiene que cortar el vínculo entre los prejuicios creados a partir de sus pensamientos y de la información que ha recopilado. El proceso que llevará a cabo la persona se denomina reestructuración cognitiva, que es la base del enfoque de tratamiento conocido como terapia cognitivo-conductual.

La reestructuración cognitiva le da al individuo la oportunidad de evaluar críticamente cualquier posible pensamiento distorsionado que pueda tener. El pensamiento "mi novio va a romper conmigo" se considera un tipo de pensamiento distorsionado. La reestructuración cognitiva entra en juego cuando el individuo comienza a hacerse una serie de preguntas relacionadas con la creencia que resultarán en una visión más equilibrada de todos los hechos relevantes que una persona necesita para hacer que sus pensamientos se vuelvan más racionales.

El proceso de reestructuración cognitiva llevará un poco de tiempo, pero los resultados al final valdrán la pena. El primer paso para reestructurar los pensamientos de uno es aprender a darse cuenta cuando uno tiene sus pensamientos distorsionados. Sin embargo, es mejor enfocarse solo en un tipo de distorsión cognitiva a la vez. Algunos ejemplos de pensamientos distorsionados incluyen lectura mental, personalización, habilidades de afrontamiento subestimadas, catastrofismo y creencias de derechos.

Durante una semana, una persona debe concentrarse en su pensamiento distorsionado, como sus creencias sobre derechos. La persona debe observar cualquier momento en el que se encuentre teniendo esas creencias de derecho. Por ejemplo, pueden notar que esperan que sus amigos solo paguen la cena y, por lo tanto, no se ofrecen a pagar ningún dinero por la comida.

Cuando la persona se da cuenta de su distorsión cognitiva, debe preguntarse de qué otra forma podría pensar sobre la situación. Con respecto al ejemplo de creencias sobre derechos, la persona podría preguntarse algunas otras acciones que podría tomar en lugar de no ofrecerse a pagar con la cena. Tres preguntas alternativas que podrían considerar son: ¿Qué es lo peor que podría pasar si simplemente se ofrecen a aportar algo de dinero? ¿Cuál es el mejor resultado posible que podría ocurrir si la persona pagara su comida? y ¿cuál es el resultado más realista que sucederá si pagan su propia comida?

El segundo paso para la reestructuración cognitiva es que una persona comience a realizar un seguimiento de la precisión de sus pensamientos. Por ejemplo, una persona podría tener un pensamiento sobre cómo pensar en su problema le ayudará a encontrar una solución a dicho problema. Para ese ejemplo, una persona podría anotar cada vez que nota que está pensando demasiado en una columna y luego anotar si el pensamiento excesivo conduce a una solución útil de problemas en la segunda columna. Cuando llega el final de la semana, la persona debe determinar qué porcentaje de tiempo su pensamiento excesivo realmente la llevó a realizar algunos momentos útiles para la resolución de problemas.

Una persona también podría optar por registrar la cantidad estimada de minutos que pasó pensando demasiado cuando puede darse cuenta de cuándo ocurrió. Este enfoque puede brindarle a una persona la oportunidad de notar cuántos minutos de pensamiento excesivo hizo en sucesión con sus momentos útiles de resolución de problemas.

El tercer paso para el proceso de reestructuración cognitiva es que una persona encuentre una manera de probar sus pensamientos de manera conductual. Un ejemplo de un posible podría ser que la persona no tiene tiempo para tomar un descanso. Durante una semana, la persona podría seguir su rutina típica y, al final de cada día, evaluará su nivel de productividad basándose en una escala de 0 a 10.

Durante la segunda semana, se le pide al individuo que tome un descanso de cinco minutos cada hora. También se les pide que hagan la misma calificación al final de cada día de esa semana. Al final de la segunda semana, la persona observará las calificaciones de la semana uno y la semana dos y comparará sus calificaciones de productividad para ambas semanas. Es probable que la persona descubra que en realidad es más productiva cuando toma pequeños descansos cada 60 minutos.

Por ejemplo, si una persona tiene un pensamiento como, "Nunca seré capaz de hacer esto bien", debe considerar toda la evidencia que tiene que probaría que esa afirmación es verdadera, así como toda la información que tiene. para probar que la afirmación no es cierta.

De manera similar al seguimiento de la precisión de los pensamientos, la persona puede escribir su evidencia objetiva, que respalda el pensamiento de que no puede hacer algo bien, en una columna y poner la evidencia objetiva que respalda la idea de que su pensamiento no es cierto en la segunda columna.

Una vez que el individuo ha hecho esto, querrá escribir algunos pensamientos equilibrados que reflejen con precisión su evidencia. Un ejemplo de tal pensamiento podría ser que la persona sea consciente de que ha tomado malas decisiones en el pasado, pero también ha tomado muchas buenas decisiones en el pasado que la llevaron al éxito.

Está bien que una persona no crea completamente en su nuevo pensamiento que prueba que su pensamiento negativo original está equivocado. Simplemente es importante comenzar a experimentar probando pensamientos que hagan agujeros en sus pensamientos negativos.

Durante este proceso, una persona elige un foco de atención, por ejemplo, su respiración. Luego, durante un cierto número de minutos, la persona tendrá que poner toda su atención en las sensaciones que está experimentando mientras respira, en lugar de simplemente pensar en el hecho de que está respirando.

Siempre que la persona descubre que está teniendo otros pensamientos distintos de las sensaciones que acompañan a su respiración, se le pide que, con suavidad y sin ningún juicio de sí mismo, vuelva a concentrarse en las sensaciones que experimenta mientras respira.

Si bien la meditación de atención plena no es explícitamente una herramienta utilizada para la reestructuración cognitiva, es, sin embargo, una gran herramienta que se utiliza para entrenar a una persona para que se vuelva consciente y alerta de cuándo se concentra demasiado en sus pensamientos. Cuando alguien es capaz de alcanzar la conciencia plena sobre los pensamientos que tiene, se convierte en un punto de partida fundamental en el proceso de reestructuración cognitiva.

El paso final del proceso de reestructuración cognitiva es que una persona aprenda a utilizar la auto-compasión. Cuando una persona tiene auto-compasión, eso significa que puede hablar consigo misma de una manera amable, incluso cuando descubre que está pasando por algún tipo de sufrimiento en ese momento.

Capítulo 45: Tratamiento para la ansiedad

Una de las preguntas más importantes que tiene que hacer alguien que se enfrenta a la ansiedad es, ¿cómo la trato? Esto es tan cierto para alguien que se enfrenta a sus propios síntomas como para alguien que se enfrenta a la ansiedad en el contexto de una relación. Debido a que la preocupación no es una condición heterogénea, las formas de tratamiento pueden adoptar muchas formas diferentes. La disponibilidad de muchas opciones de tratamiento es cierta para muchas afecciones de salud mental además de la ansiedad, pero quizás sea particularmente importante en el caso de la ansiedad debido a las muchas afecciones diferentes que pueden caer bajo este apodo.

Como verá el lector, el término ansiedad se usa a menudo para referirse al TAG, aunque se estima que esta condición representa menos de la mitad de los casos de ansiedad en todo el mundo. En esto, el lector se familiarizará con todas las diferentes modalidades de tratamiento disponibles para el trastorno de ansiedad generalizada. Al final, una discusión sobre los tratamientos para otros trastornos importantes como las fobias específicas y el trastorno de pánico. También habrá una discusión sobre los tratamientos de medicina alternativa para los síntomas de ansiedad.

El tratamiento para la ansiedad se puede dividir en las cuatro áreas principales que se enumeran a continuación:

1. Medicamento
2. Terapia
3. Cambios dietéticos

4. Medicina alternativa

Este tratamiento está destinado a ser utilizado por el lector como una guía general para los tratamientos que están disponibles. Uno de los puntos importantes de que la ansiedad es una condición con la que está lidiando la persona afectada y a la que la persona afectada debe encontrar una solución. El papel del cónyuge o pareja de la persona ansiosa es brindar apoyo a su pareja y ayudarla a navegar por las aguas de su condición. Por mucho que el cónyuge o pareja de una persona ansiosa quiera guiar o conducir a su pareja en la dirección que cree que debería tomar, es en última instancia la decisión de la persona ansiosa qué forma debe tomar su tratamiento si decide optar por un tratamiento.

En lo que respecta al tratamiento, existen algunas diferencias entre la ansiedad y otras afecciones de salud mental como la depresión y la esquizofrenia. En estas dos últimas afecciones, se han estudiado ampliamente las vías que se cree que contribuyen a los síntomas de las afecciones. Esto ha llevado al desarrollo de clases específicas de medicamentos destinados a tratar estas afecciones.

Por ejemplo, en la depresión, el papel de la serotonina en la modulación de la depresión se ha estudiado ampliamente, mientras que, en la esquizofrenia, el papel de la dopamina ha sido objeto de estudio. Se entiende menos sobre la ansiedad y el papel que juegan los neurotransmisores en su modulación. La ansiedad a menudo se agrupa junto con la depresión, ya que los síntomas de ansiedad representan una comorbilidad que puede verse en hasta el 50% de las personas deprimidas.

Deben comprender los diferentes tipos de tratamientos disponibles. También deben comprender que no todos los tratamientos son efectivos en todas las personas. En lo que respecta a la ansiedad, aunque con frecuencia se prescriben medicamentos, el papel que desempeña el asesoramiento en el tratamiento de la condición ansiosa es quizás más importante que en otras afecciones comunes que afectan la salud mental. Esto es algo que el lector debe tener en cuenta. En algunos trastornos de ansiedad, el asesoramiento se considera el tratamiento de primera línea en lugar de la medicación.

Tratamiento con medicamentos

Ninguna discusión sobre el tratamiento con medicamentos para la ansiedad estaría completa sin los inhibidores de la recaptación de serotonina y norepinefrina (IRSN). Estas dos clases de medicamentos son pilares en el tratamiento de la depresión. De hecho, los ISRS se encuentran entre los medicamentos recetados con mayor frecuencia en todo el mundo, independientemente de la indicación. Los antidepresivos ISRS son una industria de miles de millones de dólares y es probable que el lector haya visto comerciales de televisión de estos medicamentos.

Puede resultar sorprendente que estos medicamentos también se receten para los trastornos de ansiedad. Cuando se trata de un tratamiento con medicamentos, la ansiedad es el hermano pequeño de la depresión. El deseo de crear medicamentos que estén diseñados exclusivamente para tratar la ansiedad no se ha perseguido de la misma manera que los medicamentos antidepresivos. Esto puede deberse a la heterogeneidad inherente que está presente en los trastornos de ansiedad, o puede deberse a la percepción de que el tratamiento con medicamentos para los síntomas de ansiedad siempre competirá con el asesoramiento por la primacía. De hecho, existe la percepción tanto en la comunidad médica como entre el público de que la depresión puede tratarse adecuadamente con medicamentos, mientras que la ansiedad representa una lata de gusanos completamente diferente.

Sea como fuere, existen muchos medicamentos disponibles para el tratamiento de los síntomas de ansiedad. Ya se ha dicho que casi todos estos medicamentos se produjeron para tratar la depresión, y esto es cierto para los ISRS y los IRSN. Los ISRS, como su nombre indica, actúan dirigiéndose a los complejos de recaptación de serotonina en la sinapsis. Al bloquear estas proteínas, los ISRS pueden aumentar la concentración de serotonina presente en la unión sináptica. Los IRSN funcionan mediante un mecanismo similar, pero aumentan la concentración de serotonina y noradrenalina en la sinapsis. Aunque no se comprenden bien las razones por las que estos medicamentos funcionan, los estudios han demostrado que estas dos clases son eficaces para tratar a las personas con depresión, ansiedad o ambas.

Los ISRS y los IRSN no son las únicas clases de medicamentos disponibles para el tratamiento de la ansiedad. Los agonistas de la serotonina como la buspirona y las benzodiazepinas también se recetan comúnmente para tratar la ansiedad. Las benzodiazepinas se han vuelto menos populares en las últimas décadas debido al riesgo de adicción y muerte por sobredosis.

Las cuestiones que el lector debe tener en cuenta son que los medicamentos pueden ser problemáticos en los adultos mayores debido a la prevalencia de interacciones medicamentosas en ansiolíticos. Como el lector verá pronto, se ha demostrado que el asesoramiento y otros tratamientos son muy eficaces en el tratamiento de los síntomas de ansiedad, por lo que, si la medicación no es una opción, normalmente hay otras opciones disponibles.

Terapia para la ansiedad

La terapia se considera un tratamiento de primera línea para los trastornos de ansiedad en contraste con otras condiciones de salud mental. Los hombres y mujeres ansiosos a menudo tienen un elemento de conciencia o agencia en su trastorno, lo que hace que la terapia sea muy eficaz para tratar estas afecciones. Esta idea de agencia en el contexto de la ansiedad puede ser difícil de entender, pero esencialmente significa que las personas ansiosas a menudo son conscientes de su condición y la disfunción que la acompaña de una manera que otras personas con problemas de salud mental no lo son. Como hemos visto, los individuos con trastorno obsesivo compulsivo son muy conscientes de que tienen un problema, aunque generalmente tienen gran dificultad para romper el patrón de obsesiones y compulsiones que caracteriza a sus condiciones.

Quizás el tipo de terapia más popular para hombres y mujeres con ansiedad es la terapia cognitivo-conductual o TCC. La TCC esencialmente aborda el componente mental o de agencia del proceso de la enfermedad en individuos ansiosos. La TCC es un tipo de psicoterapia que implica reconocer y apuntar a patrones de pensamiento disfuncionales y regular las emociones. Este es un paso importante en el que deben participar las personas ansiosas. De hecho, algunas personas ansiosas pueden reconocer la importancia de dejar sus pensamientos ansiosos u obsesivos, incluso sin darse cuenta de que están participando en lo que se conoce como terapia cognitivo-conductual. La terapia es particularmente efectiva en condiciones como fobias específicas y TOC, donde las personas ansiosas pueden encerrarse fácilmente en una espiral descendente de miedo, evitación y obsesión.

Tratamientos naturales y medicina alternativa

Existen varios tratamientos eficaces para la ansiedad que quedan fuera del ámbito de la terapia y los medicamentos tradicionales. Estos incluyen cambios en la dieta y el estilo de vida, un tema que se está estudiando activamente. Se sabe que algunos alimentos, como los que contienen cafeína, exacerban la ansiedad. De hecho, algunas personas pueden desarrollar los síntomas del trastorno de pánico únicamente debido a sustancias consumidas en su dieta como la cafeína. En el ámbito del cambio de estilo de vida, se ha demostrado que dejar de fumar es eficaz en el tratamiento de los síntomas de ansiedad en algunas personas.

Hay varios otros remedios importantes para la ansiedad que quedan fuera de las dos grandes categorías de tratamiento. Las otras formas de tratamiento que algunos hombres y mujeres con ansiedad han encontrado efectivas incluyen las siguientes:

- Remedios herbales y tradicionales
- Meditación trascendental
- Aromaterapia

Hay muchos remedios a base de hierbas que muchas personas han intentado para ayudarles a lidiar con sus síntomas. Muchos de estos remedios han sido utilizados por grupos nativos y aborígenes durante cientos o miles de años. La lista de remedios incluye hierba de San Juan, Pasiflora, Kava y Ayahuasca. Aunque muchos remedios herbales están fácilmente disponibles en países occidentales como los Estados Unidos, otras formas de tratamiento como la Kava y la Ayahuasca se enumeran con frecuencia como sustancias controladas en los países occidentales. Alguien interesado en usar uno de estos compuestos tradicionales tendrá que hacer su investigación para determinar cómo puede ponerlos en sus manos en la comunidad en la que vive.

A continuación, les comparto unas breves palabras sobre la meditación trascendental y la aromaterapia. La meditación trascendental se ha utilizado como tratamiento para muchos tipos diferentes de enfermedades mentales, incluidas la ansiedad y la depresión. Este tipo de tratamiento puede ser de particular utilidad en la ansiedad, ya que se enfoca en liberar al individuo y su mente de esas preocupaciones de esa manera y mantenerla apegada al mundo.

La meditación, por lo tanto, puede involucrar una variedad de técnicas que pueden relajar tanto el cuerpo como la mente. La aromaterapia se ha estudiado en el contexto de la preocupación secundaria a otra condición, aunque existe la creencia de que también puede ser eficaz en los trastornos de ansiedad primaria.

Capítulo 46: Afirmaciones para el éxito

Las afirmaciones son declaraciones en "yo" que ayudan a reiterar un punto importante. Le ayudarán a guiarlo para establecer pensamientos positivos y un patrón de pensamiento saludable. Puede ser fácil adquirir el hábito de decirnos afirmaciones negativas. Estos pueden incluir cosas como "No soy lo suficientemente bueno" o "Soy feo".

Demasiado pensamiento que involucre este tipo de idea lo llevará a sentir que no tiene éxito. Estas afirmaciones le llevarán a través del patrón correcto de pensamiento para sentirte positivo y tener una mentalidad orientada a cumplir sus mayores deseos. Repítase esto todos los días para volver a entrenar su cerebro. Escríbalos y deje notas en su casa. Repítalas más de una vez y escríbalas para reiterar realmente el mensaje general de estas afirmaciones positivas.

Inhale por la nariz y exhale por la boca justo antes de leerlos para despejar su mente y relajar su cuerpo. Léalos en un lugar tranquilo para que pueda concentrarse al máximo en el mensaje.

Afirmaciones para encontrar el éxito

Cada una de estas categorías de afirmaciones puede ayudarle con sus objetivos. Se han separado para que pueda repetir de forma coherente las que sean más aplicables a sus objetivos. Otro método de respiración que puede probar es inhalar mientras cuenta hasta dos, decir la afirmación y exhalar mientras cuenta hasta tres. Aparte de eso, simplemente concéntrese en su respiración mientras lea esto.

Afirmaciones de pensamiento positivo

1. Todo lo que necesitaré es algo que ya tengo.

2. No le tengo miedo al futuro porque sé que podré conseguir las cosas que quiero.

3. Incluso las cosas que son un desafío para mí son cosas que pueden enseñarme algo bueno.

4. No tengo miedo de que suceda nada malo porque sé que tengo la fuerza para superarlo.

5. No me aferro a las experiencias negativas y al dolor que traen.

6. Aprendo de las cosas malas que suceden, pero no me permito aferrar a ellas.

7. Entiendo que dejar ir los pensamientos negativos puede ayudarme a encontrar un futuro más positivo.

8. Sé que no todo saldrá bien, pero mantener una actitud positiva me ayudará a superar estas cosas.

9. Incluso cuando las cosas no salen como quiero, creo en mi capacidad para seguir avanzando.

10. Estoy pensando positivamente porque sé que al final me ayudará más.

11. Estoy enfocado en el pensamiento positivo porque es la única opción que tengo.

12. Siempre habrá un lado positivo incluso en las cosas más oscuras que me sucedan.

13. No me permito estresarme por lo inesperado. Aprovecho cada nueva oportunidad como una forma para aprender.

14. Estoy abierto a la idea del pensamiento positivo porque es una actitud que se puede difundir.

15. Siempre habrá una oportunidad de empezar de nuevo para mí.

16. Nunca es tarde para lograr mis sueños.

17. Rendirme no está en mi vocabulario.

18. Terminar algo siempre estará fuera de mi propia intuición porque sé lo que es mejor para mí.

19. Estoy agradecido por todo lo que me rodea.

20. Tengo la suerte de tener las cosas que tengo.

21. Estoy feliz por las cosas que he experimentado en mi pasado. Incluso las cosas malas me han ayudado a crear la persona que soy ahora.

22. Siempre tengo la mente abierta porque sé que esto me ayudará a tener éxito.

23. Estoy dispuesto a correr nuevos riesgos porque sé que mi mentalidad positiva me ayudará a superarlo incluso si las cosas no salen como quiero.

24. Es emocionante probar cosas nuevas.

25. Estoy agradecido por cada momento que tengo vivo.

26. Incluso las malas experiencias me ayudarán a aprender algo sobre mí.

27. Me recompenso cuando trabajo duro y logro algo que quería.

28. No soy demasiado duro conmigo mismo si no logro una meta que inicialmente había querido.

29. Me propongo metas realistas.

30. Estoy entusiasmado con el arduo trabajo que será necesario para lograr estos objetivos.

Afirmaciones de confianza

1. Soy atractivo.

2. Soy hermosa.

3. Soy fuerte.

4. Soy listo.

5. Soy poderoso.

6. Tengo todo lo que ya necesito que me ayude a crear la persona hermosa e individual que soy.

7. Tengo amor incondicional por mí mismo.

8. Me amo porque este es el único cuerpo que tengo. Es la única mente que tengo.

9. Merezco ser feliz.

10. Merezco tener confianza.

11. No hay nada de malo en amarme a mí mismo.

12. Yo soy mi mejor amigo.

13. Me gusta la persona que soy.

14. Me gusta la forma en que pienso.

15. Sé que tengo defectos, pero son cosas que acepto o trato de mejorar.

16. Otras personas aman a la persona que soy.

17. Otros me aman por mis defectos.

18. Merezco ser amado por otras personas.

19. No dejo que nadie más me trate negativamente.

20. Sé lo que me merezco. Entiendo mi valor. Reconozco mi valor.

21. No necesito que otros validen la persona que soy.

22. No necesito que otros me den la confianza necesaria.

23. Ya tengo toda la confianza que necesitaré en mi propia mente.

24. Me dirijo a mí mismo porque sé de lo que soy digno.

25. Me cuido porque me lo merezco.

26. Me amo a mí mismo porque esa es la persona más importante que se necesita para amarme.

27. No dudo de mí mismo. Tengo la confianza de saber que las decisiones que tomo son las correctas.

28. No me arrepiento. Simplemente aprendo de mis errores pasados.

29. No me permito sentirme culpable por las cosas que he hecho. Aprovecho estas situaciones como oportunidades para aprender de mí mismo y crecer.

30. Todo sobre mí es algo de lo que estoy orgulloso. Confío en la persona en la que me he convertido.

31. Incluso cuando me siento mal conmigo mismo, sé lo que tengo que hacer para sentirme mejor y con más confianza.

32. Independientemente de los desafíos que pueda enfrentar, siempre sé las cosas que debo hacer para seguir adelante.

33. No hay nada que me detenga de conseguir las cosas que quiero.

34. No hay nada que alguien más pueda decir que me haga sentir lo suficientemente mal conmigo mismo como para querer rendirme.

35. Sé que tengo suficiente valor.

Afirmaciones de dedicación y trabajo duro

1. Trabajo duro porque merezco obtener las cosas beneficiosas que acompañan a mi sólida ética de trabajo.

2. A través de mi trabajo, actúo con confianza para demostrar mi dedicación.

3. Me concentro en lo más importante y no permito que otras distracciones me detengan.

4. Sé que es mejor hacer el trabajo ahora que retrasarlo.

5. Sé cuándo no forzarme demasiado y fomentar el descanso para mantenerme rejuvenecido y concentrado.

6. Actúo para obtener los resultados que deseo.

7. Sé cómo dirigir mi atención hacia algo productivo incluso cuando me siento muy distraído.

8. Me comprometo a terminar las tareas incluso cuando quiero rendirme.

9. Me tomo bien las críticas y aprecio los comentarios porque me ayudan a crecer.

10. Valgo todo el arduo trabajo que dediqué a tener una vida mejor para mí.

11. Me concentro en relajarme para seguir trabajando en una dirección saludable hacia el éxito.

12. Soy observador y estoy orientado a los detalles, por lo que puedo comprender el panorama completo y reconocer todas las cosas que deben hacerse para seguir avanzando hacia el éxito.

13. Tengo el entusiasmo necesario para lograr las cosas que quiero.

14. Estoy entusiasmado con los obstáculos laborales que enfrentaré porque sé que me harán más fuerte.

15. Los altibajos a lo largo de mi viaje hacen que esta aventura sea más emocionante.

16. Acepto mis fracasos y errores y los utilizo a mi favor para acelerar.

17. Mantengo mi mente relajada cuando es necesario y con energía cuando es más beneficioso.

18. Soy consciente de mis fortalezas y debilidades y ajusto las cosas que hago en consecuencia a estas para estar consciente de la mejor manera posible de lograr las cosas que quiero.

19. No dejo que las cosas de mi pasado afecten cómo trabajaré en el futuro.

20. Entiendo mis límites, entonces sé cómo tener el más alto nivel de autodisciplina.

21. Mi mente me mantiene disciplinado para que pueda cumplir con mis metas.

22. Me dedico a conseguir las cosas que quiero, y sé que tengo el mayor control para lograrlas.

23. Controlo mis impulsos para concentrarme en las cosas que necesito hacer.

24. Tengo una gran fuerza de voluntad.

25. Sé cuándo debo decir que no y cuándo debo decir que sí.

26. No me rendiré ni siquiera cuando las cosas tarden más de lo que esperaba.

27. Terminar proyectos es más rápido que comenzar un grupo y nunca completarlos.

28. Para mí es natural saber cuándo empezar y cuándo detener algo.

29. Sé cómo crear un plan y seguirlo para poder lograr mejor mis metas.

30. Mi voluntad es inquebrantable.

31. Soy confiable y puedo confiar en mí mismo para terminar las cosas que quiero.

32. Otras personas dependen de mí y confían en mí para terminar las cosas también.

33. Tengo el control total sobre las decisiones que tomo.

34. Manejo mis emociones para que no afecten negativamente mi trabajo.

35. Trabajo para crear una vida mejor para mí y un mundo mejor para quienes me rodean.

36. Encuentro pasión en mi trabajo para ayudarme a superar las partes desafiantes, incluso cuando puede ser un trabajo que no me gusta.

37. Estoy basado en la realidad y entiendo la realidad del trabajo que hago.

38. Me aseguro de dedicar mi tiempo de la manera más saludable posible, trabajando hacia algo positivo.

39. Trabajo por la seguridad para tener siempre algo a lo que recurrir si alguna de mis empresas no sale como esperaba.

40. Me defiendo y me aseguro de obtener lo que merezco en un entorno laboral.

41. Entiendo las cosas que puedo y no puedo controlar con mi trabajo.

42. Confío en que todo saldrá como debería, incluso cuando el trabajo sea especialmente estresante.

43. He creado una vida laboral que me encanta y nunca dejaré de mejorarla.

44. Soy mi mejor yo cuando soy disciplinado y me esfuerzo por lograr algo difícil.

45. Trabajo duro para traer abundancia a mi vida.

46. Cuando trabajo duro en mi trabajo, me traerá aún más abundancia en mi vida.

47. Cuanto más trabajo, más ganaré.

48. Cuanto más gano, más aprendo.

49. Mi trabajo es del que estoy orgulloso y me ayuda a crear una vida mejor.

50. Siempre estaré dedicado a trabajar duro por las cosas que más deseo.

Capítulo 47: Práctica de la terapia cognitivo-conductual

Le mostraremos cómo superar los trastornos y mejorar sus relaciones. En las últimas décadas, hemos visto un aumento en el crecimiento de las metodologías colaborativas basadas en competencias para ayudar a los clientes. La TCC ha cambiado su enfoque de lo que está mal con los pacientes a lo que está bien con ellos, así como de lo que no funciona a lo que sí. Un paso inicial importante para lidiar con un problema psicológico es aprender más sobre él, también conocido como "psicoeducación".

Esta forma de aprender sobre la dificultad le brinda el alivio de saber que no está solo y que otras personas encontraron métodos útiles para superarla. También puede resultarle útil que sus amigos y familiares aprendan más sobre su problema. Algunas personas encuentran que tener una comprensión adecuada de sus preocupaciones es un paso muy positivo hacia la recuperación.

Eliminando la ansiedad y la depresión

Al extremo, puede descubrir que la ansiedad restringe su interacción con los demás, le impide salir de su casa o le impide trabajar como se esperaba. Algunas personas se vuelven ansiosas después de eventos traumáticos distinguibles. En general, sin embargo, la ansiedad aumentaría lentamente sin que usted pudiera hacer nada al respecto. Es posible que haya identificado síntomas de un trastorno de ansiedad o que su psiquiatra o médico lo hayan diagnosticado.

Creencias que alejan el miedo

Por decir lo mínimo, la ansiedad puede ser bastante incómoda. No tendemos a invalidar sus experiencias personales, síntomas físicos o pensamientos perturbadores, pero nos gustaría alentarlo a asegurarse de que adopte algunas actitudes anti-miedo. Piense en estos sentimientos de nerviosismo como en un matón que intenta persuadirle de que es más fuerte, más grande y más peligroso que él. ¡Tiene que poner fin a este tipo de intimidación! La ansiedad implica las siguientes formas de pensar:

- Sobre enfatizar la posibilidad de que ocurra un evento/amenaza negativa.

- Sobre enfatizar lo malo que sería si ocurriera el evento/amenaza negativa.

- Subestimar su capacidad para superar o enfrentar el evento/amenaza negativa.

Supere su ansiedad y sus miedos utilizando las siguientes formas de pensar como arma:

- Sea realista sobre las posibilidades de que ocurra el evento/amenaza negativa: "Puede suceder, pero no es tan probable como imagino".

- Ponga en perspectiva la maldad del evento/amenaza negativa. Esta táctica se conoce como anti-espantoso: "Es malo, pero no espantoso, desafortunado, pero no terrible, duro, pero no horrible, duro, pero no trágico".

- Dese crédito por las habilidades de afrontamiento hasta ahora. Sostenga una filosofía de alta resistencia: "No es cómodo, pero puedo tolerarlo", "es difícil de soportar, pero puedo hacerlo", "es difícil de soportar, pero aún es soportable".

Exponiéndose

En este punto, es necesario hacer ejercicios de exposición. Estos implican identificar sus preocupaciones y miedos y planificar cómo enfrentarlos. Enfrentar los propios miedos de manera deliberada y planificada es la mejor manera que uno conoce para superar el trastorno de ansiedad. Aunque enfrentar el miedo no es divertido, es eficiente.

Piense en lo infeliz que se sintió debido a su trastorno de ansiedad. ¿Ha tenido suficiente de vivir la vida a través del velo del miedo? ¿Consideraría que vale la pena pasar por un dolor temporal haciendo ejercicios de exposición para una ganancia duradera de superar la ansiedad? La siguiente lista es importante para implementar exposiciones efectivas:

- Haga que las exposiciones sean lo suficientemente desafiantes para que sean incómodas, pero no tan devastadoras como para que sea poco probable que se ciña a la técnica.

- Continúe exponiéndose a situaciones/eventos temidos con frecuencia y cada vez hágalos más desafiantes gradualmente. Una sola vez no es suficiente. Como regla, continúe exponiéndose a estos miedos con frecuencia hasta que se vuelva insensible o se habitúe a ellos.

- Para que las sesiones de exposición funcionen, asegúrese de que sean lo suficientemente largas.

Permanezca en la situación/evento hasta que sus sensaciones de ansiedad se reduzcan en aproximadamente un 50 por ciento.

- Intente evitar o controlar aspectos de su ansiedad tomando nota de las cosas que hace. Durante las sesiones de exposición, intente tanto como sea posible resistir cualquier comportamiento/acción de seguridad.

- Recuerde el acrónimo del miedo en la TCC. Es una terminología que significa ¡Enfréntate a todo y recupera!

- Crea que puede tolerar, aceptar y hacer frente a la incomodidad provocada por la ansiedad. No tiene que amarla, pero puede soportarla.

- Registre sus trabajos de exposición y guárdelos para que pueda crear tendencias y seguir su desarrollo y progreso.

Preparación de su plan de exposición

Ahora deberá transformar su intención en acción. Muchas personas retrasan el inicio de las exposiciones a menos que tengan tiempo para ello. Honestamente, exponerse a los miedos no es un paseo por el parque, por lo que dejar de fumar es más fácil que mantenerlo. Dejar las sesiones de exposición en el presente también puede significar soportar el miedo y la ansiedad en el futuro.

A menudo, las exposiciones no son tan malas como se podría pensar. Cuanto más a menudo los ejercicios de exposición, más rápido tienden a superar su trastorno de ansiedad. Por ejemplo, uno puede registrar cosas como contestar llamadas telefónicas, ir al supermercado y sentarse en su jardín como sus primeras 3 actividades de exposición. Estos se convierten en los primeros objetivos de eventos de exposición específicos a enfrentar.

Ahora resuelva exactamente el día y la hora en que realizará su sesión de exposición preliminar. Comprometerse con un momento en particular le ayuda a hacerlo. Además, asigne tiempos para rehacer la misma sesión de exposición, ya que la repetición es clave para superar las ansiedades. No deje un espacio de más de un día entre dos repeticiones si es posible. Cuanto más frecuentes sean las sesiones de exposición, mejor. Es probable que el tiempo que uno debe dedicar a un trabajo de exposición varíe, pero la regla general permanece en la situación hasta que la ansiedad haya disminuido significativamente (en aproximadamente un 50%).

Ser realista sobre la probabilidad de eventos negativos

Cuando las personas sufren algún problema de ansiedad, temen que ocurran cosas malas y se inclinan a asumir que es muy probable que ocurran. Ya sea que uno se preocupe por enfermarse, sufrir daños a ellos o a sus seres queridos, tener un ataque de pánico o ser rechazado socialmente, sobreestima la probabilidad de que ocurran las cosas malas. La ansiedad puede afectar la forma en que razona y piensa en un grado notable.

Poner las malas actividades en perspectiva

La ansiedad a menudo lleva a uno a hacer que un evento temido sea más terrible en su mente que en la vida real. Cuando se siente atravesado por la ansiedad, uno tiende a exagerar los eventos negativos/malos y, a menudo, decide que son insoportables, horribles y que se acaban el mundo.

Afortunadamente, los eventos rara vez son tan terribles. En general, uno se enfrentaría a su temido evento, sin importar cuán difícil e incómodo pueda ser. Las formas de pensar que son ansiolíticas por naturaleza implican un aumento de las creencias en nuestra capacidad para manejar eventos y sensaciones desagradables. Repítase siempre que usted puede y que superará la ansiedad, aunque no es fácil de hacer.

Recuerde que ha pasado por episodios de pánico y miedo antes y, a pesar de que le resulta muy incómodo, ha sobrevivido. También puede intentar desarrollar actitudes mejoradas sobre la probabilidad de que otras personas lo juzguen negativamente. No le dé demasiada importancia a lo que otras personas puedan pensar de usted, ya que podría hacer que se sienta aún más preocupado y ansioso.

En lugar de eso, recuérdese a sí mismo y tenga siempre una actitud como "es desafortunado que la gente piense negativamente sobre mí, pero no es insoportable ni terrible". Tenga en cuenta que no importa cuán vergonzosos puedan ser sus síntomas de ansiedad; otros pueden ser más comprensivos y compasivos de lo que cabría esperar.

Surfear sensaciones físicas

La ansiedad y la depresión vienen con muchas sensaciones físicas y mentales. Las sensaciones pueden ser aterradoras e intensas. Si ha experimentado ataques de pánico, posiblemente no sea ajeno a muchos de los síntomas. Es demasiado fácil para usted confundir sus sentimientos físicos con signos graves o peligrosos de mala salud. Si no reconoce sus sensaciones mentales y físicas como parte de la ansiedad, es probable que piense erróneamente que se está volviendo loco, que tiene un ataque cardíaco sin poder respirar, que se desmaya o incluso que se está muriendo.

Es comprensible que uno desee detener sus síntomas y tratar de controlarlos. Lamentablemente, estos esfuerzos por luchar contra las sensaciones corporales de ansiedad casi siempre tienen un efecto absurdo. Uno termina enloqueciendo por sus sensaciones de ansiedad y al tratar de controlarlas o erradicarlas, en realidad las empeora. Los intentos de detener, evitar o reducir los sentimientos físicos también se denominan comportamientos de seguridad.

Consulte a su psiquiatra si tiene un problema de salud real que requiera investigación médica. Siempre es muy importante que obtenga un certificado de buena salud antes de comenzar los ejercicios de exposición, esto puede ayudarlo a estandarizar sus irritantes síntomas físicos de ansiedad.

Alejándose de la preocupación tediosa

Cuando uno tiene un trastorno de ansiedad, la probabilidad de que se preocupe es alta. Sobre todo, cada individuo se preocupa de vez en cuando. Para evitar preocuparnos todos juntos no tendría que preocuparse por nada. No obstante, existe una gran diferencia entre la ansiedad poco saludable y la preocupación saludable. La inicial implica miedo y preocupación improductivos. La preocupación que consume mucho tiempo y energía, es improductiva y provoca ansiedad.

Si se da cuenta de que sus preocupaciones actuales más persistentes se repiten repetidamente, aunque en formas y medios algo diferentes, entonces tiene algunos temas de preocupación definidos. Esto puede significar que quizás se preocupe excesivamente por estas esferas de su vida, incluso cuando no esté sucediendo nada malo. Los temas de preocupación más comunes incluyen las relaciones, las finanzas, la salud y las opiniones de otras personas sobre usted. Si ha estado preocupado durante mucho tiempo, es probable que no comprenda que puede entrenar su mente para liberarse de los pensamientos y sentimientos preocupantes.

Preocuparse es un hábito peligroso y con perseverancia y tenacidad se puede superar. Romperlo requiere muchos sacrificios y trabajo duro, pero el resultado vale la pena. Uno tiende a sentirse vulnerable y extraño cuando comienza a resistir su hábito de preocuparse. Pero en cuestión de tiempo se acostumbrará al dulce respiro de no ser una preocupación constante. No sé de tanto tiempo para preocuparse. Sumérjase en eventos y actividades para desviar su atención de los pensamientos preocupantes.

Elija actividades que requieran concentración, como hacer cuentas, escuchar a los demás o resolver acertijos. De muchas maneras, el ejercicio puede ser de gran valor para usted y puede ayudarlo a "sudar" sus preocupaciones.

Estrategias de relajación

Aprender a relajar el cuerpo puede ser una parte muy útil de la terapia. La respiración superficial y la tensión muscular están relacionadas con la ansiedad y el estrés. Por lo tanto, es vital estar

418

atento a las sensaciones corporales y practicar con frecuencia algunos ejercicios para ayudar a aprender a relajarse.

La respiración tranquila implica ralentizar deliberadamente la respiración. Mientras que la contracción progresiva implica tensar y relajar metódicamente diversos/diferentes grupos de músculos. Al igual que con cualquier otra habilidad, cuanto más se hacen las estrategias de relajación, más rápida y eficazmente funcionan. Otras estrategias de relajación útiles incluyen meditación, masajes, yoga y escuchar música tranquila. Sin embargo, es importante señalar que el objetivo de la relajación no es eliminar o evitar la ansiedad (ya que la ansiedad no es completamente peligrosa), sino hacer de alguna manera más fácil de soportar los sentimientos.

Capítulo 48: La solución a la ansiedad en las relaciones

Cuando todavía está en la oscuridad de su miedo relacionado con el apego, hay dos formas en sus relaciones en las que puede encontrar la felicidad, e incluso "ganar" el apego estable. Una forma es con una figura de apego que sea cariñosa, comprensiva y esté constantemente disponible. Puede ser, pero no siempre, una pareja romántica. Esta persona también puede ser un miembro de una familia, un pariente, un clérigo, un terapeuta, un consejero o incluso Dios. Realmente puede ser alguien que le guste a quien pueda acudir en busca de ayuda.

El otro enfoque es lo que yo llamo autoconciencia compasiva, una autoconciencia desde el punto de vista de tener una preocupación por su propio dolor y el deseo de aliviarlo. La felicidad se filtra interminablemente en ambos casos para consolarle y recordarle que se la merece. Finalmente, debe estar abierto al amor desde una figura de apego emocionalmente accesible y estar abierto a ser compasivamente consciente de sí mismo para recibir un apego estable.

Afortunadamente, una pareja verdaderamente amorosa puede ayudarlo a desarrollar una comprensión compasiva de sí mismo; y la autoconciencia compasiva pueden ayudarle a ser más accesible a una pareja verdaderamente amorosa. Ambos se basarán en el otro, un poco a la vez, para que se sienta más digno de ser amado, ver a su pareja bajo una luz más optimista y trabajar con su pareja para promover una relación más feliz y segura. También pueden ayudarle a construir un sentido (o, más exactamente, una representación mental) de su pareja y, en última instancia, de usted mismo, que puede llevarlo a donde quiera que vaya, que puede apoyarlo y alentarlo en momentos de angustia. La creencia de que encontrar la pareja adecuada le ayudará a sentirse amado y feliz es lo que le hace soñar con historias románticas. Debe entenderlo intuitivamente.

Conciencia de sí mismo

Para fortalecer sus relaciones interpersonales, debe analizar su papel en la causa de los problemas, o lo que está haciendo para desalentar las relaciones incluso de comenzar. Y, como he explicado, los prejuicios de la gente continúan cegándolos a esas percepciones. Y puede ser difícil desarrollar la autoconciencia y hacer un buen uso de ella.

Pero si logra darse cuenta de su propensión a afirmar sus propias preconcepciones y las de su pareja (o futura pareja), comenzará a ver tales prejuicios con mayor facilidad y claridad. Será más capaz de hacer mejoras significativas para no malinterpretar las suposiciones como una realidad absoluta. Es útil pensar en el autoconocimiento como compuesto de conciencia emocional, conciencia de pensamiento y metalización, todo lo cual explicaré a continuación.

Conciencia de las emociones

Las emociones tienen una riqueza de conocimientos que estaría ausente en una vida exclusivamente intelectual. Por ejemplo, es la diferencia entre pensar que un nuevo interés amoroso en el papel es una buena combinación para usted y realmente sentirse en la nube nueve.

Los individuos también pueden reconocer valores o percepciones al abrirse a sentimientos que antes desconocían o de los que no conocían la intensidad. Por ejemplo, una mujer puede darse cuenta de que está enamorada de un amigo solo después de sentir la envidia de otra persona por sus citas. Otro ejemplo es el de una mujer que sabe que quiere pasar tiempo a solas, pero solo descubre lo importante que es cuando su nuevo novio se vuelve pegajoso. No sólo los sentimientos dan vida a la existencia; también nos dan conocimientos sobre los que actuar.

Además de estar en contacto con sus sentimientos, las personas deben ser capaces de autorregularse o controlarlos para no abrumarse. Están tratando de hacer esto de varias maneras, muchas de las cuales fallan y algunas de las cuales pueden identificarse. Pueden estar intentando esconder, ignorar o adormecer emociones angustiantes, por ejemplo. Pero cuando estos métodos se utilizan con demasiada frecuencia, es probable que las emociones se vuelvan profundas, solo para salir más tarde, y con venganza, lo que a veces pone a la gente nerviosa, frustrada o enojada.

Un enfoque particular es cuando las personas rumian, analizando las causas y efectos de un problema repetidamente mientras intentan una solución. Pero cuando no hay una solución real o sencilla a la pregunta, se quedan atrapados en un bucle de sentirse frustrado y deprimido, intentando resolver problemas para aliviar su ansiedad. luchando por resolver su pregunta, y luego se deprimió más. O se ponen tan nerviosos que todos sus sentimientos se sienten como una gran roca firmemente fijada en sus cabezas.

En comparación, las personas que se autorregulan con éxito son capaces de manejar sus sentimientos y abrazarlos. Puede que estén usando los mecanismos de afrontamiento que describí anteriormente, pero lo hacen sin otros medios para trabajar contra sí mismos. Por ejemplo, mientras están en el trabajo pueden reprimir sus emociones, pero se permiten enojarse en casa y hablar con sus parejas y otras personas sobre sus sentimientos. No se protegen demasiado porque no se sienten demasiado amenazados por su angustia. Esto les ayuda a ser más conscientes de sí mismos. Como resultado, en lugar de sentir que se ahogan en ellos, son capaces de montar la ola de sus emociones.

Para ayudar a explicarlo, imagine a alguien que se lamenta por la muerte de un amigo cercano. Si esta persona tiene miedo o quiere escapar de su dolor, puede apagar sus emociones, dejándolo atrapado en un entumecimiento emocional (aunque protegido del dolor) e incapaz de comunicarse realmente de una manera significativa con los demás. En comparación, alguien que abraza más la tristeza suele estar dispuesto a compartirla con sus seres queridos y a mantener estrechas relaciones interpersonales.

Si bien todavía es difícil lidiar con los sentimientos negativos, aquellos que pueden autorregularse con éxito no experimentan tanto angustia emocional (angustia por su ansiedad) como las personas que luchan contra sus sentimientos. Mucha gente cree que reconocer una situación difícil significa que deben comprometerse con ella o actuar en consecuencia. Intentan descartar su experiencia, aunque no están preparados para hacerlo. Entonces, al final, sin una forma de solucionarlo, siguen deprimidos.

Distinguir pensamientos y emociones

Es importante comprender la diferencia entre pensamientos y emociones. Es posible que se sorprenda al escuchar que mucha gente los está entendiendo mal. Por ejemplo, decir: "Siento que estuve demasiado callado en esa cita" no sería inusual que alguien lo dijera. Por supuesto, es un pensamiento y no una emoción. Las emociones son una mezcla de estar emocionado de una manera específica y el significado que le imponemos a esa emoción. Y puede sentirse avergonzado de no decir nada en una cita.

Cuando las personas malinterpretan sus pensamientos emocionales, sus verdaderos sentimientos permanecen sin explorar. Reconocer este error fácilmente y luego concentrarse en las emociones a menudo lleva a las personas a verse a sí mismas de una manera más emocional. Por ejemplo, una vez que sepa que se siente avergonzado, también puede comprender que tiene miedo de ser juzgado. Y luego puede buscar consuelo o apoyo; o puede darse cuenta de que no hay necesidad de tener miedo.

Conciencia de los pensamientos

Su forma de pensar influye en cómo se ve a sí mismo y en sus convicciones sobre sí mismo. Por ejemplo, cuando repites creencias como "Danny realmente no me ama, solo porque se siente mal por mí, permanece conmigo", refuerzas las dudas sobre sí mismo y la baja autoestima. Estos sentimientos también activan emociones, como la depresión y miedo al rechazo.

Si lo sabe o no, durante todo el día tiene un subtexto de pensamientos. Esto puede ser inmensamente beneficioso para introducir el subtexto a la conciencia al descubrir cómo mantiene la infelicidad dentro de sí mismo y de su relación. Usted también tiene la oportunidad de trabajar en el cambio con esa conciencia. A menudo, solo la conciencia misma es necesaria para promover el progreso.

Metalización

El tercer y último aspecto de la autoconciencia es la metalización, un método popular entre el psicoanalista Peter Fonagy y sus colegas (Fonagy, Gergely, Jurist y Goal, 2002; Slade, 2008). Explicaron esto como un proceso en el que las personas a través de sus mentes se experimentan a sí mismas y al mundo. Esto les permite adoptar una postura reflexiva, pensando en las razones psicológicas de su propio comportamiento y el de los demás. Metalizar a menudo incluye estar vinculado emocionalmente y al mismo tiempo mantener una mentalidad positiva. Muchos que tienen una buena capacidad de metalización saben que al pensar en ellos de manera diferente pueden alterar la esencia misma de sus experiencias.

Metalizar implica necesariamente que las personas tengan experiencias comunes. Como lo describe la investigadora Kristin Neff (2008), esta humanidad común, naturalmente, les da a las personas un sentido de conexión e infrarrepresentación con ellos mismos y con los demás. Para aquellos que sufren, pueden sentir empatía y simpatía porque pueden relacionarse.

Sin embargo, con demasiada frecuencia, las personas que están ansiosamente apegadas no se sienten plenamente como parte de esa humanidad común. Como resultado, si bien pueden entender por qué otras personas sienten y sienten lo que ellos sienten (es solo humano), no se aplican a sí mismos ese mismo entendimiento.

Y si bien tienen compasión por los demás, se ven a sí mismos como defectuosos de una manera que los hace sentir incapaces de sentir compasión, y más a menudo tienden a culparse a sí mismos por problemas con las relaciones. Sin embargo, con el tiempo, su repetida experiencia de sentirse rechazado, incluso si sus parejas no significan rechazarlos, los lleva a responder atacando a sus parejas.

La metalización puede parecer complicada; y es así de alguna manera. Sin embargo, cuando comprende sus sentimientos cuando piensa en por qué hace lo que hace, o por qué otros hacen lo que hacen, ya la experimenta en su vida.

Auto-compasión

El autoconocimiento, que implica conciencia emocional, comprensión del pensamiento y metalización, es un recurso poderoso, pero por sí solo no puede ayudarlo. Entonces, veamos la otra mitad de la receta para un cambio positivo y sostenible: la auto-compasión.

Los individuos no se conocen simplemente a sí mismos o poseen sentimientos o pensamientos; están vinculados a determinadas experiencias. Es normal que las personas se traten a sí mismas con empatía y se respondan a sí mismas con auto-compasión mientras se abrazan a sí mismas y a los demás con sus emociones. Además, si las personas no hablan mucho sobre la auto-compasión, sí hablan sobre la simpatía, cómo te sientes por alguien más que sufre. Esto significa ponerse en el lugar de otra persona o mostrar empatía e intentar aliviar su dolor. La compasión por uno mismo es en realidad adoptar el mismo enfoque consigo mismo.

La investigadora Kristin Neff (2008) está a la vanguardia de la discusión sobre la compasión por uno mismo y sus implicaciones. Ella lo describe como que tiene tres componentes clave: bondad hacia uno mismo (auto-bondad), moralidad compartida y preocupación.

Auto-bondad

Así es exactamente cómo suena: ser amable consigo mismo. Las personas que aceptan esta cualidad son amables cuando experimentan malestar, pérdida o insuficiencia. En estas circunstancias, responden con empatía y amabilidad en lugar de enfadarse o criticarse a sí mismos. Tenemos la voluntad de tratarnos bien a sí mismos, no solo para lograr una gratificación instantánea, sino para ser personas seguras, felices y duraderas. Y, aunque en este momento se aman y se abrazan a sí mismos, también se sienten inspirados para mejorar para mejor.

Los anteriores son extremadamente significativos. Algunas personas temen que la bondad hacia sí mismas pueda llevarlas a la pereza o la complacencia, o dejarlas fuera del apuro con demasiada facilidad. Sin embargo, la auto-compasión real, como la compasión general, no es solo una búsqueda de gratificación instantánea. Encuentra algunos hombres humanos conocidos que actualmente piensas con respeto en Buda, Gandhi, Cristo, Martin Luther King Jr., Nelson Mandela y la Madre Teresa. Su profunda amabilidad los alentó a esforzarse persistentemente para ayudar a otros a sentir una mayor sensación de bienestar, y esto podría ser parte del logro de metas ambiciosas. De manera similar, la auto-compasión lo inspirará a buscar el desarrollo interior, de forma natural.

Conclusión Parte 2

¡Bien hecho!

Hemos mirado el amor y el placer que trae al corazón. Ameer, un médico malayo, dijo que "el amor no duele, solo lastima la persona que no sabe amar". Debe usted entender que el amor y el miedo al amor son la mayoría de los temas en la tierra debido a su complejidad. La mayoría de los miedos que le hacen sufrir se pueden controlar y resolver. Esos miedos que acechan su vida a diario solo se aprenden y se pueden desaprender. Puede controlarlos cuando quiera.

Es solo una cuestión de que se prepare, tome una decisión y actúe. Enfrente sus demonios. A veces, el miedo se hace pasar por una gran montaña que no puede pasar, no tiene ni idea de qué hacer, pero súmese, enfréntelo y se dará cuenta de que no fue tan aterrador como pensaba. Cuando tenga miedo, domine las formas de superar los miedos y muchos más y podrá superar su miedo al amor.

Los hábitos mentales pueden parecer ridículos, pero son peligrosos si no se cuidan. Cada hábito mental impulsa su imaginación, que puede terminar manifestándose en la realidad. Miremos un hábito mental de imaginar que le traicionarían con otra persona. Al principio, estará en la mente, pero si sigue pensando en lo mismo una y otra vez, terminará ejecutando la imaginación. Los hábitos mentales infunden miedo que al final causa estragos en su vida.

¿Cómo podemos superar nuestros miedos en la relación? En la medida en que el miedo se aprende y se puede desaprender, siempre es bueno que uno se lo tome con calma mientras trata de superarlo. Apresurarlo puede traer más desastres que antes. Puede hacer que aterrice en remedios incorrectos que pueden empeorar la situación.

No todos los remedios para superar el miedo funcionan para todos. Hay diferentes tipos de miedo, por lo que se utilizan diferentes soluciones. Como cuando está enfermo, si padece una infección bacteriana, no puede ir a la farmacia y comprar medicamentos contra el cáncer, esto no funcionará. Debe administrar la medicación adecuada para que la enfermedad desaparezca.

Mientras supera su miedo, no es obligatorio que se resista a sus miedos. A veces, resistirse a sus miedos lo empeora. Puede aprender a rendirse a su miedo y salir más fuerte que antes. Cuando salga más fuerte, podrá seguir presionando y encontrará que el miedo se está yendo.

El problema surge cuando uno trata de aferrarse a sus miedos y no quiere dejarlos ir o no quiere entregarse a ellos y utilizarlos como trampolín. Si no puede dejar ir su miedo o si no puede dominar una forma de superarlos, nunca será libre mental, social y psicológicamente, donde todo esto tendrá un impacto negativo en su relación y en la vida en general.

Sin embargo, no todos los que se enfrentan a sus miedos pueden superarlos a la velocidad esperada o especificada. No hay nada de malo cuando se toma su tiempo para superar sus miedos. Todo tiene su tiempo, y ellos tienen tiempo, y cuando llegue podrá combatirlos, aprender y crecer mucho del proceso.

CPSIA information can be obtained
at www.ICGtesting.com
Printed in the USA
BVHW091504150221
600147BV00006B/420